A cura di Laura Quadarella Sanfelice di Monteforte

Mediterranean Insecurity

Vol. 1 - Raccolta Articoli 2017-2018

Prefazione di Ferdinando Sanfelice di Monteforte

con articoli di: Cristiana Era, Ugo Gaudino, Greta Modula, Laura Quadarella Sanfelice di Monteforte, Ferdinando Sanfelice di Monteforte

Sommario

Prefazione - *Amm. Sq. Ferdinando SANFELICE di MONTEFORTE - I PROBLEMI DI SICUREZZA DEL MEDITERRANEO*

Non si può affrontare il problema della sicurezza del Mediterraneo senza considerare prima di tutto quale sia la sua posizione, rispetto alle masse continentali che lo circondano. L'Africa, l'Asia e l'Europa, infatti, si affacciano tutte e tre su questo bacino, che costituisce di fatto il centro di quella che MACKINDER chiamava "l'Isola del Mondo"[1], composta appunto dai tre continenti riuniti.

Queste imponenti masse terrestri ne fanno un mare chiuso, comunicante con gli oceani, da un lato, attraverso lo Stretto di Gibilterra e, dall'altro, attraverso una serie di passaggi obbligati che inizia con il Canale di Suez, prosegue con il Mar Rosso e termina con lo Stretto di Bab-el-Mandeb. Questo fa sì che il Mediterraneo venga dominato da chi possiede tali posizioni. Ricorda una di quelle caramelle tonde: chi vuole mangiarla, può scartarla prendendola per le due estremità.

Ma, guardando all'insieme Mediterraneo-Mar Rosso, un'altra considerazione sorge spontanea: i due mari, messi insieme, spaccano in due parti l'Isola del Mondo, separando l'Africa dal resto della massa terrestre: se si avverassero le ipotesi di alcuni geologi, che sostengono la possibilità che questa spaccatura si ampli arrivando a toccare i Grandi Laghi al centro dell'Africa, si

---

[1] H. MACKINDER. *Democratic Ideals and Reality; A Study in the Politics of Reconstruction.* Ed. Constable and Co., 1919, pag. 81.

avrebbe tutta un'altra configurazione delle masse terrestri, rispetto all'attuale.

Al suo interno, il Mediterraneo presenta due bacini alturieri, nei quali le tempeste raggiungono una violenza simile a quelle oceaniche; essi sono separati tra loro dalla penisola italiana e dalla Sicilia, un ponte naturale che si protende verso la Tunisia, la punta più a nord dell'Africa. Questo ponte è utilizzato, fin dai tempi più remoti, quale passaggio agevole per i movimenti di masse umane nei due sensi, a seconda delle situazioni e dei rapporti di forza.

Vi sono poi alcune zone in cui il mare si spinge verso nord, a partire da questi due bacini: il mare Adriatico, il mar Egeo e l'insieme mar Nero/mare d'Azov sono il collegamento marittimo con l'interno dell'Eurasia, agevolato dai grandi fiumi europei, che consentono una penetrazione del commercio marittimo ancora più in profondità, e i terminali sulla costa o lungo le loro rive permettono al continente di esportare i prodotti del suolo e del sottosuolo in tutto il mondo, utilizzando il commercio marittimo.

Se poi si aggiunge a tutto ciò il clima straordinariamente temperato, grazie a quell'enorme "riscaldamento centrale" costituito dal Sahara, che sposta l'Equatore termico verso nord, consentendo all'Europa di godere di temperature medie ben più favorevoli alla vita umana rispetto ad altre zone del mondo di pari latitudine, si può vedere perché, da secoli, imponenti flussi migratori, provenienti da tutte le direzioni e dai tre continenti, si siano diretti verso questa regione.

Purtroppo, non è tutto oro quello che luccica: vi sono infatti due problemi di fondo. Il primo è la notevole sismicità del bacino, dovuta ai movimenti delle placche continentali che tendono ad avvicinarsi. Di conseguenza, i terremoti, talvolta seguiti da tsunami, sono frequenti, causando ripetute e ricorrenti tragedie.

Il secondo problema, invece, è prettamente geopolitico. Diceva infatti, anni fa, Fernand BRAUDEL, che "la complicità della Geografia e della Storia ha creato una frontiera intermedia di coste e di isole che, da nord a sud, divide il mare in due universi ostili. Provate a tracciarla, da Corfù e dal Canale di Otranto, fino alla Sicilia e alle coste dell'attuale Tunisia: a est siete in Oriente e a ovest in Occidente"[2]. Anche se questa frontiera, nel corso dei secoli, si è spostata avanti e indietro, a seconda dei rapporti di potenza tra le Nazioni che agivano nel bacino, la divisione del Mediterraneo in due aree ostili è valida ancor oggi.

L'affermazione di BRAUDEL è però anche un modo efficace per ricordare a quali risultati si sia giunti, dopo millenni di lotte tra i popoli della regione mediterranea. A questi, in tempi più recenti, un prestigioso intellettuale ed economista francese, Jacques ATTALI, ha attribuito l'invenzione della "vendetta, come forma dell'organizzazione della storia, come forma dell'organizzazione delle relazioni umane, (per cui) nessun male è possibile senza che un altro si vendichi"[3].

La conflittualità, quindi, è una caratteristica storica del Mediterraneo, e ogni guerra o disputa non è altro che la prosecuzione di lotte passate, una vendetta appunto scatenata dagli sconfitti che cercano la rivalsa rispetto ai torti subìti nel passato, veri o presunti che siano. Questo sentimento, bisogna ammetterlo,

---

[2] F. BRAUDEL. *Il Mediterraneo*. Ed. Bompiani, 1987, pag. 12.
[3] J. ATTALI. *La Méditerranée ou l'ultime utopie*. In « Défense Nationale et Sécuritécollective », numero speciale dedicato all'Unione per il Mediterraneo, 2008.

è fortemente radicato nel DNA dei popoli mediterranei, tanto che i numerosi tentativi di collaborazione, al di là della loro maggiore o minore efficacia, non hanno trovato l'appoggio di un consenso popolare tale da farli prosperare, rimanendo processi di dialogo tra *élite* governative o intellettuali.

Detto questo, bisogna considerare le specificità attuali del Mediterraneo, e i punti di contrasto che, dopo averne causato la decadenza, ne impediscono il ritorno ai fasti di un tempo.

La prima specificità è che il Mediterraneo rimane, malgrado tutto, una delle principali "autostrade del commercio" marittimo mondiale. Come ricorda ATTALI, "il 30% del traffico marittimo mondiale e il 25% del trasporto di idrocarburi del mondo passano per il Mediterraneo"[4] ma, per converso, il bacino non dispone di porti significativi, tanto che "i porti maggiori di questo mare sono al quarantesimo o al cinquantesimo posto nel mondo, (e) scadono annualmente in tale classifica"[5]. Questo significa che ai popoli del litorale mediterraneo vanno solo le briciole di tale enorme flusso di beni, rappresentato dal commercio internazionale.

La seconda caratteristica, anch'essa citata da ATTALI, è che circa l'80% del PIL e della produzione della regione sono concentrati in tre Paesi: Spagna, Francia e Italia. Solo il rimanente 20% è prodotto da tutte le altre Nazioni messe insieme. Questa diseguaglianza conferma che, laddove esistano forti contenziosi interni, instabilità e dispute sub-regionali, non vi è alcuna speranza di sviluppo.

---

[4] Ibid. pag. 15.
[5] Ibid.

Ma proprio i tre Paesi più sviluppati sono preda, a loro volta, di storiche instabilità e di ricorrenti tensioni interne, tanto che i rispettivi governi si sono pesantemente indebitati, per migliorare la qualità di vita delle loro popolazioni, limitando così la propria capacità di influire sugli eventi della regione, sia mediante l'arma economica, sia a mezzo della loro forza militare.

A proposito di quest'ultima, non deve trarre in inganno l'apparente notevole entità della spesa per la Difesa di tali Nazioni, dato che queste dispongono di strumenti militari sostanzialmente aero-terrestri, un lascito della Guerra Fredda che nessuno di loro è stato in grado di modificare. Siamo pronti, come dieci anni fa, a svolgere missioni di stabilizzazione, una capacità che l'inasprirsi dei conflitti nel mondo rende meno urgente, e per contro manca la capacità di agire, in modo consistente, attraverso il mare.

Non è inopportuno citare, a tal proposito, Paul KENNEDY, che affermò, alcuni anni fa, che "la ricchezza è in genere necessaria per sostenere la potenza militare, così come la potenza militare è di solito necessaria per conquistare e proteggere la ricchezza"[6].

Questa considerazione ci porta alla terza specificità del Mediterraneo. Il fatto che persino le tre Nazioni più ricche del bacino non posseggano né le disponibilità economiche né tantomeno la forza militare per influenzare gli eventi, apre alle potenze maggiori ampie disponibilità di azione, a protezione dei loro interessi essenziali, interessi che non coincidono necessariamente con quelli dei Paesi litoranei. Quindi, Stati Uniti, Russia e Cina, per non parlare dei Paesi dell'Heggiaz, perseguono

---

[6]P. KENNEDY. *Ascesa e Declino delle Grandi Potenze*. Ed. Garzanti, 1989, pag. 20.

strategie che, spesso, vanno a discapito della stabilità del Mediterraneo.

Va detto che le grandi potenze interferiscono nella situazione del Mediterraneo proprio perché la regione è preda di una crescente instabilità, che mette in pericolo le pur limitate aspettative di un suo sviluppo. Il livello di contenzioso non è limitato allo storico confronto tra Nord Ovest e Sud Est, citato da BRAUDEL, ma comprende anche i Paesi della sponda nord, intenti a strapparsi fette di mercato e fonti di produzione e di estrazione, quasi ritenessero che l'unico modo per arricchirsi sia quello di togliere agli altri le ricchezze in loro possesso.

Ma questa disunione tra Paesi apparentemente amici non è il fatto più grave che affligga la regione mediterranea. Vi sono numerosi nodi da sciogliere, e il più complesso è il prodotto dell'implosione della "Galassia Islamica", sempre più preda della lotta all'ultimo sangue tra Sunniti e Sciiti. In questa lotta, apparentemente senza speranza per questi ultimi, che sono appena un decimo degli avversari, conta il fatto che, mentre gli Sciiti dispongono di un centro politico forte, l'Iran, i Sunniti sono sempre più divisi tra loro, e soffrono per la presenza di troppi aspiranti alla "primogenitura", o meglio alla *leadership* di tale enorme insieme.

L'attuale assetto del mondo sunnita è infatti il prodotto della "strategia dello spezzatino", più nota dai nomi dei due proponenti, SYKES e PICOT, messa in atto un secolo fa, al termine della Prima Guerra Mondiale. L'Occidente europeo era infatti ben felice del crollo dell'Impero Ottomano, che tante sofferenze gli aveva procurato nei cinque secoli precedenti, e volle suddividerlo in più Nazioni, ognuna di dimensioni tali da non riuscire ad assimilare le altre.

Questa divisione andava contro le aspirazioni di alcune *élite* islamiche, che cercavano di ricostituire, dopo secoli di sottomissione agli Ottomani, la cosiddetta "Grande Arabia", un sogno perseguito prima dalla dinastia Hascemita, quindi da NASSER, e ora dalle frange più estremiste sunnite, al Qaeda e il cosiddetto *"Islamic State"* (o ISIS, come taluni ancora lo chiamano).

In questa lotta, l'Occidente europeo è stato, all'inizio, neutrale, pur non vedendo con favore questo tipo di aspirazione; poi alcuni Paesi, unitamente alle potenze maggiori, in particolare Stati Uniti e Russia, hanno deciso di sventare la minaccia, intervenendo in favore degli Stati esistenti e attuando di fatto una "strategia della destabilizzazione", direttamente o indirettamente, agendo soprattutto nei due "crocevia strategici" del bacino, e precisamente la Siria e lo Yemen. Prolungando in tal modo le lotte interne alla "Galassia Islamica", si impoveriscono tutti gli attori direttamente coinvolti nel conflitto, rendendo così il "pericolo islamico", a suo tempo tanto evidenziato da Oriana FALLACI, meno immanente.

Non ci si deve meravigliare, quindi, che le frange estremiste del mondo sunnita vedano l'Occidente come un mondo ostile, e lo colpiscano con i mezzi a loro disposizione, *alias* il terrorismo, la pirateria, i flussi migratori e la sovversione interna, rivolgendosi a quelle popolazioni islamiche da tempo residenti nei nostri Paesi.

In questa lotta, l'Italia si sta differenziando dal resto dell'Occidente, svolgendo un ruolo di benevola apertura verso i contendenti, dato che la principale aspirazione del nostro popolo è la stabilità, la pace o, per meglio dire, la quiete regionale, unico modo per consentire al nostro Paese di mantenere un minimo di prosperità e benessere.

L'ultimo aspetto da considerare, anche se fonte di gravi pericoli in prospettiva, è che il Mediterraneo viene sempre più interessato da quel fenomeno nuovo e preoccupante, costituito dalla "marittimizzazione dei conflitti". Gli Stati che si affacciano sul mare sono sempre più consapevoli che le risorse disponibili nei loro territori, siano esse sul suolo o nel sottosuolo, non bastano più a garantire loro una sopravvivenza economica adeguata, e da tempo si sono lanciati convincere che la soluzione risieda nello sfruttamento delle risorse marine.

Questo spiega perché l'ultima convenzione dell'ONU sul diritto del mare, nota come UNCLOS o Convenzione di Montego Bay, abbia incrementato il processo di "territorializzazione" dei mari, introducendo i concetti di Zona Economica Esclusiva e di Piattaforma Continentale, a dispetto delle potenze marittime, sostenitrici della libertà dei mari.

Ma questa nuova tendenza ha portato a una serie di contenziosi sulle linee divisorie tra i vari Stati, le cui coste siano confinanti. La scoperta di importanti giacimenti di idrocarburi, nonché di minerali preziosi, quali le "terre rare", importanti nell'elettronica moderna, non ha fatto che esacerbare tali contenziosi.

Molti ricorderanno la disputa sul Golfo di Trieste e sulla contigua Baia di Pirano, tra Slovenia e Croazia, che ha ritardato l'ingresso di quest'ultima nell'Unione Europea; gli storici poi citano il caso dell'Isola Ferdinandea, sorta da un giorno all'altro nel Canale di Sicilia, nel 1831, e rivendicata dall'Austria, dalla Gran Bretagna, oltre che dal Regno delle Due Sicilie. Oggi è solo un basso fondale, noto dalle carte nautiche come "Banco GRAHAM", ma è ancora oggetto di note verbali delle Cancellerie europee.

Ma da ovest a est, le zone di contenzioso sono numerose: basti consultare quell'aurea pubblicazione che è l'*Atlas Géopolitique des Espaces Maritimes*[7], per vedere quante siano le dispute sui confini marittimi, accese dai Paesi litoranei del Mediterraneo, specie nell'area del Levante.

Quali prospettive, in definitiva, vi sono per il Mediterraneo? Finché dura questa situazione di lotta accanita, non resta che contenere la conflittualità, e per questo è necessario, per i Paesi del Nord Ovest del bacino, modificare rapidamente gli strumenti militari, in modo da poter influire sugli eventi: anche il contenimento richiede la forza!

Solo quando interverrà la "stanchezza della guerra", da parte degli attori statuali e non statuali coinvolti, sarà possibile creare le condizioni di una collaborazione efficace tra le sponde del Mediterraneo. Se però tale fenomeno non avverrà nel breve termine, il rischio è il ripetersi di quanto avvenne dopo il 1453, con la conquista di Costantinopoli da parte degli Ottomani: il commercio marittimo, che – come osservò uno studioso del secolo scorso – "segue le rotte più vantaggiose"[8], cioè quelle prive di ostacoli o di pericoli, potrebbe ancora una volta abbandonare il Mediterraneo, a favore della rotta del Capo di Buona Speranza o di quella dell'Artico, le cui vie si stanno aprendo per lo scioglimento dei ghiacci, privando così i Paesi litoranei anche di quel poco di ricchezza di cui godono grazie ad esso.

---

[7] D. ORTOLANI et J.P. PIRAT. *Atlas Géopolitique des Espaces Maritimes*. Ed. Technip, 2010.
[8] A.T. MAHAN. *Strategia Navale*. Ed. Forum di Relazioni Internazionali, 1997, Vol. I, pag. 200.

Il terrorismo "fai da te" tra Al Qaeda e l'Islamic State - *Laura Quadarella Sanfelice di Monteforte*[9] - *Novembre 2017*

Gli attacchi degli ultimi anni e la paura

Un nuovo fenomeno sta minacciando le nostre città e conseguentemente modificando le nostre abitudini, sia a livello statale che di singoli individui: il c.d. terrorismo "fai da te".

In Europa e negli Stati Uniti negli ultimi anni numerose città sono state vittima di attacchi terroristi di matrice *jihadista*, rivendicati talvolta da *Al Qaeda* e molto più spesso dall'*Islamic State* ma in realtà condotti a termine da giovani, quasi sempre con passaporto occidentale, definiti dai giornali "lupi solitari" perché hanno agito improvvisamente, ed apparentemente da soli.

Queste azioni hanno fatto crescere in tutti noi la paura verso qualsiasi giovane musulmano, immigrato di seconda/terza generazione o migrante arrivato da poco. Ma è lecito chiedersi se questa paura verso ogni giovane musulmano sia giustificata e, soprattutto, mentre il c.d. Califfato sta cadendo è opportuno

---

[9] Le opinioni espresse si riferiscono all'Autrice, e non corrispondono necessariamente alla posizione dell'Amministrazione di appartenenza.

inquadrare gli attacchi in un qualcosa di più complesso e articolato, che va oltre le azioni dei ragazzi che hanno colpito negli ultimi anni e i proclami dei singoli gruppi terroristi.

Una necessaria riflessione sul fenomeno del terrorismo "fai da te"

Se si studiano tutti gli attentati di matrice *jihadista* portati a termine negli ultimi anni in Paesi occidentali e si analizza l'enorme mole di materiale *jihadista* diffuso *online* nello stesso periodo, riservando un'attenzione particolare a tutto ciò che si riferisce agli attentati[10], si riesce a capire molto più di quanto si potrebbe immaginare e a fare delle "scoperte" che se confrontate a quanto comunemente si crede potremmo definire clamorose[11].

Emerge innanzitutto un elemento fondamentale per spiegare le ragioni profonde dell'attuale terrorismo *jihadista*, nonché dell'aumento di attentati in Occidente registrato a partire da quelle che (impropriamente) sono state definite "Primavere Arabe": è ai conflitti interni all'Islam che è opportuno "guardare". Si deve infatti comprendere che l'Occidente è attaccato principalmente guardando ai nemici dello scontro islamico, in quanto la propaganda è fondamentale e promuovere il

---

[10] Vanno studiati proclami, rivendicazioni, che posteriori rispetto agli attentati stessi.
[11] LAURA QUADARELLA SANFELICE DI MONTEFOI ti l'*Islamic State e il terrorismo "fai da te* ῃ, edizione, 2017. la

jihad contro l'Occidente ed i suoi valori conferisce potere e visibilità all'interno della c.d. "galassia *jihadista*", attualmente polarizzata intorno ad *Al Qaeda* (AQ) ed all'*Islamic State* (IS). Si tratta di una lotta intestina iniziata nell'aprile 2013 in seguito al tentativo operato da Al Baghdadi, capo dell'allora branca irachena di AQ, di annettere a sé quella siriana (*Al Nusra*), che invece ribadì la propria fedeltà ad AQ ed al suo *leader*, Al Zawahiri, che tentò inutilmente di riportare nei ranghi il gruppo iracheno. Come noto, lo scontro ha continuato a crescere e ha visto un'altra tappa cruciale a fine giugno 2014 con la proclamazione del Califfato, duramente criticata anche all'interno del fronte *jihadista* per la totale assenza di titoli che giustifichino il titolo di Califfo in capo ad Al Baghdadi.

Da allora AQ e IS, ed i combattenti che a loro si richiamano, sono stati in aperto contrasto, tanto da arrivare a fronteggiarsi anche in modo diretto in alcune aree di crisi, quali i teatri siro-iracheno, yemenita e libico. Ma ciò che rileva maggiormente è che le due organizzazioni centrali hanno ingaggiato una vera e propria competizione per la *leadership* della variegata galassia *jihadista*. In particolare, entrambi i gruppi hanno intrapreso un'importante campagna mediatica volta a portare dalla propria parte il maggior numero di nuovi combattenti e di organizzazioni terroriste, o almeno di loro battaglioni, con IS che ha operato una sorta di "campagna acquisti" che ha portato a stravolgere i sistemi di reclutamento. Per entrambi i piani, quello dei gruppi che vogliono affiliarsi e quello dei singoli giovani che si uniscono nella lotta, IS ha infatti cambiato le regole fino ad arrivare a sostituire quei rigidi canoni che AQ aveva sempre richiesto, e ancora oggi richiede, ai gruppi terroristi affinché potessero essere considerati ufficialmente affiliati dell'organizzazione centrale[12], ed ai giovani affinché potessero militare tra le sue fila[13]. Sono infatti principalmente due i piani sui quali si gioca la competizione tra AQ e IS, quello dei gruppi che giurano fedeltà ad uno o all'altro dei due *network* e quello del reclutamento di giovani che partono da ogni continente per andare a combattere con IS. Questi giovani si uniscono ad IS sia per costruire il "Califfato" sia per combattere contro gli "infedeli": essi abbracciano la "causa" e la "lotta" portata avanti nei teatri di crisi di varie zone del mondo e, in Occidente, con il c.d. terrorismo "fai da te".

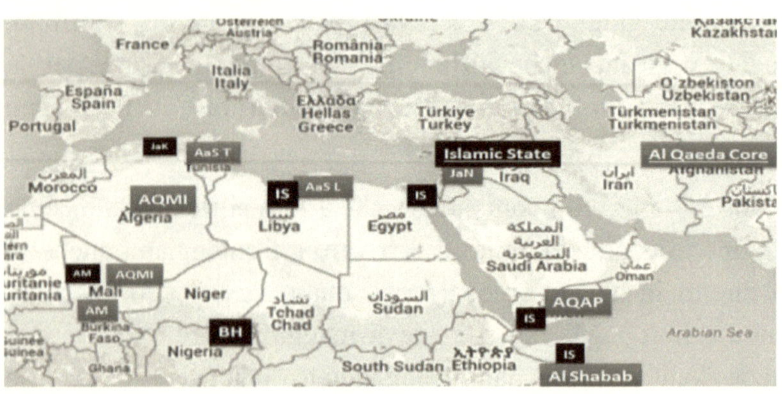

È ovvio che in questa competizione tra Al Zawahiri e Al Baghdadi, e quindi tra AQ e IS, la pubblicità sia fondamentale: è infatti una battaglia condotta principalmente sul piano mediatico. I due network *jihadisti* operano non solo lanciando continue accuse

---

[12] AQ dedica da sempre ampio spazio alla purezza religiosa, prevede per chi si vuole unire ad essa un lungo indottrinamento religioso.

[13] IS è il campione della redenzione e dell'accettazione immediata: il passato non conta, IS promette di lavare le colpe, rendendo chiunque si unisca al suo progetto degno del Paradiso. È quindi ovvio che per un adolescente alla ricerca di una qualche forma di appartenenza, IS attrae perché fornisce accettazione istantanea e costituisce una rapida via di fuga dalla realtà: se ci si unisce ad IS si avranno immediatamente forza, potere e rispettabilità.

al "rivale" per screditarlo, ma anche diffondendo proclami e messaggi sempre più accattivanti per attrarre nella propria sfera il maggior numero di giovani e di gruppi, ed ottenere la *leadership* della galassia *jihadista*. Ne consegue che in questa competizione ogni attacco spettacolare contro l'Occidente, e quindi contro gli "infedeli", con il consueto *shock* dell'opinione pubblica occidentale che opera come cassa di risonanza, fa immediatamente aumentare combattenti e simpatizzanti e procura nuove dichiarazioni di fedeltà da parte di gruppi terroristici sparsi per il mondo, provocando defezioni in altri. Tutto ciò, inoltre, nel caso dell'IS aveva anche il merito di procurare nuove forze che gli consentivano di consolidarsi anche sul terreno, acquisendo un più stabile controllo sulle terre dell'autoproclamato Califfato.

Una cosa fondamentale da tener presente è dunque che *in primis* si attacca l'Occidente per prevalere sui nemici interni all'Islam, e ottenere così l'egemonia sulla *ummah*, la Comunità dei fedeli[14].

Ma dobbiamo quindi operare una fondamentale distinzione terminologica, si deve distinguere tra minaccia e rischio, due termini talvolta impropriamente usati come sinonimi, mentre rappresentano qualcosa di ben diverso: si deve infatti intendere per "minaccia" un'azione umana che implichi l'intimidazione attraverso la prospettazione di un danno, non sempre realizzabile[15]; mentre per "rischio" si intende la minaccia vista alla luce dello scenario, della sua realizzabilità. Detto ciò, se è vero che organizzazioni come AQ e IS nei loro comunicati minacciano

---

[14] Solo in seconda battuta si attacca per impedire che le azioni degli Stati occidentali ostacolino la ricostruzione del Califfato, ma non è questa la ragione principale degli attacchi realizzati in Occidente.

[15] Nel diritto penale si parla di reato impossibile per "inidoneità all'azione".

direttamente l'Occidente, il rischio reale è quello che viene dall'imprevedibilità dei "lupi solitari", siano essi *homegrown terrorist* radicalizzatisi in Occidente o *foreign fighter* di ritorno dai teatri di crisi. Le minacce di AQ e IS sono spesso irrealizzabili, diffuse per il solo fine mediatico, mentre il vero rischio che corriamo ogni giorno viene quindi dagli attacchi del c.d. terrorismo "fai da te", che analizzeremo tra breve.

Va inoltre specificato come l'imprevedibilità delle azioni e la difficilissima individuazione preventiva dei probabili autori rendono questa tipologia di terrorismo estremamente efficace e difficile da prevedere, e sicuramente fanno sì che sia questo il vero rischio che l'Occidente si trova da alcuni anni a dover fronteggiare, mentre la maggior parte dei proclami è classificabile come sterili minacce materialmente irrealizzabili.

Se il terrorismo "fai da te" è qualificabile come quel terrorismo portato a termine in Occidente da giovani in modo più o meno autonomo, risulta opportuno porsi alcune domande, ad iniziare dal chiederci se i giovani autori di questo nuovo tipo di terrorismo si sono veramente radicalizzati in modo totalmente autonomo e, inoltre, se agiscono veramente in modo totalmente autonomo. Non si può rispondere a questi due quesiti senza considerare uno degli elementi fondamentali nella radicalizzazione di questi giovani e nei loro eventuali più o meno stretti legami con i gruppi *jihadisti*: il ruolo giocato da *internet* in più fasi, che vanno dall'indottrinamento, all'addestramento, all'indicazione degli obiettivi, all'eventuale ordine di passare all'azione, alla diffusione dei comunicati di rivendicazione. Ed è proprio studiando i comunicati diffusi *online* dai gruppi *jihadisti* e tutto il materiale distribuito in rete sia prima che dopo gli attacchi che si riesce anche a comprendere quali di questi siano veramente condotti da giovani terroristi in totale autonomia. E da questa analisi è altresì possibile capire chi e perché ha agito, classificando i vari tipi di attacco in base al legame degli autori con un gruppo *jihadista*.

Quanto a quello che abbiamo definito terrorismo "fai da te", si deve innanzitutto spiegare che si tratta di una metodologia che è nata ed è stata per anni sviluppata soprattutto da quell'ala della branca yemenita di AQ (*Al Qaeda* nella Penisola Arabica) che faceva capo all'Imam con doppio passaporto statunitense e yemenita al Awlaki, fondatore della celebre rivista *Inspire*, pubblicata *online* a partire dalla primavera del 2010 per reclutare ed addestrare giovani che risiedono in Occidente. *Inspire* è stata la prima rivista *jihadista* scritta in inglese e tale scelta, oggi quasi scontata[16] ma allora rivoluzionaria, fu dovuta al fatto che voleva, e vuole, raggiungere tutti quei giovani musulmani che vivendo in Paesi occidentali non posseggono un arabo fluente, o quantomeno

---

[16] Tra le riviste scritte da IS in lingue diverse dall'arabo si ricordano, ad esempio: *Dabiq*, la rivista in lingua inglese, che avendo il pubblico più ampio di rivolge un po' a tutto l'Occidente ed ai giovani che vi vivono; *Dar al-Islam*, la rivista in lingua francese, che ha chiaramente la Francia come soggetto ed interlocutore principale; *Constantinople* in Turco; *Istok* (ИСТОК) in Russo; *Kibernetiq* in Tedesco. Dall'autunno 2016 tali riviste sono state tutte sostituite dalla rivista *Rumiyah*, che fino alla caduta di Mosul è uscita con cadenza mensile fissa contemporaneamente in una decina di lingue (tra cui inglese, francese, tedesco, turco, indonesiano, russo, pashtun, uiguro, urdu.

non sarebbero in grado di riprodurre le complesse fasi preparatorie di un attacco di volta in volta insegnate nella *Sezione Open Source Jihad* della rivista[17].

Abbracciato dal settembre 2013 anche da Al Zawahiri, e da IS fin dalla sua nascita nel 2014, grazie a ormai celebri proclami del suo storico portavoce Adnani, il terrorismo "fai da te" è oggi sostenuto tanto da AQ quanto da IS, sia perché costa loro veramente poco (e come dice Al Zawahiri dissangua economicamente l'Occidente)[18] sia perché, senza un grande dispendio né di soldi né di preparazione, un attacco commesso in Occidente fornisce un'enorme pubblicità.

Ma, e questo è il secondo fattore da considerare, a sua volta questa visibilità genera autonomamente quello che definiamo terrorismo "fai da te": si tratta di un fenomeno che si autoalimenta. Se si pensa alle modalità con cui sono stati compiuti gli attacchi degli ultimi anni si comprende infatti facilmente quanto il fattore emulativo giochi un ruolo importante. Il c.d. terrorismo "fai da te",

---

[17] Per approfondimenti si veda QUADARELLA SANFELICE DI MONTEFORTE LAURA, *Il terrorismo "fai da te". Inspire e la propaganda online di AQAP per i giovani musulmani in Occidente*, Aracne Editrice, Roma 2013.
Tra gli articoli più celebri di tale sezione si ricorsa quello dal titolo *"Make e bomb in the kitchen of your Mom"*, con cui nel primo numero vennero date le istruzioni per la costruzione della pentola a pressione-bomba.
[18] Nel settembre 2013, nel corso del video-messaggio per il 12° anniversario degli attacchi dell'11 settembre, Al Zawahiri inneggiò per la prima volta agli attacchi condotti in Occidente da giovani *lone mujahid*, invitando quindi ogni giovane musulmano residente negli Stati Uniti a compiere tali attacchi. Nel suo messaggio il dottore egiziano si concentrava su quello che definiva il "punto debole" degli Stati Uniti: l'economia. L'economia americana sarebbe stata secondo Al Zawahiri traballante a causa delle spese militari e di quelle per la sicurezza, e quindi gli Stati Uniti andrebbero tenuti costantemente sotto pressione, con attacchi che li colpiscano "qua e là", "dissanguando" così l'economia statunitense con modalità che ad Al Qaeda invece "non costano nulla".

dunque, promosso da AQ e IS nella loro lotta intestina, si alimenta a sua volta, e pur presentando sempre dei caratteri di autonomia, possiede molto spesso anche elementi che dimostrano lo stretto legame con i principali gruppi *jihadisti*, i quali dopo la realizzazione dell'attentato (talvolta indipendentemente dal suo successo) in presenza di un qualche elemento che possa ricondurlo al proprio gruppo terrorista pubblicano una rivendicazione.

Considerando pertanto che AQ e IS oggi sfruttano le azioni condotte in Occidente da *homegrown terrorist*[19] e *foreign fighter*[20] di ritorno, che sempre più spesso agiscono "in branco", con gruppi composti da entrambe queste tipologie di soggetti, analizzando le rivendicazioni postate *online* dai due *network* si ottengono informazioni che consentono abbastanza facilmente di capire chi e perché ha colpito.

Il dato più rilevante che si ricava è che i giovani terroristi che hanno colpito negli ultimi anni in Occidente sono a volte direttamente manovrati da AQ o IS, mentre in altre si registra la mancanza di un collegamento diretto con una specifica organizzazione centrale, richiamandosi gli attentatori tanto ad AQ quanto all'IS, o in altri casi agendo ispirati da IS ma utilizzando

---

[19] Terrorista *homegrown* è quel terrorista che si è radicalizzato ed addestrato direttamente in Occidente, dove vive e spesso è anche nato, senza mai essere andato all'estero ad addestrarsi o a combattere.

[20] Letteralmente un *foreign fighters* è un combattente straniero in un teatro di crisi. Nel nostro caso rientrano in tale categoria tutti quei giovani che dopo essersi radicalizzati sono partiti per andare a combattere al fronte in nome del *Jihad*; essi divengono degni di interesse nel momento in cui tornano o si recano in Occidente e la loro pericolosità deriva da vari fattori, tra cui l'aver ricevuto un addestramento militare ed i problemi di reinserimento nella società dovuti al c.d. fenomeno del reducismo.

manuali messi in rete da AQ, o obiettivi oppure modalità operative da essa indicati.

Prima di vedere più da vicino i risultati che si ricavano analizzando il materiale diffuso in rete dai gruppi *jihadisti* per gli attentati in Occidente, è fondamentale considerare il diverso approccio adottato dai due network *jihadisti* in tema di sostegno al terrorismo "fai da te", laddove IS ha sempre chiesto ai giovani di giurare pubblicamente fedeltà al Califfato prima di passare all'azione, e anche quando non trova un collegamento di questi con la sua organizzazione, si attribuisce il merito dell'attacco, purché manchi un esplicito collegamento con AQ. Quest'ultima, sembra invece dai proclami e dalle rivendicazioni molto più attaccata alla promozione del *jihad* che alla pubblicità del proprio gruppo, tanto da non chiedere alcuna pubblica dichiarazione da parte degli attentatori e da specificare spesso che è irrilevante in nome di quale organizzazione agiscano.

Analizzando gli attentati condotti dal 2014 alla metà del 2017 in Paesi occidentali, e studiando soprattutto gli attentatori e il materiale diffuso in rete dai vari gruppi prima e dopo ogni attacco, emerge come si possa in prima battuta distinguere tra attacchi coordinati dai gruppi *jihadisti* e attacchi semplicemente ispirati alle loro idee. Ancorché solo i secondi siano totalmente "fai da te", alla luce dell'impossibilità di decifrare ogni aspetto di tali attacchi e del fatto che comunque degli elementi di autonomia sono sempre presenti sia nella fase della radicalizzazione di giovani ragazzi che in Occidente decidono di attaccare il Paese in cui sono nati o comunque vivono da anni, sia nelle fasi operative dei loro attacchi, risulta opportuno annoverare come terrorismo "fai da te" anche gli attacchi coordinati da gruppi *jihadisti*. Si deve inoltre sottolineare come in Europa, anche per la vicinanza con i teatri di crisi e la maggiore possibilità di viaggiare tra il Vecchio Continente ed il Medio Oriente o Nord Africa, è molto più facile individuare esempi di entrambe queste tipologie di terrorismo "fa da te". Al contrario, negli Stati Uniti quasi tutti gli attacchi appartengono alla categoria di quelli solo "ispirati" alle idee e ai proclami di *Al Qaeda* o dell'*Islamic State*. È comunque sicuramente difficile capire il grado di autonomia o di dipendenza/controllo di questi giovani, che colpiscono la terra in cui vivono, spinti all'azione dal fatto di sentirsi divisi tra due mondi, quello occidentale e quello musulmano, sentendosi in parte estranei da entrambi, e quindi non più totalmente parte di nessuno. Essi manifestano infatti un disagio psicologico più che sociale, che non deriva sempre da fattori economici, sociali o culturali, ma viene da quello che potremmo definire "bisogno di appartenere", che sarebbe comune a ragazzi con *background* totalmente diversi, che in comune hanno la ricerca di un'identità e di qualcosa in cui credere, per cui vivere e per cui morire[21].

Analizzando i vari attacchi eseguiti in Europa tra l'autunno 2015 e l'autunno 2016 risulta ad esempio particolarmente semplice distinguere gli attacchi condotti da quella che possiamo chiamare

---

[21] A fronte di profonde differenze socio-economiche dei giovani attentatori e delle loro famiglie di origine, che spesso odiano perché li hanno illusi di potersi inserire in Occidente, fattore comune in tutti questi giovani è la ricerca di appartenenza ad una cultura, per loro che non sentono di appartenere pienamente né alla società occidentale né a quella musulmana e da entrambe non si sentono accettati: si tratta di giovani che non si sentono né inseriti in Occidente, né buoni musulmani osservanti. Ciò fa nascere un odio profondo per la società occidentale e una speranza per la vita che invece il "puro Islam" offrirebbe sia in caso di vita, con il Califfato, sia di morte, con la vita dopo la morte.

cellula di Bruxelles-Parigi da quello stillicidio di attentati che si è registrato a partire dalla primavera 2016. La c.d. cellula Parigi-Bruxelles, con base nel quartiere brussellese di Molembek, è stata responsabile di numerosi attacchi tra la Capitale francese e quella belga, e soprattutto degli attentati condotti in modo coordinato a Parigi il 13 novembre 2015 e Bruxelles il 22 marzo 2016. Quando invece ci riferiamo a quella serie di attentati che si è registrata a partire dalla primavera 2016 in numerose città, soprattutto francesi e tedesche, con un picco tra il maggio e il luglio 2016, facciamo riferimento a tutte quelle azioni di giovani che con i mezzi più diversi hanno condotto a termine attentati in modo apparentemente autonomo.

Gli attacchi compiuti a novembre 2015 e marzo 2016 dalle cellule di Parigi–Bruxelles sono stati rivendicati in poche ore dagli organi mediatici ufficiali del Califfato, che hanno diffuso comunicati stampa ricchi di dettagli[22]. Entro pochi giorni, il gruppo di Al Baghdadi ha poi diffuso numerose immagini degli attentatori in mimetica, per mostrare la loro presenza nelle terre del Califfato nei mesi precedenti gli attentati.

---

[22] I comunicati sembrano andare leggermente oltre a quanto si apprende dalla stampa, fornendo dettagli noti solo agli organizzatori degli attacchi.

FLASH INFOS — Communiqué sur l'attaque bénie de Paris contre la France croisée

FRANCE — 2 Safar 1437

Au nom d'Allah, le Tout Miséricordieux, le Très Miséricordieux.

Allah le Très-Haut a dit : et ils pensaient qu'en vérité leurs forteresses les défendraient contre Allah. Mais Allah est venu à eux par où ils ne s'attendaient point, et a lancé la terreur dans leurs cœurs. Ils démolissaient leurs maisons de leurs propres mains, autant que des mains des croyants. Tirez-en une leçon, ô vous qui êtes doués de clairvoyance. Soûrat 59 verset 2

Dans une attaque bénie dont Allah a facilité les causes, un groupe de croyants des soldats du Califat, qu'Allah lui donne puissance et victoire, a pris pour cible la capitale des abominations et de la perversion, celle qui porte la bannière de la croix en Europe, Paris.

Un groupe ayant divorcé la vie d'ici-bas s'est avancé vers leur ennemi, cherchant la mort dans le sentier d'Allah, secourant sa religion, son Prophète et ses alliés, et voulant humiliant ses ennemis. Ils ont été véridiques avec Allah, nous les considérons comme tels. Allah a conquis par leur main et à jeter la crainte dans le cœur des croisés dans leur propre terre.

Huit frères portant des ceintures d'explosifs et des fusils d'assaut ont pris pour cibles des endroits choisis minutieusement à l'avance au cœur de la capitale française, le stade de France lors du match des deux pays croisés la France et l'Allemagne auquel assistait l'imbécile de France François Hollande, le bataclan où étaient rassemblés des centaines d'idolâtres dans une fête de perversité ainsi que d'autres cibles dans les dixième, le onzième et le dix-huitième arrondissement et ce, simultanément. Paris a tremblé sous leurs pieds et ses rues sont devenues étroites pour eux. Le bilan de ses attaques est de minimum 200 croisés tués et encore plus de blessés ;la louange et le mérite appartiennent à Allah.

Allah a facilité à nos frères et leur a accordé ce qu'ils espéraient (le martyr). Ils ont déclenchés leurs ceintures d'explosifs au milieu de ces mécréants après avoir épuisé leurs munitions. Qu'Allah les accepte parmi les martyrs et nous permettent de les rejoindre. Et la France et ceux qui suivent sa voie doivent savoir qu'ils restent à les principales cibles de l'Etat Islamique et qu'ils continueront à sentir l'odeur de la mort pour avoir pris la tête de la croisade, avoir osé insulter notre Prophète, s'être vantés de combattre l'Islâm en France et frapper les musulmans en terre du Califat avec leurs avions qui ne leur ont profité en rien dans les rues malodorantes de Paris. Cette attaque n'est que le début de la tempête et un avertissement pour ceux qui veulent méditer et tirer des leçons.

Allah est le plus grand.
Or c'est à Allah qu'est la puissance ainsi qu'à Son messager et aux croyants. Mais les hypocrites ne le savent pas. Soûrat 63 verset 8

BREAKING NEWS — Statement on the Blessed Brussels Raid against Crusader Belgium

Belgium — 12 Jumada al-Akhirah 1437

By Allah's grace, a security team of the Khilafah, may Allah grant it glory and victory, set out to target crusader Belgium, which has not ceased to wage war against Islam and its people.

Allah enabled our brothers and cast fear and terror into the hearts of the crusaders deep in their own lands, where several soldiers of the Khilafah went forth, wearing explosive belts, carrying explosive devices, and armed with automatic rifles, towards specially selected locations in Brussels, the capital of Belgium.

They stormed the airport of Brussels and a metro station, killing a number of crusaders before detonating their explosive belts amid crowds of the disbelievers. The attacks resulted in the killing of more than 40 and wounding of more than 210 citizens of crusader nations, and all praise is due to Allah.

We promise black days for all crusader nations allied in their war against the Islamic State, in response to their aggressions against it, and what is to come will be more devastating and bitter by Allah's permission. Praise is due to Allah for His support and facilitation, and we ask Him to accept our brothers among the shuhada'.

Gli attacchi compiuti in Occidente tra il giugno ed il luglio 2016 non sono stati rivendicati attraverso gli organi mediatici ufficiali del Califfato, ma con comunicati diffusi su *Telegram* dall'Agenzia Stampa *AMAQ*, considerata molto vicina a IS. I comunicati, che non contenevano alcun riferimento particolare agli attentatori o alle modalità con cui l'attentato era stata condotto, si caratterizzano per l'utilizzo di alcuni termini ed alcune espressioni chiave: innanzitutto, si usano i termini "soldati" o "combattenti" del Califfato; inoltre, appare la strana formula iniziale "secondo fonte interna", che attribuendo ad una fonte la veridicità della notizia non screditerebbe IS nel caso questa si rivelasse inesatta, e rende la rivendicazione quasi un'adesione piuttosto che una proclamazione di responsabilità. L'espressione presente nelle rivendicazioni sulla quale dobbiamo fermarci maggiormente è «*executed the operation in response to calls to target nations in the coalition fighting the Islamic State*», o «*executed the operation in response to calls to target countries belonging to the crusader coalition*», espressione con cui IS afferma che i giovani attentatori hanno agito in risposta all'appello lanciato da Adnani in maggio affinché venissero commessi attentati durante il mese di Ramadan. Uno o due giorni dopo gli attacchi, tranne nel caso di Nizza, *Amaq* ha sempre diffuso un video in cui gli attentatori prima di entrare in azione giuravano fedeltà al Califfato, o direttamente ad Al

Baghdadi. Anche la registrazione del video con il giuramento, così come la realizzazione dell'attacco, fanno parte delle "risposte alla chiamata di compiere attacchi contro le Nazioni della coalizione", ma il fatto che sia l'Agenzia *Amaq* a diffonderle significa che tra IS e gli attentatori c'è sempre stato un contatto prima dell'attentato, fosse pure solo una semplice email: da ciò sappiamo che gli attentatori e qualcuno all'interno di IS si sono sentiti prima degli attacchi.

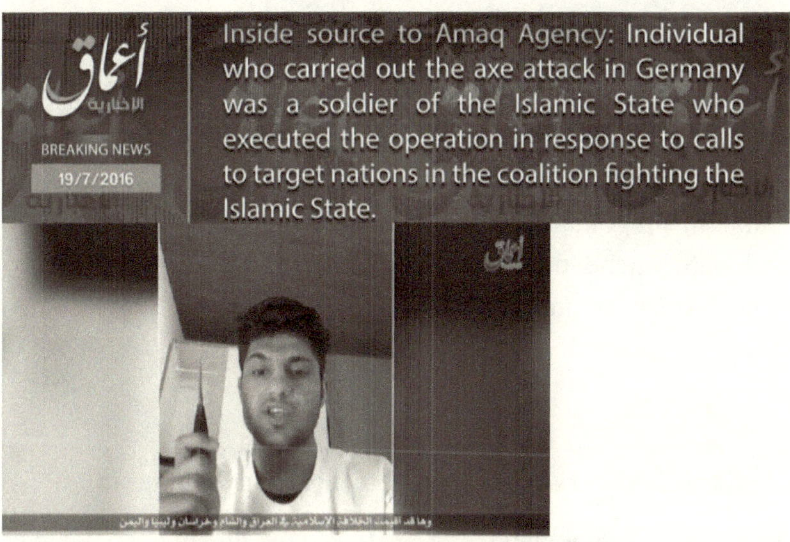

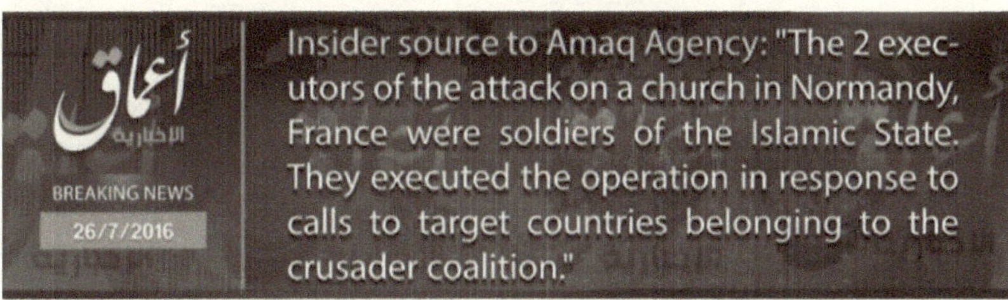

Infine, un terzo tipo di attentati attira l'attenzione: quelli che non solo hanno solo rivendicazioni tramite *Amaq*, ma non sono seguiti da alcun video con giuramenti di fedeltà al Califfato. Tra questi il più noto e tragico è stato quello del TIR lanciato sulla folle assiepata sul lungomare di Nizza la sera del 14 luglio 2016 (che venne lodato anche da AQ, che gli dedicò un nuovo prodotto legato ad *Inspire,* chiamato *Inspire Guide[23]*).

Conclusioni: le diverse tipologie di attacchi in Occidente

Possiamo quindi schematizzare tre tipologie di attacchi del c.d. terrorismo "fai da te":

- alla prima appartengono quelli diretti o quantomeno coordinati da AQ o IS, seppur con ampia autonomia nella scelta degli obiettivi e nella fase realizzativa. Sono quelli della già citata cellula Parigi-Bruxelles, che hanno agito per conto di IS[24], ma anche l'attacco

---

[23] Uscito varie volte dalla primavera 2016, non è una rivendicazione, ma una lunga analisi delle operazioni, evidenziandone gli aspetti positivi, da ripetere, e quelli negativi, da modificare per prossimi attacchi della medesima tipologia.
[24] Sappiamo che IS ha un'agenzia intelligence specializzato in azioni all'estero, il cui nome o acronimo in arabo sarebbe EMNI.

alla redazione del giornale satirico *Charlie Hebdo*, colpito nel gennaio 2015 da una cellula guidata da AQ;

- una seconda categoria è rappresentata da quegli attacchi che sono semplicemente ispirati da AQ o IS ma nei quali c'è un contatto almeno informatico tra gli attentatori e qualcuno delle due organizzazioni centrali (tra questi quelli per i quali IS trasmette alcuni giorni dopo un video in cui l'attentatore, per il resto privo di contatti diretti con il gruppo, giura fedeltà al Califfato);

- infine, si individua una terza categoria nella quale rientrano quegli atti esclusivamente ispirati ad AQ o IS (come nel caso di Nizza e di vari attacchi compiuti negli ultimi anni negli USA da attentatori che avevano materiali di entrambi i gruppi).

Si deve infatti concludere sottolineando come tali giovani agiscono spesso senza distinguere tra i vari gruppi, operando semplicemente in nome di quel *jihad* che tanto gli è stato inculcato, diventano così loro malgrado parte della lotta intestina al mondo *jihadista* favorendo mediaticamente l'uno o l'altro. Pertanto il *jihadismo* come manifestazione del fondamentalismo islamico violento sopravvivrà alla sconfitta di IS nel teatro siro-iracheno e, anche alla luce del ritorno di migliaia di *foreign fighter*, nel prossimo futuro si manifesterà sempre più con attacchi del tipo di quello che chiamiamo terrorismo "fai da te".

La situazione securitaria della Tunisia, tra riforme e minacce alla sua stabilità - *Laura Quadarella Sanfelice di Monteforte*[25] *- Dicembre 2017*

Cooperazione con il nostro Paese e postura internazionale

Parlando di Mediterraneo molti sono i fattori che rendono utile un approfondimento sulla Tunisia, il Paese nel quale si accese la scintilla di quelle che poi vennero infelicemente ribattezzate "Primavere Arabe", l'unico che ne uscì "indenne", quello geograficamente più vicino a noi.

Il Paese divide, insieme alla Sicilia, il Mediterraneo in due bacini distinti, creando un passaggio ristretto, tra Capo Ban e Mazzara del Vallo, facile da controllare. Non meraviglia quindi che, anche per ragioni di vicinanza geografica, il nostro Paese abbia da tempo stretti rapporti con la Tunisia e abbia avviato negli anni numerosi programmi di collaborazione e cooperazione, fornendo altresì pieno sostegno a livello internazionale affinché venga coinvolta sempre più negli esercizi di dialogo regionale ed

---

[25] Le opinioni espresse si riferiscono all'Autrice, e non corrispondono necessariamente alla posizione dell'Amministrazione di appartenenza.

internazionale su tematiche quali la sicurezza, le migrazioni e lo sviluppo della Regione. Su invito italiano, ad esempio, il Presidente tunisino Essebsi ha partecipato ad alcune sessioni del Vertice di Taormina del G7 dello scorso maggio.

E' innegabile, inoltre, come i recenti progressi che si stanno registrando a livello internazionale in tema di sicurezza del Mediterraneo siano dovuti anche alla partecipazione delle Autorità tunisine alle riunioni del Gruppo di Contatto dei Ministri dell'Interno del Mediterraneo Centrale in tema di rotte migratorie nel Mediterraneo Centrale: iniziativa avviata dal marzo 2017 su iniziativa italiana, che a fianco alla lotta al traffico di migranti e al terrorismo mira ad avere un approccio globale, che guarda anche alle implicazioni socio-economiche del fenomeno migratorio, ed alle cause profonde che ne sono l'origine.

Si ricorda altresì che soprattutto a partire dalla chiusura delle Ambasciate dei Paesi occidentali a Tripoli (come noto l'ultima Rappresentanza a chiudere fu nel febbraio 2015 quella italiana, che ha riaperto nel gennaio 2017), Tunisi è tra l'altro divenuta centrale per qualsiasi forma di dialogo e mediazione internazionale per la crisi libica.

Guardando ad altre "crisi" che stanno interessando il mondo islamico negli ultimi mesi, va sottolineato come in merito alle frizioni tra i Paesi del Golfo ed il Qatar le autorità tunisine ed i maggiori partiti operanti nel Paese, dal laico *Nidaa Tounes* agli islamisti di *Ennahdha* (vicini all'asse turco-qatarino), stanno cercando di mediare affinché gli animi si calmino e mantengono pertanto una posizione equidistante tra le parti.

Alla luce dei numerosi programmi di cooperazione internazionale attivi con la Tunisia anche nel campo della sicurezza e del ruolo che il Paese sta assumendo negli esercizi di dialogo regionale ed internazionale su questioni quali quelle dei migranti e del terrorismo internazionale di matrice *jihadista*, è pertanto opportuno soffermare brevemente l'attenzione sulla situazione securitaria interna della Tunisia e sulle correlazioni con le minacce provenienti dai Paesi contermini.

Situazione interna tunisina

A quasi sette anni dalla Rivoluzione dei Gelsomini è innanzitutto interessante interrogarsi su quale sia la situazione dell'unico Paese che da quei moti uscì senza esserne travolto e stravolto. Si è trattato di una rivoluzione che, scoppiata in Tunisia per ragioni soprattutto economiche, si è diffusa in quasi tutto il Nord Africa ed il Medio Oriente rovesciando regimi che governavano da decenni ma ho portato spesso, con l'illusione della democrazia occidentale, ad una instabilità che ancora oggi permane.

Non così fu in Tunisia, che riuscì a liberarsi del suo "uomo forte" senza subire la nascita di profonde spaccature che altrove portarono a lotte intestine, tristemente alimentate dall'esterno. Ma gli obiettivi che spinsero all'azione il popolo tunisino tra il dicembre 2010 ed il gennaio 2011 sono stati veramente raggiunti? E, soprattutto, le nefaste conseguenze che altrove hanno visto lo scoppio di guerre civili fratricide e di profonde lotte etnico-religiose, nonché una recrudescenza del terrorismo *jihadista* senza precedenti di cui anche noi in Occidente paghiamo le conseguenze, veramente non hanno toccato il Paese della Rivoluzione dei Gelsomini?

Le risposte non sono semplici, ma si può sin d'ora anticipare che naturalmente sarebbe da ingenui pensare che in Tunisia la Rivoluzione, solo perché incruenta, abbia portato tutti i risultati che i manifestanti volevano raggiungere. Dopo quasi un quarto di secolo, Zine El-Abidine Ben Alì ha lasciato il potere ed il Paese, ritirandosi a Jedda (Arabia Saudita), e molte riforme sono state avviate, ma siamo lontani dagli sperati obiettivi di equità sociale e ricchezza per tutte le fasce della popolazione, così come, malgrado gli ottimi risultati raggiunti, non si è totalmente arrestata la corruzione, né azzerata la disoccupazione. E con un'economia ancora fortemente in difficoltà ed un malessere sociale solo apparentemente più contenuto, il Paese non può essere indenne dai rischi del fondamentalismo islamico, con un terrorismo *jihadista* esogeno ed endogeno.

Nell'ambito di un processo che mirava ad istituzionalizzare anche le forme più radicali di salafismo, al suo interno la Tunisia ha infatti visto nascere e crescere la locale branca di *Ansar al-Sharia* (AaS-T), che inizialmente venne addirittura accettata quasi fosse un movimento politico ma è da anni stata messa al bando e combattuta. Malgrado ciò, essa persiste in varie zone del Paese e forti sono i suoi legami soprattutto con alcune branche libiche di *Ansar al-Sharia* (in particolar modo quella di Bengasi, AaS-B) e con *Al Qaeda* nel Maghreb Islamico (AQMI), una delle più potenti organizzazioni affiliate al gruppo guidato da Al Zawahiri, che opera nel Paese soprattutto con il locale battaglione *Uqba bin Nafì*.

Importanti inoltre sono i rischi di infiltrazione da parte dei gruppi terroristi presenti nei Paesi contermini (*Al Mourabitoun* (AM) *in primis*, oltre alla già citata AQMI), nonché la paura che si diffonda soprattutto l'instabilità libica, anche alla luce dei legami con alcune tribù oltre-confine, nonché della continuità delle reti criminali tra i Paesi del Nord Africa (ragioni che hanno portato alla militarizzazione del confine libico).

In tutto questo, crescente è il ruolo in Tunisia dell'*Islamic State* (IS), che è riuscito ad attirare a sé migliaia di combattenti, reclutati tra i tunisini scontenti, che si sono lasciati facilmente radicalizzare e attirare nelle sue maglie sia nel teatro libico che in quello siro-iracheno, anche per sfuggire alle Autorità tunisine, apparentemente più attive nell'opera di repressione che di contro-radicalizzazione.

E quello dei *foreign fighter* di ritorno sarà nel prossimo futuro uno dei maggiori problemi che dovrà affrontare la Tunisia, il Paese islamico ad aver fornito il più elevato numero di combattenti ad IS in proporzione al numero di abitanti. IS ha infatti attirato a sé migliaia di giovani, uomini e donne, che come già detto sono partiti per lasciarsi indietro povertà e disoccupazione, e talvolta anche le forze di sicurezza tunisine che erano sulle loro tracce per gli evidenti segnali della loro radicalizzazione. Ai ragazzi venivano offerti potere, soldi, armi, donne; a queste ultime soprattutto casa, valorosi guerrieri e un posto ideale per crescere i bambini secondo i dettami del vero Islam; a tutti, infatti, si prospettava la possibilità di partecipare alla costruzione di un vero grande Stato Islamico, nel quale i principi dell'Islam ed i servizi offerti gratuitamente avrebbero rappresentato garanzia di un'ottima qualità di vita, sicuramente migliore di quella che si lasciavano alle spalle.

La realtà si è poi rivelata diversa, ed ora migliaia di tunisini vivono in Libia, così come in Siria ed Iraq. Sono piccoli orfani, cresciuti secondo principi di un'interpretazione distorta dell'Islam che saranno più difficili da dimenticare dei traumi subiti, oppure vedove, che non possono tornare a casa dopo esser state sposate ad uno o più combattenti, o infine giovani uomini che nella migliore delle ipotesi sono dei reduci di guerra che in Patria rischierebbero la prigione per quello che hanno fatto, ma che talvolta continuano ad essere utilizzati dallo stesso IS per compiere attentati come al museo del Bardo o al *resort* a Sousse.

Quanto alle zone con maggiore presenza *jihadista* e scontri/attacchi alle forze dell'ordine, il primato spetta al Governatorato di Kasserine (uno dei 24 governatorati della Tunisia), che si trova nella parte occidentale del Paese, al confine con l'Algeria, e soprattutto al Monte Chaambi. È questa la zona del Governatorato di Kasserine in cui si concentrano da anni gli scontri tra esercito e *jihadisti* (*Uqba bin Nafi*, AQMI AaS-T), che controllano parti di territorio. Si tratta di una zona impervia, da anni militarizzata, nella quale dal 2012 è stata avviata un'operazione militare che malgrado i successi registrati non riesce a stanare definitivamente i gruppi di combattenti che vi si nascondono, anche perché confina con l'Algeria, Paese dal quale si infiltrano i gruppi terroristi a causa dell'estrema porosità dei confini in quella zona.

La presenza di tutti i citati gruppi *jihadisti* si concretizza il più delle volte in attacchi alle forze di sicurezza tunisine, ma hanno portato anche ad attacchi importanti contro civili, soprattutto turisti stranieri. Si tratta di una situazione non nuova per il Paese, che già nel 2002 aveva subito un grave attentato alla sinagoga Ghriba a Djerba e nel corso del 2015 è stato colpito al museo del Bardo di Tunisi e ad un *resort* di Sousse (entrambi gli attacchi sono stati rivendicati da IS).

La importante presenza dei gruppi terroristi e il così elevato numero di *foreign fighter* partiti dalla Tunisia, dimostrano come in questi ultimi anni il radicalismo islamico sia cresciuto, trovando terreno fecondo sul quale mettere le proprie radici, e le ragioni sono da ricercare, così come per la Rivoluzione dei Gelsomini, nei problemi economici ed in quelli sociali che i primi generano. In Tunisia infatti l'economia sta vivendo un momento di stagnazione, ancora molto elevato è il tasso di disoccupazione (che ha risentito anche del rientro in Patria delle migliaia di lavoratori tunisini che sotto il Regime di Gheddafi vivevano in Libia), mentre il deprezzamento della moneta locale sta favorendo *l'export* ma portando ripercussioni negative sulla bilancia commerciale e provocando l'aumento dei prezzi di quasi tutti i beni, nella maggior parte dei casi importati dall'estero.

La Tunisia sta pertanto affrontando nuovamente un momento di tensioni sociali, soprattutto nelle zone dell'interno e nel sud del Paese, ove ai giovani vengono offerte limitate prospettive professionali e di miglioramento della propria condizione socio-economica. Tutto ciò, anche quando non porta al radicalismo islamico ed alla decisione di unirsi a gruppi *jihadisti*, favorisce un senso di frustrazione che potrebbe nuovamente trasformare la situazione in esplosiva.

Come ha più volte rilevato lo stesso Presidente Essebsi, le richieste dei giovani non sono ancora state pienamente ascoltate e da ciò deriva il malessere sociale. Un malessere che a volte si manifesta in scontri in alcune regioni, con manifestanti che alternano azioni violente con lo sciopero della fame e con il blocco (o la minaccia di blocco) delle strade sulle quali passano i mezzi delle compagnie che estraggono idrocarburi (gas e petrolio), spesso senza che le popolazioni locali beneficino dei vantaggi economici degli ingenti proventi. In talune aree del Paese si verifica nella società tunisina uno scollamento tra la popolazione ed alcune *élite* politico-economiche che sono accusate di trattenere per sé benefici e privilegi, lasciando ampie fasce della popolazione e le grandi masse delle zone rurali prive della stessa speranza in una vita migliore per loro e per i loro figli.

Anche per questo, nell'ambito del riuscito processo di democratizzazione avviato nel 2011 è stato giustamente da tempo avviato un programma di riforme volte alla decentralizzazione del potere statale in favore delle Autorità locali, più vicine alle popolazioni locali.

Tra i numerosi settori che hanno visto grandi riforme in favore della popolazione se ne ricordano almeno due: quello costituzionale e quello del diritto di famiglia. In entrambi i progressi compiuti rendono la Tunisia un modello da prendere da esempio per l'intero Nord Africa.

La nuova Costituzione, approvata nel gennaio 2014, è per numerosi aspetti la più avanzata tra tutte quelle dei Paesi dell'area MENA, ad iniziare dal fatto che essa sancisce che "cittadine e cittadini sono uguali in diritti e doveri, senza discriminazione", ed anche grazie a tale norma si è avviato un profondo cambiamento nella società tunisina, che ha portato la percentuale delle donne presenti in Parlamento ben al 34%.

Solo restando a tali aspetti (per approfondire uno dei molteplici settori nei quali le riforme in Tunisia stanno raggiungendo risultati notevoli specie se rapportate al breve tempo nelle quali si stanno realizzando), profonde sono le riforme al diritto di famiglia, adottate soprattutto grazie all'azione dell'anziano e illuminato Presidente Essebsi, che ha spesso pubblicamente sostenuto di voler eliminare quelle norme che originano dalla *sharia* e confliggono con l'ordinamento costituzionale di qualsiasi stato civile e democratico. Numerose sono le variazioni che stanno avvicinando i diritti delle donne a quelli degli uomini, rendendo il Paese il più avanzato esempio di tutela dei diritti umani della Regione.

Grazie alla nuova costituzione e alle tutele ivi contenute, le donne tunisine sono riuscite ad inserirsi pienamente nel mondo del lavoro. Numerose le riforme che hanno modificato il diritto di famiglia ed il codice penale abolendo il c.d. "matrimonio riparatore" (formalmente eliminato in Italia solo nel 1981) e punendo le forme di violenze contro le donne sia fuori che dentro le mura domestiche. Inoltre, solo per fare un altro esempio, oggi in Tunisia la legge impone ai datori di lavoro di pagare uomini e donne con la stessa retribuzione, a parità di mansioni e ruolo, e come sappiamo qui in Italia si tratta di norme che non sempre vengono applicate anche nei Paesi occidentali.

Tra le riforme del diritto di famiglia per le quali il Presidente si sta battendo troviamo le norme che regolano il matrimonio, ove recentemente un altro successo è stato raggiunto eliminando il divieto per le donne musulmane di sposare uomini di altre religioni, e quelle sulle successioni, che vedono ancora oggi favoriti i figli maschi sulle figlie femmine.

Nel complesso risulta evidente come in molti settori l'ordinamento tunisino stia divenendo il più avanzato dell'intera Area, scatenando l'opposizione dei più oltranzisti, sia in Patria che nei Paesi vicini, ove temono che possano essere presentate analoghe richieste, per molti confliggenti con la *Sharia* e quindi assolutamente non accettabili.

Conclusioni

Dopo la Rivoluzione dei Gelsomini è stato quindi avviato un intenso programma di riforme, che ha coinvolto numerosi aspetti della vita sociale, l'economia ha visto alcuni segnali di ripresa e la lotta al terrorismo esogeno ed endogeno viene portata avanti con i massimi sforzi dalle Autorità militari e civili. Malgrado ciò, tuttavia, la situazione securitaria della Tunisia continua a destare preoccupazione, anche e soprattutto in vista del paventato ritorno di migliaia di *foreign fighter* dai teatri libico e siro-iracheno.

Si tratta di una situazione interna che per alcuni aspetti stride con le riforme adottate, con le azioni in ambito internazionale e con le potenzialità del Paese, che rappresenta il più riuscito esperimento democratico delle Primavere Arabe, ma le cui riforme ed i cui sforzi nella lotta ai gruppi *jihadisti* e alle instabilità che provengono dai Paesi contermini vengono in parte vanificati dal malessere socio-economico di ampie fasce della popolazione, che permane nelle aree interne malgrado i successi delle citate riforme e costituisce il terreno ideale per il radicalismo.

In definitiva, la Tunisia rimane un Paese di forti contrasti, a due facce, si potrebbe dire: con una ricchezza concentrata nelle zone costiere ed un entroterra più povero e con scarse opportunità per i giovani; con una popolazione che anche durante la rivoluzione ha dimostrato si essere "pacifica" ma che ha prodotto migliaia di *foreign fighter* partiti per andare a combattere in Libia e nel teatro siro-iracheno.

Lo Stato Islamico e la creazione di una nuova identità collettiva - *Greta Modula – Dicembre 2017*

Introduzione

Nel 2016 il *Global Terrorism Index* identificava il gruppo fondamentalista Stato Islamico (IS) [26] come il gruppo terrorista più sanguinario del 2015, con più di 6.000 persone uccise in attacchi terroristici in ben undici Stati diversi[27]. La crudeltà e la violenza del gruppo sono ben note in tutto il mondo grazie alla pubblicazione *online* di video rappresentanti brutali e terrificanti esecuzioni (per lo più crocifissioni e decapitazioni) di prigionieri eseguite da *foreign fighters*[28] ma anche da semplici bambini. Lo

---

[26] Il gruppo è noto anche con il nome di Stato Islamico dell'Iraq e dello *Sham* (ISIS), Stato Islamico dell'Iraq e del Levante (ISIL), oppure *Daesh* (acronimo arabo di ISIS). Tali denominazioni si rifanno alla regione geografica all'epoca sotto controllo del gruppo jihadista. Con la proclamazione del Califfato, tuttavia, Abu Bakr al Baghdadi tolse il riferimento geografico dal nome con lo scopo di ampliare il raggio d'azione del gruppo e rendere così lo Stato Islamico un vero e proprio movimento globale.

[27] Institute for Economics & Peace, *Global Terrorism Index, 2016: Measuring and understanding the impact of terrorism*, 2016.

[28] Con il termine *foreign fighters* si intende individui provenienti da diversi stati con lo scopo di impegnarsi nella comune lotta contro il secolarismo occidentale. Secondo il ricercatore Peter Neumann più di 20.700 individui (tra i

Stato Islamico è anche ben noto come importante minaccia alle democrazie liberali occidentali, in quanto esso è riuscito ad attrarre un ingente e preoccupante numero di *foreign fighters* attraverso l'incoraggiamento rivolto a tutti i Musulmani di compiere la *hijra* per vivere "all'ombra del Califfato"[29] e controllare l'intera regione del Levante[30], oppure invitando i propri sostenitori ad impegnarsi nella *jihad* in ogni angolo del mondo con qualsiasi mezzo a propria disposizione.

Dato l'ampio numero di sostenitori e combattenti dell' IS, risulta di grande interesse comprendere come individui provenienti da strati sociali e culturali diversi si uniscano e sostengano un ambiente così violento, combattendo la guerra di qualcun altro, un fenomeno sorprendente. Come riesce lo Stato Islamico ad attrarre un simile numero di combattenti? Come fanno il gruppo ed i suoi membri a motivare e mantenere viva tra i propri ranghi una simile crudeltà verso il prossimo? Ma soprattutto, come giustificano, immaginano e pensano i membri del gruppo del proprio coinvolgimento nella violenza politica?

Un'ideologia religiosa: verso la creazione di una nuova identità

Agli albori, l'IS era un ramo del gruppo jihadista di Abu Musab al-Zarqawi, Al Qaeda in Iraq (AQI). Esso si insediò in Siria durante la guerra civile siriana nel 2011, ma data l'incredibile

---

13 e 69 anni) hanno risposto alla chiamata dello Stato Islamico raggiungendo la Siria e l'Iraq da oltre 90 paesi. Peter Neumann, *Radicalized: New jihadists and the threat to the West*, I.B. Tauris, Roma 2016.

[29] Jessica Stern & J. M. Berger, *ISIS: The State of terror*, William Collin, Londra 2015.

[30] La regione del Levante comprende Israele, Palestina, Iraq, Giordania, Libano e Siria.

crudeltà e brutalità dimostrate dal gruppo, il leader di *Al Qaeda*, Ayman al Zawahiri, decise nel febbraio del 2014 di sciogliere formalmente qualsiasi legame col IS.

Nel 2010 l'estremamente autoritario Abu Bakr al Baghdadi prese il comando del gruppo, ne ricostruì da zero la struttura interna, vi mise ai vertici persone fidate, e si impegnò con estrema violenza a raggiungere il proprio scopo, cioè creare un nuovo Califfato Islamico[31].

Il punto di svolta lo si ebbe il 30 giugno 2014, quando il gruppo proclamò formalmente la creazione del Califfato, con l'emiro Abu Bakr al Baghdadi come nuovo "Califfo Ibrahim", capo della *umma* (la comunità islamica). Il Califfato così stabilito si estendeva da Aleppo, in Siria, alla provincia di Salah al Din, in Iraq, e si ergeva forte nel cuore del Medio Oriente, estremamente vicino alle città sacre all'Islam: Mecca, Medina e Gerusalemme. In particolar modo, il Califfato riuscì a cancellare il confine creato con gli accordi di Sykes-Picot, un costante promemoria per il mondo arabo dell'oppressione subita da parte delle potenze occidentali durante il colonialismo.

Fu proprio con la proclamazione del Califfato, nel 2014, che l'ISIS divenne lo Stato Islamico (IS), superò il lascito di AQI, ne implementò la brutalità e ne intensificò la violenza. Inoltre, l'affermazione di Al Baghdadi di aver ricostruito il Califfato è simbolicamente molto importante. Così facendo, egli non voleva solamente rimandare al leggendario passato dell'Islam, ma soprattutto invitare ogni singolo Musulmano ad unirsi al Califfato,

---

[31] Il Califfato è un simbolo caro a tutti i musulmani, in particolar modo ai jihadisti salafiti. Esso, infatti, rappresenta un vero e proprio impero islamico dove la società musulmana segue la Legge della Sharia.

giurargli fedeltà, e prendere parte alla lotta contro le democrazie secolari dell'Occidente, in modo tale da rendere l'Islam nuovamente glorioso. Tale messaggio è stato largamente divulgato dal gruppo attraverso diversi mezzi di propaganda. Ad esempio, nel numero di novembre 2014 della rivista online *Dabiq*[32] è scritto che:

La bandiera di Khilāfah [Califfato] sarà issata sopra Baytul-Maqdis e Roma, anche se gli Ebrei ed i Crociati non lo approvano. L'ombra di questa bandiera benedetta si espanderà finché non coprirà tutti gli estremi orientali ed occidentali della Terra, riempiendo il mondo con la verità e giustizia dell'Islam, mettendo fine alle falsità e tirannie dell' jāhiliyyah [ignoranza], anche se l'America e la sua coalizione non lo approvano[33].

Una simile narrativa riflette la legge altamente teocratica dello Stato Islamico. Infatti, l'ideologia del gruppo incorpora elementi radicali delle dottrine salafita e wahabita[34]. Esse vengono

---

[32] *Dabiq* era una rivista in inglese che da luglio 2014 IS pubblicava mensilmente online a scopo di propaganda. Da settembre 2016 essa è stata sostituita dalla rivista *Rumiyah* (dall'arabo "Roma", la quale rimanda alle terre dei miscredenti occidentali), anch'essa diffusa mensilmente online in nove diverse lingue (inglese, francese, tedesco, russo, turco, indonesiano, pashtun, uiguro, e urdu), anche se, quest'ultima è da due mesi che non viene pubblicata.

[33] *Foreword*, in "Dabiq", novembre 2014, p. 3.

[34] L'Islam salafita comprende al proprio interno diversi movimenti difficilmente distinguibili gli uni dagli altri. Essi credono che il mondo islamico sia in declino e che l'Islam stesso sia stato corrotto nei secoli dalle diverse interpretazioni che gli sono state date. Perciò, essi cercando di ritornare alle credenze e pratiche dell'Islam delle origini rifiutando le interpretazioni degli intellettuali ed accademici, mentre il Corano e la *sunna* (la collezione delle pratiche, azioni e parole del Profeta) sono le uniche fonti accettate e che si pensa determinino la vita del vero Musulmano. L'interpretazione che questi movimenti danno dell'Islam sunnita è molto rigida, perciò spesso ci si riferisce a loro con il termine di "fondamentalisti islamici". Ciononostante, questi movimenti

manipolate in modo tale da regolare e giustificare il ricorso da parte del gruppo alla forza, violenza e *jihad*. Come scrive il sociologo Alessandro Orsini, lo Stato Islamico utilizza largamente la religione e le interpretazioni estremiste dei testi sacri come giustificazione all'uso della violenza, attraverso una narrativa che incoraggia all'odio e alla vendetta[35]. Orsini la chiama "violenza ideologica": inizialmente, il gruppo reinterpreta in chiave estremista i testi sacri e le scritture islamiche in modo tale da persuadere i propri membri che l'Islam è oppresso. Poi, sfruttando

---

possono distinguersi in ulteriori fazioni. Ad esempio, vi sono i "quietisti", i quali vogliono purificare l'Islam senza impegnarsi in alcun modo nella politica. Al contrario, i cosiddetti "politici" sostengono che l'attivismo politico sia necessario per la purificazione. I "jihadisti", invece, credono che la violenza sia la soluzione alla crisi dell'Islam. Questi movimenti non condividono simili pratiche o credenze (tranne per il fatto che sono monoteiste, credono l'interpretazione degli uomini sia corrotta ed una minaccia e che perciò vi sia la necessità di ritornare all'Islam degli albori), ma piuttosto un atteggiamento verso la stessa religione in risposta ad un mondo in costante evoluzione.

[35] Bisogna tuttavia sottolineare come la propaganda del gruppo jihadista non è meramente violenta. Al contrario, come sostiene Laura Quadarella Sanfelice di Monteforte, la propaganda dello Stato Islamico si distingue a seconda del pubblico a cui essa è diretta: all'interno del mondo islamico essa è narrativa, mentre all'infuori di esso la propaganda jihadista è una vera e propria guerra psicologica verso l'Occidente. Nel primo caso, IS offre al pubblico una visione del mondo ideale, dove gli abitanti vivono felici, godono di servizi sanitari e scolastici gratuiti mentre i vecchi, poveri e malati vengono assistiti. Le tasse ed i sussidi vengono disposti a seconda della disponibilità economica di ciascuna famiglia. IS promette ai ragazzi potere, armi e donne, mentre alle ragazze promette una vita in cui essere mogli devote di nobili combattenti impegnati in una giusta causa, cioè costruire un mondo migliore per i propri figli. Talvolta tale narrativa ha influenzato anche giovani ragazzi e ragazze in Occidente. Al contrario, la propaganda verso i miscredenti occidentali esalta la violenza in tutte le sue forme più estreme, crudeli e spettacolari. Anche questa forma di propaganda mira a fare nuovi proseliti, tuttavia essa è principalmente rivolta a giovani disadattati in cerca di potere e realizzazione. Laura Quadarella Sanfelice di Monteforte, *Perché ci attaccano: Al Qaeda, l'Islamic State e il terrorismo "fai da te"*, Aracne Editrice, Roma, 2017.

la narrativa dell'odio, il gruppo costruisce una visione secondo la quale il mondo è diviso in due fazioni contrapposte: il Bene ed il Male[36]. Perciò, tutto ciò che viene definito e descritto come opposto al gruppo viene percepito dai suoi membri come incarnazione del Male. Tale visione del mondo viene confermata anche nel primo numero del giornale *Dabiq*[37]:

Il mondo è diviso in due campi e in due trincee – il campo dell'Islam e della fede e il campo dei miscredenti e degli ipocriti, il campo dei musulmani e dei mujaheddin e il campo degli ebrei, dei crociati, dei loro alleati e di tutte le nazioni e le ragioni della miscredenza che sono tutte guidate dagli Stati Uniti e dalla Russia, e che sono mobilitate dagli ebrei[38].

Gli elementi principali di questa narrativa dell'odio sono i concetti di *takfir*, *jihad* e *hijra*. La parola *takfir* indica gli apostati, i miscredenti. Nonostante normalmente sia difficile identificare una simile persona (dato che non è possibile provare con assoluta certezza cosa una persona possa pensare o credere), l'IS condanna con estrema leggerezza colui che con le sue azioni non rispetta le visioni del gruppo e non si conforma al suo fine ultimo. Tale individuo viene brutalmente giustiziato in vere e proprie esecuzioni pubbliche, affinché tutti sappiano che l'IS è intollerante verso il pluralismo e verso chiunque si dimostri non essere un "vero Musulmano"[39]. D'altronde, come sottolineato dai ricercatori

---

[36] Orsini Alessandro, *ISIS: I terroristi più fortunate del mondo e tutto ciò che è stato fato per favorirli*, Rizzoli, Milano 2016.

[37] Il nome del giornale deriva dalla città di Dabiq, dove l'IS sostiene avverrà la Battaglia Finale, anche nota come Giorno dell'Apocalisse. Qui, le forze del Bene sconfiggeranno le forze del Male; gli uomini giusti verranno salvati da Allah, mentre gli uomini malvagi saranno sterminati una volta per tutte.

[38] *From Hijrah to Khilafah*, in "Dabiq", luglio 2014, p. 10.

Weiss e Hassan, il credo religioso su cui si fonda l'IS si basa sul concetto di *wala* e *baraa*, cioè lealtà all'Islam e slealtà verso tutto ciò che non è Islam[40]. Ne consegue che i "veri fedeli" debbano sempre denunciare gli apostati, anche quando essi sono membri della famiglia.

Per quanto riguarda *jihad* e *hijra*, essi sono due concetti molto complessi e distinti, anche se a volte possono sovrapporsi, come accade all'interno della narrativa di IS. Il termine *jihad* fa riferimento a diverse azioni che vanno dalla lotta spirituale al conflitto armato (quest'ultimo giustificabile solamente in situazioni di autodifesa). Ciononostante, IS usa la parola *jihad* riferendosi al conflitto armato e alla lotta fisica, giustificandone l'uso sostenendo che il gruppo difende i Paesi islamici dagli invasori apostati (facendo spesso riferimento all'invasione americana dell'Afghanistan e dell'Iraq). Dall'altro lato, il termine *hijra* fa generalmente riferimento alla migrazione di Maometto da Mecca a Medina. IS invece usa il termine per incoraggiare i Musulmani a lasciare i cosiddetti "Stati non-islamici" ed emigrare (anche assieme a tutta la loro famiglia!) verso i territori del Califfato. Perciò, dato che lo Stato Islamico incoraggia a lasciare i propri Paesi, emigrare verso la Siria e l'Iraq, e combattere in nemico, la *hijra* può essere assimilata alla *jihad*.

---

[39] I disertori dello Stato Islamico hanno testimoniato che il gruppo tende a condannare di apostasia chiunque vada contro le leggi imposte (atteggiamenti quali bere alcol, fumare sigarette, commettere adulterio, andare contro la legge della Sharia, ecc.), sia sospettato di tradimento, o discordi con la missione del gruppo e/o dei metodi usati da esso per raggiungere il proprio fine. Inoltre, vi sono stati casi in cui i *foreign fighters* hanno accusato di apostasia altri musulmani sunniti pur di liberarsene e poterne sposare le vedove.

[40] Michael Weiss & Hassan Hassan, *ISIS: Inside the army of terror*, Regan Arts, New York 2015.

Usando questi concetti come principi fondamentali della propria ideologia, l'IS giustifica l'uccisione di intere popolazioni innocenti (ad esempio i clan sciiti ma anche sunniti) con il pretesto che essi sono sospettati di supportare il nemico e di essere quindi apostati del Califfato. Altrimenti, nel caso in cui vengano 'inavvertitamente' uccisi dei civili musulmani, il gruppo ne giustifica la morte come un atto volontario di martirio per l'Islam.

L'uso intelligente e terribilmente lucido di questi concetti, nonché la proclamazione del Califfato, hanno attratto un numero ingente di *foreign fighters*. Secondo il Professore Peter Neumann, direttore dell'*International Centre for the Study of Radicalisation*, da gennaio 2015 più di 20.700 combattenti provenienti da Stati esteri si sono uniti ad IS, con il contingente maggiore proveniente dal Medio Oriente e dal Nord Africa, seguito dagli ex Paesi sovietici, i Balcani, la Turchia, il sud-est asiatico, l'Europa, il Canada, gli Stati Uniti, l'Australia e la Nuova Zelanda. Com'è possibile che persone provenienti da ambienti sociali e culturali così diversi tra di loro decidano di raggiungere un territorio altamente instabile e violento, prendano parte agli attacchi terroristici e ne giustifichino il ricorso alla violenza? Dovremmo supporre che siano tutti individui psicopatici e sadici?

Secondo William McCants, responsabile delle politiche del Medio Oriente presso il *Brookings Institute* a Washington, questi individui non sono pazzi. Essi, piuttosto, seguono una "strada", una strategia, che permette loro di giustificare anche il più assurdo atto di violenza come logico, razionale e moralmente corretto. Tale "strada" è stata costruita nel dettaglio dalla *leadership* dello Stato Islamico attraverso una narrativa religiosa che piace moralmente ai membri del gruppo, che attraverso la religione legittimano l'indiscriminato uso della violenza.

Di conseguenza, i combattenti di IS sono moralmente allettati dall'idea di perpetrare la *jihad* contro i *takfir*, ed è la stessa ideologia religiosa che li aiuta a percepire il gruppo e le sue azioni come moralmente giuste ed appropriate. D'altronde, come sottolinea lo psicologo Steven Pinker, l'ideologia è "la più consequenziale delle cause della violenza... nella quale i veri credenti e sostenitori intrecciano una vera e propria collezione di motivazioni che diventa a sua volta una credenza e li aiuta a reclutare altra gente per portare a termine il proprio scopo distruttivo"[41]. Tutto ciò che lo Stato Islamico fa, è parte di un piano più grande che trascende il comportamento moralmente etico dei suoi membri. Perciò, la violenza è il mezzo per raggiungere un fine, dove l'ideologia rende il fine idealistico ed il mezzo necessario per raggiungere il bene comune.

Possiamo quindi sostenere che l'ideologia dell'IS è di matrice religiosa, in quanto il gruppo mira a ristabilire un Islam puro, liberandosi di tutti i peccatori e miscredenti con la promessa che così facendo i combattenti avranno accesso al Paradiso. Inoltre, IS manipola la propria ideologia a seconda della volontà e delle necessità del gruppo. Infatti, oltre ad essere indottrinati militarmente e politicamente, i membri di IS vengono sottoposti ad un vero e proprio addestramento religioso con il quale i valori e la fedeltà di ciascun membro verso il Califfato vengono severamente scrutinati e messi alla prova, mentre la loro fede viene costantemente rinforzata attraverso l'uso di riti e preghiere giornaliere.

È inoltre interessante notare come un gruppo che non possiede un'autorità religiosa assoluta (come ad esempio il Papa

---

[41] Steven Pinker, *The better angels of our nature: A history of violence and humanity*, Penguin Books, Londra 2011, p. 613.

per i Cristiani), sfrutti largamente predicatori o semplici uomini con una limitata conoscenza teologica. Tali figure rivestono un ruolo fondamentale nell'indottrinamento religioso dei membri del gruppo, in quanto, come testimoniano diversi disertori ed alcuni documenti trapelati, nella maggior parte dei casi gli stessi combattenti e sostenitori di IS (in particolar modo i *foreign fighters*) non possiedono una grande ed adeguata conoscenza religiosa dell'Islam.

Ne consegue che lo Stato Islamico ha una maggiore facilità nel far loro il lavaggio del cervello, indottrinarli alla violenza della *jihad* e rendere ai loro occhi la pratica legittima. Perciò, IS ingaggia apposta predicatori che possiedono una buona arte oratoria, hanno una voce calda, una personalità carismatica, e sono soprattutto avvezzi alla versione dell'Islam promulgata dallo Stato Islamico. Ciò spiega come anche i predicatori meno istruiti riescano a condurre efficacemente la formazione religiosa dei membri del gruppo terrorista semplicemente fornendo loro una limitata ed accuratamente selezionata (se non creata *ad hoc*) letteratura islamica che giustifichi qualsiasi azione commessa dal gruppo, morale o immorale che sia[42].

Ad esempio, il gruppo utilizza spesso gli scritti di Ibn Taymiyyah, un teologo islamico del 14° secolo, il quale scrisse che "la religione si basa su un libro che guida ed una spada che porta la vittoria"[43]. La religione, quindi, è la strategia attraverso la quale IS punisce con la "spada" coloro che sono considerati essere

---

[42] Tale interpretazione dei testi sacri permette pratiche che anche il Wahabismo proibisce, come ad esempio la distruzione di luoghi di culto musulmani, la ribellione contro i regnanti, attaccare i sciiti e, in particolar modo, le missioni suicide e le decapitazioni.
[43] M. Weiss & H. Hassan, *op. cit.*, p. 218.

oppositori e nemici del messaggio del Profeta, messaggio che, al contrario, è costruito ad arte ed inculcato ai membri del gruppo come messaggio autentico dell'Islam più puro e vero.

Anche i ricercatori Anne Speckhard e Ahmet Yayla sostengono come, all'interno del gruppo terrorista in questione, ogni azione brutale sia giustificata attraverso l'interpretazione fondamentalista degli *ahadit* (la collezione dei detti del Profeta), i quali sono stati accuratamente scelti e reinterpretati *ad hoc* per giustificare qualsiasi azione che altrimenti verrebbe vista come brutale, immorale e non-islamica. Ad esempio, IS è ben noto anche per il suo traffico di esseri umani, dove coloro che vengono etichettati come apostati, non-arabi, non-musulmani, e/o oppositori dei musulmani sunniti, vengono venduti come schiavi sessuali.

In particolare, i Yazidi (una minoranza curda situata nella regione irachena del Sinjar e che IS denuncia adorare il diavolo) sono caduti preda della violenza del gruppo, il quale sostiene che i Yazidi necessitino di una punizione severa, spesso la morte. Generalmente, gli uomini Yazidi vengono barbaramente uccisi davanti alle donne, mentre queste ultime vengono vendute come schiave sessuali ai combattenti di IS, nonostante la legge islamica proibisca ai Musulmani di avere rapporti sessuali prima del matrimonio. Perciò, i teologi del gruppo terrorista hanno trasformato alcuni *ahadit* proclamando che la schiavitù sessuale non può essere considerata come un vero e proprio atto sessuale ma piuttosto come una punizione per i peccatori, nonché come un obbligo militare e religioso di ogni soldato del Califfato[44]. Tale "obbligo" è stato anche sottolineato nell'edizione di luglio 2014

---

[44] Amnesty International, *Escape from hell: Torture and sexual slavery in Islamic State captivity in Iraq*, 2014; Anne Speckhard & Ahmet S. Yayla, *ISIS defectors: Inside stories of the terrorist Caliphate*, Advances Press, McLean (VA) 2016.

del giornale *Dabiq*, dove la pratica della schiavitù viene definita come parte integrante nonché causa che sta dietro alla "Battaglia Finale".

Di certo essere esposti ad una interpretazione fondamentalista del Corano non implica necessariamente il ricorso alla violenza. Ciononostante, i membri di IS sono sinceramente e religiosamente dediti alle azioni promosse dal gruppo e ricorrono volentieri al suo uso. Il loro credo condiziona le loro scelte. Infatti, come sostiene lo studioso Mark Juergensmeyer, la religione gioca un ruolo importante nella violenza religiosa, "in quanto essa dà una giustificazione morale all'uccisione e fornisce immagini di una guerra cosmica, che permette agli attivisti di credere di agire all'interno di uno scenario spirituale"[45].

Di fatto, le usanze ed i simboli religiosi (in questo caso reinterpretati dal gruppo per adeguarli ai propri fini) sono dei solidi facilitatori. Ad esempio, un importante fattore motivazionale che IS utilizza spesso nella sua narrativa è l'immagine di una "guerra cosmica" tra le forze del bene e le forze del male, una distruzione apocalittica nella quale le leggi morali di ogni giorno non possono essere applicate e dove solamente i veri e puri Musulmani verranno salvati, portati in Paradiso, e ripagati per le loro azioni terrene da devoti fedeli. Ne consegue che attraverso la sacralizzazione della lotta il gruppo legittima l'uso della violenza. Dobbiamo quindi pensare che i membri di IS attraverso la religione subiscano un lavaggio del cervello e quindi agiscano senza avere coscienza delle loro azioni?

---

[45] Mark Juergensmeyer, *Terror in the mind of God: The global rise of religious violence*, University of California Press, Cambridge 2011, p. xi.

Anche se i membri di IS sono stati religiosamente indottrinati, ciò non significa che essi stiano agendo inconsapevolmente: non sono solo marionette che seguono gli ordini, come magari potrebbe sostenere Hannah Arendt con la sua teoria della "banalità del male"[46]. Piuttosto, possiamo sostenere che l'indottrinamento religioso di IS nonché la sua gestione e regolamentazione della vita di ciascun membro mirino a creare un' "autorità carismatica", mirino cioè a rafforzare la figura del leader creando un senso di dipendenza da esso. Ciò sarebbe possibile attraverso una "radicalizzazione coercitiva" che costruirebbe forti legami tra i membri, donando loro al contempo un senso di identità, significato ed appartenenza[47]. Di certo il metodo utilizzato non mira a creare il culto della persona di al Baghdadi, ma piuttosto il culto di ciò che rappresenta l'Islam più puro ed aderente alla volontà del Profeta. Perciò, l'IS centra l'ideologia del gruppo sui (debitamente selezionati e reinterpretati) detti ed azioni del Profeta, nonché sulle promesse religiose, quali: la promessa di un Califfato puro, glorioso e duraturo, di guadagnarsi un posto in Paradiso grazie all'adozione della *jihad*, e la promessa di potersi vendicare degli oppressori nel Giorno del Giudizio. Ecco perché, come sottolineato da Juergensmeyer, i membri del gruppo terrorista sono capaci di qualsiasi cosa: perché, con le loro azioni, sono convinti di seguire la volontà di Allah.

---

[46] La teoria della banalità del male sostiene che la gente commette crimini brutali come se fossero azioni parte di una routine accettata dalla collettività, un obbligo che i membri diligenti devono seguire per far sì che le cose seguano il giusto corso ed essi possano così ottenere l'approvazione ed il rispetto dei propri superiori.

[47] Eleanor Beevor, *Coercive radicalization: Charismatic authority and the internal strategies of ISIS and the Lord's Resistance Army*, in "Studies in Conflict & Terrorism", vol. 40, n. 6, 2016, pp. 496-521.

Ciononostante, l'*appeal* ideologico di IS e la sua giustificazione religiosa alla violenza assieme all'obbligo di rispettare gli ordini e la legge della *Sharia*, non sono le sole ragioni per cui così tanti combattenti si uniscono al gruppo, ne supportano la violenza e la giustificano come necessaria. Di fatto, l'identificarsi con il gruppo e la sua ideologia, ma soprattutto il sentirsi parte integrante di esso, sono fattori fondamentali per accettare e giustificare il ricorso alla violenza.

Infatti, un gruppo che condivide un'ideologia vede forgiata la propria identità attraverso la stesura di pratiche e credenze comuni. È proprio all'interno dei gruppi che gli individui condividono pensieri, emozioni, credenze e desideri. Soprattutto, si arriva a creare e condividere un'identità ed un senso di appartenenza, dove l'identità del singolo si fonde con quella del gruppo di appartenenza. Ne consegue che gli individui si uniscono razionalmente ai gruppi terroristici e si dedicano alla violenza, in quanto essi vogliono creare un forte ed effettivo legame con gli altri membri del gruppo per scappare da un asfissiante senso di alienazione e trovare quindi un ambiente dove vi sia accettazione e solidarietà sociale[48].

Ad esempio, molti combattenti di IS provenienti dagli Stati occidentali e figli/nipoti di Musulmani immigrati si sono uniti alla causa jihadista perché nei loro Paesi di origine soffrivano di un "doppio senso di non appartenenza"[49]: combattevano una battaglia interiore tra l'entità e l'etnia ereditate, e la loro assimilata identità

---

[48] Max Abrahms, *What terrorists really want: Terrorist motives and counterterrorism strategy*, in "International Security", vol. 32, n. 4, 2008, pp. 78-105.
[49] Olivier Roy, *Globalized Islam: The search for a new ummah*, Columbia Press University, New York 2004, p. 193.

occidentale. La mancata integrazione nella società occidentale e l'incapacità di rispettarne le norme ha portato questi individui a cercare una nuova identità, una nuova comunità di cui fare parte. Infatti, la percezione di una mancata accettazione da parte della società li porta a sentirsi umiliati e discriminati.

Di conseguenza, essi cercato un modo per ristabilire e ricostruire il loro valore, la loro identità, andando contro all'occidente secolare e globalizzato in cui sono nati e/o cresciuti. In questo contesto, lo jihadismo offre loro le risposte che stavano cercando: una comunità in cui sentirsi accettati e dove forgiare una nuova identità, dove l'uso della violenza è l'unica arma legittima per liberarsi del secolarismo occidentale, proteggere la comunità musulmana e creare un mondo migliore. Quindi, questi individui pur non essendo particolarmente religiosi, sono impegnati in una rivolta generazionale ed usano lo jihadismo e l'Islam come uno strumento per creare un gruppo di appartenenza, ribellarsi contro la società e legittimare il loro ricorso alla violenza[50].

La violenza, quindi, come sostiene il ricercatore Jeffrey Murer, è un "fattore identitario" nonché un'interazione sociale: essa crea un'identità collettiva e allo stesso tempo dona un senso di appartenenza al gruppo. Infatti, la violenza è essa stessa un'azione, e la ragione dietro essa riflette la narrativa del gruppo. Perciò, "certe narrative portano gli atti di violenza all'interno dell'immaginario collettivo, intessendoli all'interno del tessuto

---

[50] David Webber & Arie W. Kruglanski, *The social psychological making of a terrorist*, in "Current Opinion in Psychology, vol. 19, 2018, pp. 131-134; Anja Dalgaard-Nielsen, *Violent radicalization in Europe: What we know and what we do not know*, in "Studies in Conflict & Terrorism, vol. 33, n. 9, 2010, pp. 797-814; Olivier Roy, *Jihad and death: The global appeal of Islamic State*, Hurst & Company, Londra 2017.

identitario del gruppo stesso. Ne segue che la violenza non è priva di significato"[51].

Ciononostante, prima di arrivare a ricorrere alla violenza è necessario creare un immaginario identitario collettivo, cioè stabilire i parametri che definiscano quali siano le similitudini accettabili e quali le differenze inaccettabili all'interno del gruppo. Di fatto, la creazione dell'identità si basa sulla raccolta di caratteristiche simili per forgiare la base dell'unità; similitudine significa affiliazione, la quale crea un senso di autostima, valore ed integrazione nei membri del gruppo. L'appartenenza implica anche pratiche comuni, rituali, un comune linguaggio e modo di vestirsi, ecc.; esse diventano tutte delle caratteristiche che determinano una serie di valori e di norme che regolano le azioni sociali e donano loro un significato. Inoltre, l'accettazione delle norme sociali del gruppo può portare all'identificazione ed integrazione sociale. Allo stesso tempo, tuttavia, queste norme sociali innalzano un confine che separa il gruppo (*in-group*) da ciò che sta al suo esterno (*out-group*): polarizza cioè le relazioni tra "noi" e "loro".

In modo simile, i ricercatori Reicher, Haslam e Rath spiegano attraverso un modello sull'identità sociale come atti inumani possano essere percepiti e celebrati come giusti quando i gruppi sono sottoposti a cinque fasi diverse: (i) identificazione, (ii) esclusione, (iii) minaccia, (iv) virtù, e (v) celebrazione[52]. Quando si forma un gruppo, i membri si identificano con esso, in quanto il

[51] Jeffrey S. Murer, *Understanding collective violence: The communicative and performative qualities of violence in acts of belonging*, in "International Criminal Law and Criminology" (a cura di Ilias Bantekas & Emmanouela Mylonaki), Cambridge University Press, Cambridge 2014, p. 288.
[52] Reicher Stephen, Haslam Alexander & Rath Rakshi, *Making a virtue of evil: A five-step social identity model of the development of collective hate*, in "Social and Personality Psychology Compass", vol. 2, n. 3, 2008, pp. 1313-1344.

gruppo rappresenta la loro identità ed il loro credo. Dopodiché, il gruppo esclude dalle proprie fila tutto ciò che viene identificato come diverso ed esterno al gruppo.

Se ciò che sta fuori al gruppo, *l'out-group*, viene percepito come una minaccia per il gruppo stesso (*in-group*), mentre quest'ultimo è visto come virtuoso e giusto, *l'in-group* può arrivare a giustificare attraverso meccanismi di disumanizzazione l'eliminazione *dell'out-group*, in quanto l'azione viene vista come un'azione difensiva necessaria. Perciò, il gruppo sceglie consapevolmente la violenza e la considera come giusta. Il gruppo fa, quindi, del male una virtù. Allo stesso modo, lo psicologo Pinker sostiene che "il lato oscuro delle nostre emozioni condivise è un desiderio per il nostro gruppo di dominarne un altro, non importa come ci sentiamo nei confronti dei suoi membri ed individui"[53].

Quindi, quando la violenza è un fattore chiave del concepimento del gruppo ed un concetto condiviso tra i membri di esso, allora lo stesso consenso del gruppo legittima il ricorso alla violenza. Il gruppo lega saldamente a sé i propri membri come parte fondamentale del processo di identificazione. Perciò, come sostiene lo psicologo militare Dave Grossman, se un individuo è legato ai suoi compagni ed egli è assieme al "suo" gruppo, allora le probabilità che l'individuo partecipi in azioni violente aumentano notevolmente[54].

La stessa esecuzione di azioni violente è una dimostrazione di impegno e dedizione. Ad esempio, per far parte dello Stato

---

[53] S. Pinker, *op. cit.*, p. 630.
[54] Dave Grossman, *On killing: The psychological cost of learning to kill in war and society*, Little Brown and Company, New York 2009.

Islamico non basta giurargli fedeltà: il passato di ogni individuo viene investigato nel dettaglio. Dopodiché, segue un periodo di intenso addestramento militare e religioso, dove gli aspiranti jihadisti diventano avvezzi ai rituali e all'ideologia del gruppo. Alla fine, essi saranno riconosciuti ed accettati come combattenti membri del gruppo solamente dopo il loro "diploma", ovvero dopo che avranno dimostrato la loro lealtà, devozione e rispetto delle norme sociali del gruppo attraverso l'esecuzione brutale di *takfir* catturati e imprigionati in precedenza da IS.

Dunque, i membri di un gruppo prendono parte alla violenza politica quando credono che ciò che stanno facendo sia giusto e legittimo in termini di norme sociali. Nel caso dell'IS, tuttavia, bisogna distinguere tra i combattenti siro-iracheni ed i *foreign fighters*, in quanto le ragioni per cui hanno preso parte al gruppo possono essere molto diverse e variare da caso a caso.

Generalmente, si può distinguere tra fattori interni ed esterni che hanno spinto questi individui ad unirsi all'IS. I primi possono essere riconducibili a difficoltà socio-economiche, situazioni di vita estremamente svantaggiate, oppure il consolidarsi nel proprio paese di conflitti armati. I fattori interni, invece, fanno riferimento ai bisogni e alle credenze di ciascun individuo. Solitamente, i combattenti locali (come i siro-iracheni) decidono di unirsi ad un gruppo terrorista perché soffrono di difficoltà socio-economiche, non vedono vie d'uscita alla loro situazione disagiata e non hanno nient'altro da perdere. Ad esempio, nel caso dello Stato Islamico, la povertà galoppante e la generale impossibilità di trovare lavoro hanno giocato un ruolo decisivo nell'influenzare la decisione di unirsi al gruppo.

Tale situazione è stata creata dallo stesso Stato Islamico, il quale ha estorto ogni cosa alla popolazione attraverso la riscossione di ingenti tasse e multe create *ad hoc*. Bisogna comunque ricordare che ci sono anche individui che si sono uniti al gruppo terrorista perché credono veramente che l'IS rappresenti un Islam puro e considerano la politica e la dottrina religiosa del gruppo come corrette. Questi ultimi, inoltre, percepiscono essere loro dovere morale unirsi all'IS per combattere i nemici dell'Islam e la minaccia che essi rappresentano per la comunità islamica.

Per quanto riguarda i *foreign fighters*, le cause della loro scelta di unirsi al gruppo terrorista possono essere leggermente differenti. Infatti, anche se diversi studi hanno dimostrato come essi siano generalmente individui di estrazione sociale povera, non abbiano ricevuto un'istruzione adeguata, e solitamente abbiano difficoltà a trovare un lavoro, ciò non significa che non vi siano casi di giovani con un'ottima formazione scolastica, professionalmente qualificati, che hanno deciso di lasciare le loro vite agiate per unirsi all'IS.

Ciononostante, come sottolineano Speckhard e Yayla, "l'ISIS è un ideale rivoluzionario che attrae coloro che hanno perso fede negli esistenti modelli di *governance* e non vedono altra via affinché la giustizia prevalga. È un *brand* che cattura le menti ed i cuori degli individui emarginati, arrabbiati, frustrati, annoiati e dei malati mentali di tutto il mondo"[55]. Anche secondo lo psicologo John Horgan questi soggetti "vogliono trovare qualcosa di significativo per le loro vite… certi cercano l'azione, mentre altri la redenzione"[56]. Inoltre, quest'ultimo sostiene non sia

---

[55] A. Speckhard & A.S. Yayla, *op. cit.*, p. 331.
[56] Erin Bianco, *Why do people join ISIS? The psychology of a terrorist*, IBTimes, 5 settembre 2014.

possibile generalizzare il problema e creare un profilo omnicomprensivo del *foreign fighter*.

Peter Neumann, dall'altro lato, sostiene vi sia un elemento che unisce questi soggetti: la loro incapacità a meglio identificarsi con la società dove sono nati e/o cresciuti. Dopo aver analizzato 700 casi diversi, Neumann divide i *foreign fighters* in tre categorie: difensori, cercatori e parassiti. I difensori sono coloro che sono andati in Siria con l'obiettivo di proteggere la popolazione sunnita dall'oppressione del regime di Assad, poiché per via della loro (non necessariamente radicale) identità musulmana si sono identificati con la sofferenza della popolazione sunnita. Tuttavia, dopo aver visto con i propri occhi le scioccanti condizioni in cui verteva la popolazione e l'entità del conflitto siriano, si sono radicalizzati.

I cercatori, invece, sono individui in cerca di significato, di un'identità, di una comunità, nonché di sentirsi potenti e virili. In particolar modo, loro sono in cerca di accettazione nonostante le loro passate malefatte. IS fa sì che essi si sentano forti, sicuri di sé, parte di una comunità ed offre loro la redenzione attraverso promesse religiose ed azioni estremamente eccitanti, pericolose e religiosamente significative. In particolar modo, nella maggior parte dei casi i cercatori sono individui con passati criminali che si sentono umiliati dall'Occidente e vedono un futuro migliore all'interno dei ranghi di IS.

Lo stesso gruppo terrorista mira, con la sua propaganda, ad attrarre gli uomini disillusi, offrendo loro una vita nuova piena di avventure dove possano tornare ad essere rispettati. Ad esempio, un poster pubblicato dal gruppo recita: "a volte gli uomini con i passati peggiori creano i futuri migliori"[57]. I cercatori, tuttavia, raramente hanno una vasta conoscenza religiosa dell'Islam. Essi sono principalmente elettrizzati dal progetto politico ed ideologico del gruppo.

Infine, i parassiti sono simili ai cercatori in termini socio-economici e in quanto a bisogno di accettazione, forza, e riconoscimento. Essi, tuttavia, necessitano già in partenza di un legame sociale con un individuo, un piccolo gruppo o un *leader*. In particolar modo, essi seguono ciò che fa il leader del loro gruppo, il quale è già di per sé una piccola comunità dove i parassiti sono accettati. Di conseguenza, se il gruppo decide di andare in Siria, anche il parassita farà lo stesso pur di non perdere il proprio legame sociale.

Conclusione

Lo Stato Islamico è un gruppo terrorista che si basa su un'ideologia religiosa fondamentalista. Esso divulga l'immagine di un Islam puro al quale aspirare attraverso il rispetto di determinate e violente norme sociali, dove chiunque si trovi in disaccordo è severamente punito o brutalmente giustiziato. IS promuove una visione manichea del mondo, polarizzata tra il Bene ed il Male. Per fare ciò, esso usa una narrativa dell'odio, giustificata dalla reinterpretazione della letteratura religiosa musulmana a seconda di quelli che sono i bisogni, obiettivi e convinzioni del gruppo.

La nuova comunità creata da IS usa la violenza come un mezzo legittimo per i fini del gruppo, ed i suoi membri credono sinceramente nella rettitudine di tali atti grazie all'indottrinamento

---

[57] Rajan Basra, Peter R. Neumann, & Claudia Brunner, *Criminal pasts, terrorist futures: European Jihadists and the new crime-terror nexus*, ICSR, 2016, p. 6.

religioso a cui sono stati sottoposti, accanto al loro desiderio di accettazione ed appartenenza. Infatti, l'ideologia religiosa li spinge a credere che il progetto del gruppo terrorista sia socialmente legittimo, mentre la narrativa dell'odio li aiuta a distanziarsi dalle vittime e dagli atti compiuti. Questi individui credono veramente che ciò che stanno facendo sia giusto e legittimo.

Inoltre, le loro azioni sono accettate dal gruppo, il quale in cambio dà loro un senso di inclusione, cameratismo, eccitamento, e soprattutto, un'identità ed un senso di appartenenza che non hanno mai trovato altrove. Perciò, come scrive Murer, "coloro che commettono violenza non stanno necessariamente prendendo una decisione individuale di essere 'cattivi'; possono semplicemente rispondere ad un'aspettativa sociale nonché alle norme di un dato ambiente. Stanno rappresentando la propria identità"[58].

Nel caso di IS, la violenza religiosa è ciò che tiene il gruppo assieme, gli dà significato e ne giustifica le azioni. L'accettazione delle norme del gruppo da parte degli individui, invece, è parte integrante della propria identità e della loro devozione al gruppo, come se fosse una famiglia. Questi sono i fattori principali che condizionano il modo in cui i membri di IS giustificano, immaginano e pensano del loro coinvolgimento nella violenza politica.

BIBLIOGRAFIA

---

[58] Murer, *op. cit.*, p. 315.

Abrahms Max, *What terrorists really want: Terrorist motives and counterterrorism strategy*, in "International Security", vol. 32, n. 4, 2008, pp. 78-105.

Amnesty International, *Escape from hell: Torture and sexual slavery in Islamic State captivity in Iraq*, 2014, https://www.amnesty.org.uk/files/escape_from_hell_-_torture_and_sexual_slavery_in_islamic_state_captivity_in_iraq_-_english_2.pdf.

Basra Rajan, Neumann Peter R., Brunner Claudia, *Criminal pasts, terrorist futures: European Jihadists and the new crime-terror nexus*, ICSR, 2016, http://icsr.info/wp-content/uploads/2016/10/ICSR-Report-Criminal-Pasts-Terrorist-Futures-European-Jihadists-and-the-New-Crime-Terror-Nexus.pdf.

Beevor Eleanor, *Coercive radicalization: Charismatic authority and the internal strategies of ISIS and the Lord's Resistance Army*, in "Studies in Conflict & Terrorism", vol. 40, n. 6, 2016, pp. 496-521.

Bianco Erin, *Why do people join ISIS? The psychology of a terrorist*, IBTimes, 5 settembre 2014, http://www.ibtimes.com/why-do-people-join-isis-psychology-terrorist-1680444.

Dabiq, *The revival of slavery before the hour*, luglio 2014.

Dabiq, *Forward: Remaining and expanding*, novembre 2014.

Dalgaard-Nielsen Anja, *Violent radicalisation in Europe: What we know and what we do not know*, in "Studies in Conflict & Terrorism", vol. 33, n. 9, 2010, pp. 797-814.

Grossman Dave, *On killing: The psychological cost of learning to kill in war and society*, Little, Brown and Company, New York 2009.

Institute for Economics & Peace, *Global Terrorism Index, 2016: Measuring and understanding the impact of terrorism*, 2016, http://economicsandpeace.org/wp-content/uploads/2016/11/Global-Terrorism-Index-2016.2.pdf.

Juergensmeyer Mark, *Terror in the mind of God: The global rise of religious violence*, University of California Press, Londra 2003.

Murer Jeffrey S., *Understanding collective violence: The communicative and performative qualities of violence in acts of belonging*, in "International Criminal Law and Criminology" (a cura di Illias Bantekas & Emmanouela Mylonaki), Cambridge University Press, Cambridge 2014, pp. 287-315.

Neumann Peter R., *Radicalized: New jihadists and the threat to the West*, I.B. Tauris, Londra 2016.

Orsini Alessandro, *ISIS: I terroristi più fortunate del mondo e tutto ciò che è stato fato per favorirli*, Rizzoli, Milano 2016.

Pinker Steven, *The better angels of our nature: A history of violence and humanity*, Penguin Books, Londra 2011.

Quadarella Sanfelice di Monteforte Laura, *Perché ci attaccano. Al Qaeda, l'Islamic State e il terrorismo "fai da te"*, Aracne Editrice, Canterano (RM) 2017.

Reicher Stephen, Haslam Alexander & Rath Rakshi, *Making a virtue of evil: A five-step social identity model of the development of collective hate*, in "Social and Personality Psychology Compass", vol. 2, n. 3, 2008, pp. 1313-1344.

Roy Olivier, *Globalized Islam: The search for a new ummah*, Columbia Press University, New York 2004.

Roy Olivier, *Jihad and death: The global appeal of Islamic State*, Hurst & Company, Londra 2017.

Speckhard Anne & Yayla Ahmet S., *ISIS defectors: Inside stories of the terrorist Caliphate*, Advances Press, McLean (VA) 2016.

Stern Jessica & Berger J. M., *ISIS: The State of terror*, William Collin, Londra 2015.

Webber David & Kruglanski Arie W., *The social psychological making of a terrorist*, in "Current Opinion in Psychology", vol. 19, 2018, pp. 131-134.

Weiss Michael & Hassan Hassan, *ISIS: Inside the army of terror*, Regan Arts, New York 2015.

LA LOTTA CONTRO LA PIRATERIA SOMALA - _Amm. Sq. Ferdinando SANFELICE di MONTEFORTE – Dicembre 2017_

Introduzione

Gli ultimi anni hanno mostrato come i traffici del Mediterraneo siano strettamente dipendenti da quanto accade nel Mar Rosso, nel Golfo di Aden e, più generalmente, nell'Oceano Indiano. Infatti, lo sviluppo della pirateria in queste aree ha smentito quanti consideravano un artifizio geo-politico il termine "Mediterraneo Allargato", e ritenevano che l'Italia non dovesse curarsi di quanto avveniva al di là del Canale di Suez.

Parlare della pirateria somala è quindi necessario, trattandosi di una minaccia sempre immanente, che in alcuni periodi storici ha addirittura costretto i flussi mercantili ad aggirare il Mediterraneo, facendo piombare la sua parte orientale nella povertà e nell'instabilità.

Le origini della pirateria

Gli storici giustamente affermano che la pirateria è uno dei mestieri più antichi al mondo, dato che essa iniziò subito dopo i primi traffici commerciali via mare. Proprio perché il suo contrasto è un tipo di attività che vanta una lunghissima lista di esemplificazioni storiche, noi sappiamo molto su di essa e sulle forme che via via assume. In effetti, la pirateria è una forma di guerra che prospera in situazioni di "vuoto di potenza", ovvero nei mari in cui non vi sia una forte presenza navale: nessuno può sperare di attaccare impunemente navi mercantili quando esse siano protette, o quanto meno possano chiedere il sostegno di navi da guerra che operino nelle vicinanze.

Un'altra lezione della storia, a proposito della pirateria, è che le azioni contro di essa si dividono in due tipologie: quelle in grado di contrastare gli attacchi dei pirati ai mercantili in mare (anti-pirateria), oppure quelle intese a sradicarla, distruggendo i loro covi (contro-pirateria).

Negli anni, le convenzioni internazionali hanno sempre meglio delimitato il concetto di pirateria, per distinguerlo da altre fattispecie. Secondo la definizione della Convenzione delle Nazioni Unite sul Diritto del Mare[59], la pirateria è *"uno qualsiasi degli atti seguenti:*

a) ogni atto illecito di violenza o di sequestro, od ogni atto di rapina, commesso a fini privati dall'equipaggio o dai passeggeri di una nave o di un aeromobile privati, e rivolti:

---

[59] *United Nations Convention on the Law of the Sea* (UNCLOS), signed in Montego Bay, on 10 December 1982, in *United Nations Treaty Series*, vol. 1833, p. 3.

i) nell'alto mare, contro un'altra nave o aeromobile o contro persone o beni da essi trasportati;

ii) contro una nave o un aeromobile, oppure contro persone e beni, in un luogo che si trovi fuori della giurisdizione di qualunque Stato;

b) ogni atto di partecipazione volontaria alle attività di una nave o di un aeromobile, commesso nella consapevolezza di fatti tali da rendere i suddetti mezzi nave o aeromobile pirata;

c) ogni azione che sia di incitamento o di facilitazione intenzionale a commettere gli atti descritti alle lettere a) o b)"[60].

Da questa definizione si nota, anzitutto, che gli atti di pirateria commessi nelle acque territoriali di un Paese appartengono a un'altra fattispecie di crimine, e precisamente la "rapina armata in mare". Inoltre, gli atti criminali devono essere condotti da un altro natante, e per scopi di lucro.

Vengono quindi esclusi gli attacchi a navi motivati da fini politici, che rientrano nelle fattispecie giuridiche di "terrorismo" o di "crimini politicamente motivati", oppure la "guerra di corsa", che dal 1856 non può più essere praticata da privati, bensì solo da navi da guerra, limitatamente al corso di un conflitto[61].

Di solito, la pirateria nasce come impresa di piccoli gruppi, in località costiere isolate, ma prossime alle rotte commerciali, specie nei passaggi obbligati, dove i mercantili rallentano. Spesso, vi è una fase successiva, un vero e proprio salto di qualità, quando essa

---

[60] UNCLOS. Art. 101.

[61] Vds. *Déclaration sur le Droit de la Mer,* Paris, 30 mars 1856.

viene "sponsorizzata" da un attore statuale o meno, e allora diventa una forma di *"proxy war"*, una guerra per procura, fomentata da chi vuole distruggere, o quanto meno danneggiare, il commercio marittimo di Paesi avversari.

In questo ultimo caso, la pirateria acquisisce mezzi capaci di agire in alto mare, ed è così in grado di rendere insicuri interi bacini marittimi.

La pirateria somala "classica"

La pirateria somala, con la sua storia, è un perfetto esempio di quanto è stato detto finora. Già nell'antichità, la costa di quella regione era considerata pericolosa. Nelle cronache del tempo, ad esempio, si legge di "un marinaio greco (che) si lamentò degli abitanti della costa, estremamente turbolenti, dopo che il suo equipaggio era stato derubato in un villaggio, ritenuto trovarsi nell'area oggi nota come Puntland"[62].

Nei secoli successivi, l'attività dei predoni continuò ininterrotta, anche se le notizie sono scarse, dato che non ci sono giunti molti resoconti dei traffici marittimi dell'Impero Ottomano, né sugli attacchi dei pirati ai flussi commerciali dell'epoca. In molti documenti, tuttavia ricorre la notazione che la pirateria costiera era estesa in tutto l'Oceano Indiano.

---

[62] M. HAJI INGIRIIS. *The History of Somali Piracy: from Classical Piracy to Contemporary Piracy.* In "The Northern Mariner" XXIII, n° 3, July 2013, pag. 240.

In effetti, i flussi di commercio dell'Oceano Indiano, all'epoca come in parte ancor oggi, erano basati su imbarcazioni relativamente piccole, i *dhows,* che navigavano verso l'Africa durante il periodo nel quale soffiava il Monsone di Nord-Est, e tornavano verso la penisola arabica quando iniziava a soffiare il Monsone di Sud-Ovest.

La perdita di una o più di queste imbarcazioni non faceva notizia in Occidente, e per questo ci manca la possibilità di verificare quanto la pirateria, in quel periodo, fosse influente sui commerci, a parte il suo fiorire nel saccheggio delle imbarcazioni dei pescatori di perle alle Seychelles.

Oltretutto, l'avvento del potere marittimo portoghese aveva spostato la maggioranza dei traffici sulla "Rotta del Capo", che circumnavigava il continente, passando lontano dalle coste somale, e riducendo quelli lungo il Corno d'Africa ai soli flussi di carattere locale.

Il consolidarsi del dominio britannico in India, durante la seconda metà del XVIII secolo, spostò di nuovo l'interesse occidentale verso le rotte mediterranee: le merci e i passeggeri, dopo aver attraversato il Mediterraneo, erano sbarcati ad Alessandria e trasferiti fino a Suez, dove altri mercantili assicuravano il collegamento con l'India. Comunque, le correnti di traffico erano sorvegliate, in modo da assicurare la protezione dei mercantili in transito attraverso il Mar Rosso e il golfo di Aden, fino al mare aperto.

Le guerre napoleoniche comportarono però una riduzione delle forze navali dedite alla protezione dei traffici, e la pirateria somala diede nuovi segni di vita, nei confronti dei mercantili occidentali.

La Somalia, infatti, pur dipendendo nominalmente dal Sultano di Zanzibar, era stata lasciata a sé stessa, dato che il massimo sforzo del Sultano era quello di inviare, di tanto in tanto, esattori per far pagare le tasse alla peraltro poverissima popolazione. I Somali, specie quelli del Nord, i Migiurtini, quindi si arrangiavano da soli, e la pirateria divenne il loro principale mezzo di sostentamento.

Ma la pirateria, in quel periodo, non era limitata alle coste somale: infatti, nel XIX secolo la Gran Bretagna, a volte con l'aiuto dell'Italia, era impegnata nel reprimere la pirateria non solo lungo le coste africane, ma anche in Yemen e nel Mar Rosso, specie dalle isole Farisan (oggi Farasan), davanti a Hodeida.

Tornando ai Migiurtini, la loro prassi era di "favorire" l'incaglio dei mercantili, mediante falsi segnali luminosi. In realtà, stando all'attuale Diritto del Mare, non si trattava solo di pirateria vera e propria, dato che, oltre a depredare le imbarcazioni dei pescatori di perle, i Migiurtini si dedicavano a favorire l'incaglio delle navi, mediante falsi segnali luminosi, per poi saccheggiarle.

Tipico di questo fenomeno fu il disastro nel quale incappò, il 7 giugno 1801, il mercantile britannico *Weisshelm,* in navigazione dall'India all'Egitto. La nave, ingannata dai fuochi accesi dai pirati migiurtini, a sud di Capo Guardafui[63], la punta estrema della Somalia, andò in secca "presso il villaggio di Haafun, nell'attuale Puntland, vicino a Eyl, nota oggi come la capitale dei pirati del Puntland. Dei venti passeggeri, sei morirono sul posto. I sopravvissuti, pur deboli, riuscirono a seppellire i corpi dei loro sfortunati compagni, ma vennero presto accerchiati da venti guerrieri somali, [che li derubarono. Essi] si precipitarono sulle

---

[63] Il nome del Capo deriva dal monito dei marinai portoghesi che, giunti davanti a quel promontorio era meglio "Guardare e fuggire"

colline circostanti, [ma] coloro che non riuscirono a correre abbastanza velocemente furono immediatamente trucidati. Coloro che sfuggirono furono salvati, quasi cinque mesi dopo, da una nave da guerra britannica"[64].

Per rappresaglia, un anno dopo la *Royal Navy* bombardò la costa, ma il sistema di attirare le navi di passaggio, accendendo fuochi sulla costa, e indurle a finire in secca, continuò, tanto che, nel 1842, a causa di un altro incaglio di un mercantile britannico, il *Memmon,* il governatore britannico di Aden inviò un ufficiale per intervenire nei riguardi dei *clan,* che ormai, visto il moltiplicarsi degli incagli di navi, si contendevano il monopolio del saccheggio di mercantili, combattendo vere e proprie guerre tra loro.

Infatti, Aden, posta dall'altro lato del Golfo, era stata occupata dalla Corona britannica nel 1839, per diventare una stazione di carbonamento, e i governatori locali (*Residents*), per proteggere gli equipaggi delle navi inglesi, "acconsentivano di pagare al capo del *clan* locale un salario annuale di 360 dollari di Maria Teresa. Questa era in effetti una tangente per la protezione dei sopravvissuti agli incagli, che permetteva la continuazione del saccheggio dei relitti e quindi non fece nulla per fermare la classica pirateria costiera"[65].

Ancora nel 1878, il governatore britannico, nel riferire dell'incaglio del mercantile *Voltigem,* scriveva che in quel periodo i pirati migiurtini avevano assalito "non meno di 34 imbarcazioni di pescatori di perle del Sur"[66] nelle acque di Socotra, un'isola

---

[64] M. HAJI INGIRIIS. *The History of Somali Piracy: from Classical Piracy to Contemporary Piracy*, cit. pag. 254.

[65] Ibid, pag. 258.

[66] M. HAJI INGIRIIS. *The History of Somali Piracy: from Classical Piracy to*

appena al largo della Somalia. Ma egli notava anche come le continue guerre tra i *clan* per l'esclusiva del bottino, insieme alle ricorrenti siccità, avessero creato una situazione endemica di carestia nella zona.

La prima esperienza italiana con la pirateria somala fu quella del comandante di nave *Vettor Pisani,* il Duca di Genova Tomaso di Savoia, che avvicinatosi con la nave a Bender Marayeh, nel 1879, seppe dell'incaglio del mercantile *Mekong,* il cui carico era costituito da "molti valori in oro e porcellane per l'Esposizione di Parigi"[67], uno dei numerosi incidenti provocati dai pirati locali.

Infatti, come riferiva il Duca, poco dopo il *Mekong* un altro mercantile, l'olandese *Wortegien,* si era incagliato nella stessa zona, ed era stato "dalla popolazione, per vecchio uso, ora salito a diritto, saccheggiato completamente. (Inoltre) tre altri bastimenti inglesi giacciono alla costa e nulla d'importanza venne mai salvato"[68].

Sintomatico fu il suo commento, a proposito del comportamento dei pirati: "vi è già un progresso dal passato, perché anni fa gli equipaggi venivano spietatamente massacrati, mentre ora ricevono trattamenti relativamente buoni"[69].

Passarono pochi anni, e l'Italia si trovò inaspettatamente a beneficiare della competizione tra Gran Bretagna e Germania, per

---

Contemporary Piracy, cit, pag. 258.

[67] F. SANFELICE di MONTEFORTE. *I Savoia e il Mare.* Ed. Rubbettino, 2009, pag. 152.

[68] G. PO e L. FERRANDO. *L'Opera della Regia Marina in Eritrea e in Somalia.* Ed. USMM, 1929, pag. 16.

[69] G. PO e L. FERRANDO. Op. cit. pag. 16.

l'acquisizione di colonie nell'Africa Orientale. Infatti, il nostro governo fu incoraggiato a ricercare insediamenti lungo la costa somala, in modo da anticipare possibili mire della Germania, la quale era entrata in possesso del Burundi, del Tanganika (attuale Tanzania) e del Ruanda, tentava di convincere il Sultano di Zanzibar a ottenere la protezione del Kaiser, e cercava anche di espandersi verso nord.

Nel 1886, infatti, la Gran Bretagna si era insediata a Berbera, nel Golfo di Aden, creando il Somaliland britannico, e l'anno successivo la Francia, d'accordo con il governo di Londra, si era insediata più a nord, a Gibuti, di fronte allo Stretto di Bab-el-Mandeb. Rimaneva l'esigenza di controllare il resto della costa, e l'Italia accettò di farlo.

Ma le trattative tra le Cancellerie dei tre Paesi erano in corso da tempo. Infatti, già l'anno precedente, la Regia Nave *Barbarigo* aveva trasportato a Zanzibar il Console CECCHI, che concluse un accordo commerciale con il Sultano, per poi toccare vari porti della costa somala.

Nel 1889, poi, Yusuf Ali KENADID, Sultano di Obbia, a nord di Mogadiscio, firmò un trattato di protettorato con l'Italia, che lo estese, pochi mesi dopo, ai territori di Uarsceik, Mogadiscio, Merca e Brava, fino a Ras Hafun, il promontorio immediatamente a sud di Capo Guardafui. Questi territori furono poi concessi in affitto all'Italia dal Sultano di Zanzibar, nel 1892, per 25 anni rinnovabili. Intanto, anche il Sultano dei Migiurtini, Osman MAHAMUD firmò ad Alula, sua capitale, il trattato di protettorato.

Ambedue i Sultani, nell'accettare il protettorato italiano, erano mossi dalla speranza di non subire l'occupazione da parte di potenze europee, ma le cose non andarono bene come pensavano: infatti, anche se l'amministrazione dei territori somali era stata affidata alla Società FILONARDI, le navi della Regia Marina dovettero intervenire spesso, per sedare le rivolte locali contro l'Italia, subendo notevoli perdite di uomini.

Le prime vittime si ebbero a Merca, il 12 ottobre 1893, quando il Tenente di Vascello TALMONE della Regia Nave *Staffetta* venne ucciso da un sicario, mentre era in visita al Walì locale. Per rappresaglia la nave depose il Wali, fece prigionieri i capi più influenti della città e la bombardò.

Seguì, il 26 novembre 1896, la strage di Lafolè, dove vennero assassinati i componenti della missione guidata dal Console CECCHI, che, accompagnato da 9 ufficiali, tra i quali i due comandanti delle Regie Navi *Staffetta* e *Volturno,* oltre a sei sottufficiali e marinai, aveva iniziato a risalire il corso del fiume Uebi Scebeli per esplorarlo e stabilire rapporti con le comunità locali. La reazione italiana fu violentissima, e una spedizione di 150 ascari eritrei bruciò tutti i villaggi lungo il fiume Uebi Scebeli, fino al luogo dell'eccidio.

Nello stesso periodo, a Lugh, sempre nell'interno del Paese, si verificarono attacchi di predoni abissini. L'anno dopo, persero la vita un altro esploratore italiano, Vittorio BOTTEGO, nello Scioà e il residente italiano a Merka, il Cav. TREVIS. Anche a questi delitti seguirono rappresaglie da parte italiana.

La nostra lotta contro la tratta degli schiavi – un altro modo dei Somali di ricavare ricchezza - era una delle cause di queste frequenti violenze, e nel 1902 la Regia Nave *Governolo* svolse una missione di presenza nel Sultanato dei Migiurtini, non solo per scoraggiare tali reazioni, ma anche per sradicare il traffico di armi e le azioni dei pirati. La nave fu poi affiancata dal *Galileo,* dal *Caprera* e dal *Piemonte,* che pattugliarono il Mar Rosso e la costa dell'attuale Arabia Saudita, dove più intensa era l'attività dei pirati.

Nel frattempo, era stata anche organizzata una squadriglia di piccole imbarcazioni a vela, i sambuchi, agli ordini del Tenente di Vascello GRABAU, per la repressione della pirateria nel nord della Somalia. Questi morì il 3 dicembre 1903, a bordo del sambuco *Antilope,* mentre bombardava la città di Durbo, che si era rifiutata di alzare la bandiera italiana.

I Migiurtini, però, non volevano sottomettersi all'Italia, tanto che nel 1909 la Regia Nave *Volturno,* comandata dal futuro violatore dei Dardanelli, Enrico MILLO, dovette bombardare Boreh, per lo stesso rifiuto di alzare la bandiera italiana.

In effetti, nel frattempo era divenuto palese che la Società FILONARDI non riusciva a controllare la situazione, e iniziò la presa di possesso diretta da parte dell'Italia, che si concretizzò nel 1905 nell'avvio dell'organizzazione del nuovo possedimento, e poi, nella proclamazione della Somalia Italiana, da parte del Parlamento, il 5 aprile 1908.

Ma il controllo italiano si limitava alla fascia costiera, e le difficoltà anche da quella parte non mancavano, malgrado i lauti esborsi di danaro a favore dei capi locali.

Come riferì nel 1910 il comandante della Regia Nave *Puglia,* in missione nella zona dei pirati migiurtini, "la condotta subdola, poco ossequiosa ai patti, o addirittura ostile e traditrice del Sultano Osman MAHAMUD aveva naturalmente determinato la sfiducia completa"[70] nei suoi confronti, da parte italiana. Oltretutto, pochi giorni prima della visita, un mercantile italiano, il *Norman Isles,* era stato attaccato a fucilate dalla costa.

Ci volle un nuovo trattato, firmato il 5 marzo 1910, affinché il Sultano accettasse la presenza di un Residente italiano, ma la situazione migliorò solo in apparenza.

Nel frattempo, gli incagli di mercantili continuavano, lungo la costa migiurtina: i rapporti delle Regie Navi riferiscono di un incaglio, nel 1902, di un mercantile tedesco, l'*Asturia,* e anni dopo di un mercantile giapponese non identificato.

Per porre termine a tali attività delittuose, nel 1923 fu infine decisa l'occupazione militare della regione e – finalmente – la costruzione di un faro adeguato, battezzato col nome di Francesco CRISPI, a Capo Guardafui, per porre fine a questo fenomeno. Inutile dire che il faro venne attaccato più volte, e una volta, il 25 novembre 1925 il personale di guardia venne massacrato.

Ma i Migiurtini non si piegavano al dominio italiano, tanto che le operazioni di conquista del territorio durarono quasi due anni, dall'ottobre 1925 alla fine di febbraio del 1927. In tale ambito, il 24 ottobre 1925 la Regia Nave *Campania,* per proteggere un proprio distaccamento inviato a terra dal fuoco nemico, bombardò Bargal (Bosaso).

Di fronte all'intensità della reazione migiurtina all'occupazione italiana, fu necessario appoggiare le navi stazionarie in Somalia

---

[70] G. PO e L. FERRANDO. Op. cit. pag. 501.

con l'incrociatore corazzato *San Giorgio*, inviato dall'Italia per appoggiare le operazioni di conquista. Le navi, ora raggruppate in una Divisione, agli ordini dell'Ammiraglio Ugo CONZ, iniziarono una serie di pattugliamenti, con vari bombardamenti contro le bande dei ribelli migiurtini, sia in appoggio alle truppe di terra, sia per proteggere il faro CRISPI, che continuava a essere attaccato.

Con la conquista della Somalia settentrionale, e con la costruzione del faro CRISPI, veniva meno qualsiasi possibilità, per la popolazione locale, di compiere azioni di pirateria.

Da quanto è stato detto, si può notare le caratteristiche principali della passata pirateria somala, da alcuni studiosi definita "classica": radicata nella povertà, essa ha fornito ricchezze insperate, che però hanno dato origine a lotte senza fine tra le tribù locali che si contendevano il monopolio di questo tipo di razzia.

Di conseguenza, il Paese, anziché prosperare, si è impoverito ulteriormente, a conferma del vecchio detto, secondo il quale chi combatte non coltiva. Vedremo che quanto avvenuto nel passato ha molte somiglianze con quanto avviene oggi.

La pirateria moderna in Somalia

Una nuova fase della pirateria somala ha avuto inizio alla fine del secolo scorso, dopo il collasso dello Stato somalo. Infatti, nel 1991, quando la dittatura di Siad BARRE finì bruscamente sotto il peso della crescente impopolarità del regime, una guerra civile ha sconvolto il Paese, e a nulla è valso l'intervento internazionale per porvi fine.

La Somalia, oggi, è piagata da continui rischi di scissione, dal terrorismo islamico, e soffre di conseguenza per una endemica carestia, cui si aggiungono attività illegali, come il contrabbando di armi, la produzione di una droga, il khat[71], molto popolare in Africa, e appunto la pirateria.

Mentre la guerra civile si intensificava nel centro e nel sud della Somalia, specie a causa della comparsa di movimenti integralisti islamici, ben radicati ai confini con il Kenia, più a nord i Migiurtini, trovatisi senza oppositori, avevano dichiarato la propria indipendenza nel 1998, creando lo Stato di Puntland.

Peraltro, già da alcuni anni essi avevano dato inizio a scorrerie contro i mercantili che transitavano nel Golfo di Aden. Grazie ai proventi ricavati in tale modo, ma anche grazie a sovvenzioni e appoggi forniti da *sponsor* esteri, i pirati sono stati in grado di dotarsi di imbarcazioni sempre più sofisticate.

Se a ciò si aggiunge il fatto che non vi erano problemi per reperire gli armamenti necessari, visto che ve ne era in abbondanza, a causa della guerra civile (prevalentemente mitra AK 47 e lancia-granate), i pirati del Puntland furono in grado di operare sempre più lontano dalle coste, attaccando all'inizio pescherecci stranieri, dediti alla pesca senza limiti e navi che scaricavano grandi quantità di rifiuti tossici provenienti da industrie europee.

Ben presto, però, essi si dedicarono anche ad attaccare navi in transito, specie quelle noleggiate dal *World Food Program*, un'Agenzia dipendente dall'ONU, per rubare i carichi di grano

---

[71] Il khat, chat o qat, è una foglia che basta masticare per ottenere effetti esilaranti. Viene prodotta nell'interno della Somalia, ma anche in Etiopia e in altri Paesi africani.

destinati alla popolazione di tutta la Somalia, per rivenderli ad alto prezzo.

Dato che la maggior parte dei mercantili attaccati batteva bandiere-ombra, gli armatori, in maggioranza greci, hanno prima preferito pagare i riscatti, senza nemmeno denunciare i sequestri, poi – man mano che gli oneri finanziari aumentavano – hanno costruito navi più grandi, facendo compiere loro il periplo dell'Africa; questo ha danneggiato i Paesi del Mediterraneo, e in particolare l'Egitto, la cui economia dipende pesantemente dai pedaggi di transito attraverso Suez.

Infine, gli armatori hanno cominciato a dotare le proprie navi di piccoli bunker corazzati, a protezione degli equipaggi, nonché a imbarcare gruppi di guardie armate, una prassi che continua ancor oggi.

Tutti questi attacchi, inevitabilmente, portarono a un deciso rialzo dei premi di assicurazione, ma fino all'estate 2008 l'Occidente aveva fatto poco per contrastare la pirateria, malgrado l'evidenza che questa fosse ampiamente sponsorizzata dall'esterno e avesse quindi potuto compiere il "salto di qualità" dal livello di criminalità costiera a quello di minaccia estesa ad ampie zone di mare.

Già nel 2005 il Capo di Stato Maggiore della Marina USA aveva proposto una grande coalizione, capace di riunire fino a mille navi per combattere il fenomeno della pirateria. L'Ammiraglio Mike MULLEN, allora Capo delle Operazioni Navali (CNO), era stato esplicito nell'affermare che egli:

"aveva discusso con i Capi delle Marine di tutto il mondo, più di 72 Nazioni, il concetto che io chiamo una Marina da

1.000 navi. Sarebbero 1.000 navi di Nazioni dalla simile mentalità, che opererebbero insieme per contrastare le sfide emergenti delle armi di distruzione di massa, del terrorismo, del contrabbando di droga e di armi, pirati, trafficanti di esseri umani e immigrazione. Queste sono sfide che tutti noi abbiamo e dobbiamo lavorare insieme per garantire che le vie del mare siano sicure"[72].

Ma, all'epoca egli non era riuscito a raccogliere un sufficiente consenso tra i Capi delle Marine mondiali. Bisognò quindi aspettare una risoluzione dell'ONU, nell'estate 2008, perché l'UE e la NATO avviassero operazioni – indipendenti tra loro – nell'Oceano Indiano. A partire da quell'anno, anche Russia, Cina, India e Giappone hanno inviato navi da guerra per proteggere i propri mercantili.

Parallelamente, gli Stati Uniti crearono una forza (TF 150) dedicata sia al contrasto delle armi di distruzione di massa, sia alla lotta contro la pirateria. In effetti, come nota un recente rapporto al Congresso USA, in tale anno gli attacchi avevano raggiunto il livello di 111, una cifra preoccupante per la sicurezza della navigazione mondiale.

Le operazioni ATALANTA, disposta dall'UE, e ALLIED PROVIDER/ALLIED PROTECTOR (poi sostituite dalla OCEAN SHIELD) della NATO hanno portato a una graduale riduzione del numero degli attacchi, tanto che, nel 2016, la NATO ha cessato le operazioni nell'area.

---

[72] D. UHLS. *Realizing the 1000-Ship Navy.* US Naval War College paper, 23 ottobre 2006, pag. 3.

Va rilevato, però, che le iniziative multinazionali si sono limitate ad applicare solo una parte delle risoluzioni ONU, decidendo di agire solo sul mare, non volendo i governi occidentali attaccare direttamente i covi dei pirati, malgrado ciò sia autorizzato esplicitamente dall'ONU; oltretutto, sono state messe in atto solo misure di protezione indiretta delle navi, un sistema meno efficace della scorta ravvicinata. Neanche i plotoni imbarcati, siano essi militari o assoldati dagli armatori, hanno avuto effetti decisivi, anzi hanno creato problemi seri sul piano internazionale.

Il motivo di questa "freddezza" occidentale è dovuto al fatto che, ormai, la grande maggioranza dei mercantili batte bandiere-ombra, essendo iscritti nei registri navali della Liberia, di Panama, delle Isole Marshall, e così via, cioè di Stati che non pongono domande e si contentano di pochi soldi per registrare le navi. In questo modo gli armatori riescono a evadere tasse e contributi sociali, a scapito dell'economia dei propri Paesi di origine, che sono quindi comprensibilmente riluttanti a proteggerli.

L'esempio più chiaro dei danni provocati agli erari dalle "bandiere-ombra" è quello della Grecia: i suoi armatori posseggono ormai la più grande flotta mercantile mondiale, ma non pagano né le tasse né i contributi sociali in Patria. Per questo il Paese, la cui economia era largamente dipendente da questi introiti, versa oggi in gravi difficoltà economiche, non disponendo di un apparato industriale significativo.

La lotta contro la pirateria ha prodotto quindi anche un braccio di ferro tra i governi, che vorrebbero costringere gli armatori a tornare sotto le bandiere nazionali, a beneficio delle finanze pubbliche, e gli armatori, ovviamente recalcitranti. Va detto che, tra questi ultimi, solo gli armatori USA accettarono di far rientrare le loro navi sotto bandiera nazionale, durante la guerra Iraq-Iran (1980-88), per ottenere protezione contro gli attacchi da parte dei belligeranti, salvo poi a riprendere la "bandiera-ombra" alla fine del conflitto.

Una statistica, sia pure incompleta, ricavabile dai dati forniti dalle Nazioni Unite, ci mostra il numero di navi attaccate dai pirati, prima dell'inizio delle operazioni di contrasto:

2003	21 navi
2004	10 navi
2005	45 navi
2006	20 navi
2007	44 navi
2008	111 navi

Dopo l'inizio delle operazioni contro la pirateria, in numero degli attacchi è addirittura aumentato, indice che l'intervento delle Marine era avvenuto troppo tardi, quando i pirati disponevano ormai di mezzi e uomini in abbondanza, per poi calare gradualmente, grazie all'effetto combinato delle operazioni navali di contenimento e delle misure di auto-protezione raccomandate dall'International Maritime Organization (IMO).

Ma un effetto notevole, per ridurre il fenomeno, è derivato dal fatto che le forze di terra dell'Unione Africana hanno occupato i porti del Puntland, e i governanti locali sono stati incoraggiati a non fornire più appoggio ai pirati, mediante abbondanti aiuti finanziari, nonché il sostegno alla creazione di Forze dell'ordine, inclusa una Guardia Costiera somala.

In tale periodo il numero degli attacchi, sempre secondo le stesse fonti, è impressionante, e indica che le azioni di contenimento della pirateria, agendo solamente sul mare per sventare gli attacchi, hanno un effetto solo parziale e soprattutto graduale, specie quando esse sono fatte partire in ritardo, dopo che la pirateria si è ben radicata:

2009	219 navi
2010	219 navi
2011	237 navi
2012	75 navi
2013	15 navi
2014	11 navi
2015	0 navi
2016	2 navi

2017	3 navi

Per quanto riguarda la nazionalità delle navi attaccate, mentre per i pescherecci, la prevalenza è costituita da mezzi di varie Nazioni asiatiche, oltre ad alcuni spagnoli, i mercantili appartengono in maggioranza a "bandiere-ombra", (poco meno dell'80%), seguiti da navi occidentali (circa il 20%).

Un caso strano, e oltremodo sospetto, è costituito dalla cattura dell'unico mercantile appartenente a uno Stato del Golfo Persico, il M/V *Syrius Star*, una super-petroliera (*Very Large Crude Carrier* – VLCC) di 318.000 tonnellate di stazza, carica di ben 2 milioni di barili di petrolio, di proprietà della compagnia saudita ARAMCO. La petroliera fu catturata il 15 novembre 2008, e tenuta all'ancora davanti alla città di Haradhere, visto che non poteva entrare in nessun porto somalo, fino al 9 gennaio 2009. Nessuna delle navi da guerra in zona, appartenenti alle varie operazioni, multinazionali, di coalizione o di singoli Paesi, si preoccupò di liberare l'equipaggio, e si attese che il riscatto (si disse ultra-miliardario) fosse pagato.

Tornando ai nostri giorni, come si vede dalle cifre, gli attacchi dei pirati sono ripresi, dopo il ritiro delle forze NATO, continuando sia pure sporadicamente. Esiste quindi il rischio che, con un'ulteriore diminuzione degli sforzi, da parte delle Marine, il fenomeno riprenda vigore.

Non va poi dimenticato che, oggi, la pirateria si sta espandendo in altre aree, specie nel Golfo di Guinea, ed è sempre più chiaro che essa è diventata un mezzo per danneggiare la ricchezza dell'Occidente costruita, secondo molti paesi del Terzo Mondo, a loro spese. Senza *sponsor*, infatti, difficilmente la pirateria somala avrebbe potuto raggiungere le dimensioni e i livelli di sequestri degli anni tra il 2008 e il 2011.

Non vi è dubbio, comunque, che la soluzione per far cessare la pirateria somala consiste nel riportare la Nazione a un livello di benessere almeno pari a quello di cui godeva prima del collasso del regime di Siad BARRE. In questo, l'UE sta compiendo sforzi notevoli, che si spera portino, col tempo, frutti positivi.

Ma il controllo da parte delle Marine, onde evitare tentazioni pericolose, dovrà inevitabilmente continuare, almeno per qualche anno, dopo l'avvenuta stabilizzazione del Paese: la storia insegna infatti, che quanto accade nel Puntland è spesso scollegato rispetto agli avvenimenti che si verificano più a Sud, nel Paese.

BAB EL MANDEB TRA GEOSTRATEGIA, INTERESSI ECONOMICI E CRITICITÀ -
Cristiana Era – Dicembre 2017

Punto di straordinaria importanza strategica, lo stretto di Bab el-Mandeb fa da spartiacque tra il Golfo di Aden e il Mar Rosso, ed è quindi passaggio obbligato dei traffici commerciali – legali ed illegali - da e per il Canale di Suez e,

indirettamente, per il Mediterraneo. Lo stretto è al contempo estremamente vulnerabile perché esposto alle tensioni politiche dei

Archer90 (talk) - Contains map data ©

Paesi che vi si affacciano: Gibuti, Yemen, Eritrea, e anche Somalia in quanto situata a ridosso del Golfo di Aden. Inoltre, data la sua posizione, è anche al centro delle influenze degli altri Paesi della regione, per non parlare degli interessi economici e militari di numerose potenze, che da tempo sono impegnate ad installare basi permanenti e punti di appoggio a Gibuti e dintorni.

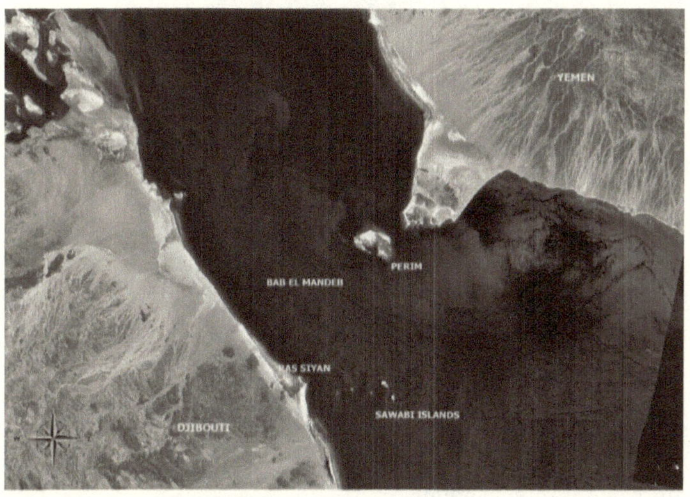

Foto: NASA satellite image

Bab el Mandeb, tra Gibuti e lo Yemen, ha una larghezza di soli 27 km divisi da un isolotto di appena 13 km², Perim, grazie al quale lo stretto viene diviso in due canali: uno molto stretto di 3 km lungo la costa yemenita, l'altro, di ampiezza maggiore, misura circa 20 km ed è da questa porta che passa la navigazione internazionale dall'Oceano Indiano al Mar Rosso. Il commercio marittimo che transita per questo punto nevralgico è costituito in larghissima misura da petrolio e gas naturale destinati a mercati vicini (quali l'Egitto) e lontani (Europa, Stati Uniti, Asia). Molti dei prodotti petroliferi e del greggio esportato dal Golfo Persico che transitano dal Canale di Suez e tramite l'oleodotto SUMED (Suez-Mediterranean Pipeline) attraversano anche Bab el Mandeb.

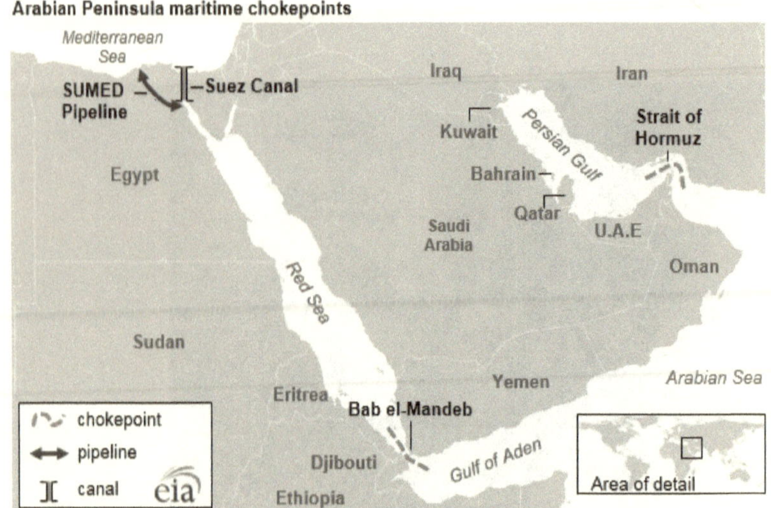

Fonte:Energy Information Administration

In totale, la EIA (Energy Information Administration), ossia l'autorità statunitense per l'energia, ha calcolato che nel 2016 il volume di greggio transitato per lo stretto sia stato di 4,8 milioni di barili al giorno[73], in netto aumento rispetto al 2011.

> **BAB EL-MANDEB OIL FLOWS, 2011-16**

---

[73] Cfr: https://www.eia.gov/beta/international/regions-topics.cfm?RegionTopicID=WOTC

million b/d	2011	2012	2013	2014	2015	2016
Total oil flows	3.3	3.6	3.8	4.3	4.7	4.8
Northbound	2.0	2.0	2.1	2.2	2.5	2.8
Southbounds	1.3	1.6	1.7	2.1	2.2	2.0

Source: U.S. Energy Information Administration analysis based on Lloyd's List Intelligence, Suez Canal Authority, and GTT, using EIA conversion factors.

Le necessità crescenti del fabbisogno energetico mondiale rendono quest'area un riferimento strategico la cui importanza è pari alla sua vulnerabilità e alla sua storica pericolosità. Quest'ultima, infatti, ha origini lontane, tanto che il nome stesso, "Bab el Mandeb" o anche "Bab el Mandab"[74] significa "porta del pianto", secondo molti per i rischi elevati della navigazione nelle sue acque a causa delle correnti e dei venti contrari. Si citava negli annali universali di statistica del 1835:

"Prima che si pensasse alla navigazione a vapore, la navigazione del Mar Rosso veniva così descritta da Sir Harford Jones: – « Durante sei mesi non puoi entrare in questo mare, e durante sei mesi non puoi uscirne... » Vi hanno poi delle eccezioni : qualche nave vi entrò e vi uscì nella stagione non propizia: il mare non era ermeticamente chiuso: la descrizione di Sir Harford debba intendersi di quello che succede generalmente [...][75].

E poi ancora nella Nuova Enciclopedia Popolare del 1843:

"...Le correnti sono comunemente assai forti in questo stretto, ma variano in direzione secondo i venti che vi dominano. Il nome di

---

[74] باب المندب in arabo
[75] *Annali universali di statistica, economia pubblica, storia, viaggi e commercio,* Vol. Quarantesimoterzo, gennaio, febbraio e marzo 1835, p. 183

Bab-el-Mandeb, che in arabo significa *la porta del pianto*, sembra essere stato molto bene appropriato a questo stretto; e quest'appellazione può naturalmente aver tratto origine dai pericoli a cui i vascelli piccoli e leggeri vanno esposti in un mare angusto, attorniato da spiagge dirupate e soggetto a frequenti gruppi di vento."[76]

Oltre ad i rischi legati alle condizioni geofisiche, la scoperta portoghese della via marittima che circumnavigava l'Africa attraverso il Capo di Buona Speranza nel XV secolo limitò per lungo tempo la navigazione attraverso il Mar Rosso al commercio marittimo locale, anche perché la successiva comparsa delle navi a vapore ridusse significativamente i tempi ed i rischi della circumnavigazione dell'Africa. Tuttavia, gli interessi coloniali francesi e inglesi in Africa, in Medio Oriente e in Asia non poterono ignorare l'importanza del Mar Rosso e in modo particolare dello stretto: l'isolotto di Perim venne unilateralmente occupato dall'impero britannico nel 1799 dove poi eressero un faro nel 1861. L'anno successivo la sponda africana fu acquistata dai francesi e divenne la Somalia francese, quella che oggi è la regione di Gibuti. Aden venne poi occupata dalla Gran Bretagna nel 1839, e divenne una base della *Royal Navy,* oltre che stazione di carbonamento per i mercantili.

In tal modo le due potenze controllavano il traffico dal Golfo di Aden al Mar Rosso. Ma è con l'opera simbolo del XIX secolo che lo stretto tornò ad essere un passaggio cruciale per la navigazione commerciale: il taglio dell'istmo di Suez (1869) ridefinì l'importanza geografica e strategica del Mar Rosso e di Bab el-

---

[76] *Nuova Enciclopedia Popolare ovvero Dizionario Generale di Scienze, Lettere, Arti, Storia, Geografia, ecc. ecc.,* tomo secondo, Torino, Giuseppe Pompa e Comp. Editori, 1843, p.5

Mandeb che al canale veniva da allora in poi inevitabilmente collegato, poiché lo stretto diventava la vera porta meridionale del Mare Nostrum, oltre ad essere il passaggio tra Est e Ovest, e quindi un anello di congiunzione sia verticale che orizzontale.

Pur lasciando libero il transito attraverso il canale a tutte le navi sancito con l'accordo del 1888, la Gran Bretagna invocò la necessità di controllare l'area per tutelare gli interessi dell'impero dall'India al Mar Rosso. Nel 1936 ottenne il diritto di mantenere delle forze lungo il canale che si rivelò di importanza cruciale durante la Seconda Guerra mondiale per i rifornimenti agli alleati lungo la rotta Europa-Asia[77]. nonché per bloccare le navi da guerra italiane all'interno del Mar Rosso. In effetti, a parte i sommergibili, alla caduta di Massaua, nel 1941, solo la Regia Nave *Eritrea,* al comando del CF Marino Iannucci, riuscì a violare il blocco britannico.

Il successivo processo di decolonizzazione destabilizzò l'area del canale e dello stretto che rimanevano però punti di importanza strategica, così come lo divennero i Paesi che si affacciavano su di essi, non più allora sotto il controllo delle potenze coloniali ma oggetto di competizione tra USA e URSS che miravano a contenere le reciproche sfere di influenza in territori spesso soggetti a scontri e rivalità etniche. Alla fine degli anni '70, mentre le navi sovietiche utilizzavano gli ancoraggi della vicina isola di Socotra, gli Stati Uniti riuscirono a rimpiazzare l'Unione Sovietica in Somalia, fornendo una quantità ingente di aiuti militari, economici e diplomatici alla dittatura di Siad Barre. Nonostante si trattasse, almeno formalmente, di un regime di tipo marxista-

---

[77] Jean-Paul Rodriguez, *Straits, Passages and Chokepoints. A Maritime Geostrategy of Petroleum Distribution*, in Cahiers de géographie du Québec, Volume 48, Numéro 135, décembre, 2004, pp. 357–374

leninista, gli interessi occidentali sulla Somalia non poterono che aumentare in considerazione sia della crisi energetica che li colpì con l'embargo dell'OPEC, sia del fatto che il Paese si affaccia sulla principale rotta di navigazione per il petrolio che dal Golfo, passando per Bab el-Mandeb e poi Suez, raggiunge l'Occidente[78]. L'occupazione della vecchia base sovietica di Berbera non distante dallo stretto garantì, inoltre, la presenza militare americana dello *US Central Command* e della Marina che in tal modo potevano controllare il flusso commerciale da e per Suez.

La fine della Guerra Fredda allentò le tensioni fra i due grandi blocchi ma non diminuì, se non in misura minore, l'importanza geo-strategica dell'area e anche le sue criticità. La caduta di Siad Barre scatenò la guerra civile in Somalia, mentre anche a Gibuti, nonostante la presenza francese, scoppiarono scontri su base etnica. Nello Yemen la riunificazione non venne accettata dalle forze comuniste e anche qui iniziarono gli scontri. Infine l'Eritrea fu impegnata in una lunga guerra contro l'Etiopia che ebbe termine solo nel 2000.

Chiaramente, con una situazione di instabilità, ora da una sponda, ora dall'altra e a volte da entrambe, non è mai venuta meno la necessità di proteggere la navigazione tra l'Oceano Indiano e il Mar Rosso ossia la rotta su cui passano interessi che con i decenni hanno travalicato i confini delle regioni del Mar Rosso, del Mediterraneo e del Golfo di Aden e che non sono più solamente economici, ma anche politici e militari, tanto da sollecitare l'intervento congiunto di più Stati. Il transito attraverso Bab el-Mandeb e Hormuz è stato determinante per il successo delle forze della coalizione nell'operazione *Desert Storm* (prima Guerra del

---

[78] David N. Gibbs, *Realpolitik and Humanitarian Intervention: The Case of Somalia*, in International Politics, Vol. 37, March 2000, pp. 41-55

Golfo) perché ha consentito il flusso ingente di forze e di materiale logistico. La stessa rilevanza avuta anche nel caso dell'operazione *Resolute Behaviour-Enduring Freedom*, per la lotta al terrorismo internazionale e alla pirateria, soprattutto somala, che per anni ha infestato le acque del Mar Rosso e del Golfo di Aden[79].

La sicurezza sui mari è oggi fortemente influenzata da fenomeni transnazionali e ideologie radicali, quali il terrorismo, ed è perciò parte della strategia militare di molti Paesi che dipendono economicamente dal commercio marittimo. È la natura stessa della minaccia che è cambiata all'alba del nuovo secolo e questa ha ovviamente influenzato il modo di concepire la sicurezza dei 4 domini: terra, mare, aria, spazio[80]. Di fronte ad una sicurezza sempre più globale e "integrata" che non può dunque essere isolata nelle sue singole componenti (fisiche o politiche, economiche o sociali, culturali o religiose), le aree geografiche considerate vitali quali i *chokepoint* (imbuti) marittimi convogliano giocoforza un interesse anch'esso globale. Oggi, come e più del passato, gli stretti sono il cuore dell'economia globale: circa il 90% del commercio internazionale transita sulle rotte marittime[81]. Il Mar Rosso continua ad essere un passaggio obbligato per il petrolio del Golfo Persico, ma non solo. Su di esso transitano navi che trasportano beni di varia natura dai mercati asiatici a quelli europei e viceversa per un valore stimato di 700 miliardi di dollari annuo,

---

[79] Senate Executive Report 108-10 - *Hearings on the U.N. Convention on the Law of the Sea*, October 14 and 21, 2003, U.S. Government Publishing Office

[80] Non si include di proposito quello che impropriamente viene definito "quinta dimensione", ossia lo spazio cibernetico, poiché quest'ultimo in realtà assorbe gli altri quattro, con un impatto su di essi potenzialmente devastante, mentre resta quasi del tutto immune dalle influenze dei quattro domini tradizionali.

[81] Dati dell'International Chamber of Shipping, disponibili in http://www.ics-shipping.org/shipping-facts/shipping-and-world-trade

ma vi passano anche le navi da crociera che alimentano i flussi turistici della regione.

La vicinanza tra le due sponde nel tratto di Bab el-Mandeb, separate da poco meno di una trentina di chilometri nel punto più stretto tra Rās Segiān (Africa) e la penisoletta di Sheikh Saʿīd (Arabia), fa sì che le navi in transito possano essere facilmente colpite da proiettili e razzi provenienti dalla costa. Ma nel complesso la destabilizzazione di tutta la tratta marittima da Aden a Suez, con una ipotetica chiusura dello stretto avrebbe serie ripercussioni economiche a livello globale. Le compagnie di navigazione vedrebbero necessariamente lievitare i costi per utilizzare la rotta alternativa che, come abbiamo visto, passa per il Capo di Buona Speranza. Ma anche senza la chiusura dello stretto, l'innalzamento del livello di insicurezza rischia di avere dei costi elevati che si ripercuoteranno sui prezzi, sempre a livello globale, dovendo le compagnie di trasporto prevedere oneri aggiuntivi quali, ad esempio, aumenti delle tariffe assicurative, l'impiego di forze di sicurezza a bordo, indennità di rischio per l'equipaggio, ecc.

Le minacce contemporanee e i nuovi attori nel nuovo millennio

Come già accennato, i rischi della navigazione attraverso lo stretto si sono modificati con il passare dei secoli come conseguenza dell'evoluzione tecnologica e dei cambiamenti dello scenario internazionale. L'espansione degli interessi di Paesi geograficamente distanti ha spinto questi ultimi a competere per la conquista di un punto di appoggio sul Mar Rosso. Giappone, Corea del Sud e Cina, *in primis*, hanno allargato i rapporti economici con diversi Stati africani. Tanto che oggi non si parla più di Mediterraneo allargato, ma di "Cindoterraneo", termine coniato da Alessandro Politi nel 2006 e che indica "una nuova area di proiezione di interessi economici e politici che si spinge fino a India e Cina"[82]. E come bene sottolinea Andrea Quondamatteo, "parlare oggi di Cindoterraneo significa riconoscere l'esistenza di un importante flusso di merci che da Cina e India, attraverso Bab el-Mandeb e Suez, è diretto in Europa"[83].

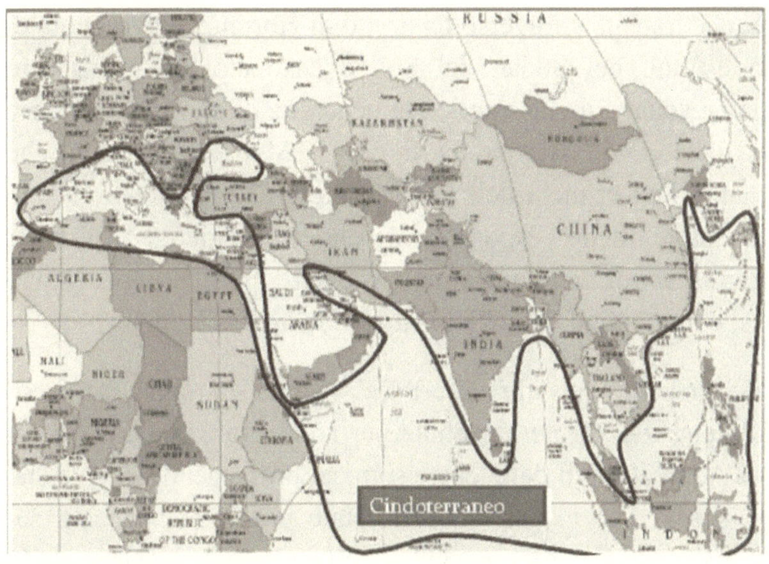

Fonte: Osservatorio SMM

La Cina, nell'ottica della ricerca globale di nuove fonti di materie prime, di nuovi mercati e di espansione della propria economia a 360 gradi, ha forti legami in Eritrea, in Etiopia e in Sudan, solo per citare i Paesi più vicini all'area del Mar Rosso[84]. La presenza

---

[82] Andrea Quondamatteo, *L'Italia, la Somalia e il Cindoterraneo*, in Osservatorio, Istituto di Studi Militari Marittimi, Anno XVIII, n.143/2008, p.16
[83] Ibid.
[84] Stefano Calvetti, *Failed States*, in Osservatorio, op.cit., p.13

cinese in Africa è recente, risale alla fine degli anni '90; ma solo a partire dal 2002, all'insegna dell'implementazione della politica del *"Go Abroad"*, nel continente hanno cominciato a confluire investimenti consistenti da Beijing[85].

Nonostante i tentativi di diversificare le fonti di importazione di petrolio con progetti di esplorazioni e importazioni dall'Africa, la Cina dipende ancora in larga misura dal petrolio del Medio Oriente, che transita attraverso lo stretto di Hormuz, ma la quota di petrolio estratto nel Sudan del Sud e destinato alla Cina è in continua crescita[86], il che implica la necessità di un libero e sicuro transito delle navi cisterna da e per il Mar Rosso, navi che trasportano circa la metà dell'*import* cinese di petrolio.-Inoltre la maggior parte delle esportazioni cinesi raggiunge l'Europa attraverso lo stretto, che è destinato a essere uno dei punti chiave dei flussi commerciali della "Nuova Via della Seta".

Nel 2008, insieme agli altri due Paesi asiatici già citati, ha preso parte alla coalizione internazionale per combattere la pirateria nel Golfo di Aden al largo delle coste somale, proteggendo così anche le proprie navi che in passato sono state più volte attaccate dai pirati somali. Ma la partecipazione militare cinese, a fianco dello sforzo di NATO e UE (rispettivamente Operazione *Ocean Shield* e EUNAVFOR-Operazione Atalanta) per garantire la sicurezza delle acque al largo del corno d'Africa è stato solo l'inizio di quello che alcuni definiscono come l'ascesa del ruolo strategico di Beijing[87]. In effetti, ciò sembrerebbe confermato anche dagli accordi tra Cina

---

[85] Jerker Hellström, *China's emerging role in Africa. A strategic Overview*, FOI – Swedish Defense Research Agency, May 2009.

[86] P. Panda, *India-China relations: Politics of Resources, Identities and Authority in a Multipolar World Order*. Taylor and Francis, 2016, p. 152.

[87] J. Hellstrom, Op. cit; si veda anche Jivanta Schöttli ed., *Power, Politics and Maritime Governance in the Indian Ocean*, Routledge, 2016, p.111

e Gibuti per la costruzione di una base militare navale cinese a Obok, nel nord del Paese, dopo che Beijing ha investito nelle infrastrutture locali, in particolare nella costruzione della nuova linea ferroviaria elettrificata che collega il porto di Gibuti ad Addis Abeba, in Etiopia, inaugurata nell'ottobre del 2016[88]. La base è operativa dal luglio scorso, da quando è cominciato il trasferimento dei militari e di altro personale. Anche se ufficialmente la base è stata definita dalle autorità come un riferimento di supporto logistico e che verrà utilizzata solo per mantenere la sicurezza delle vie commerciali e per le missioni umanitarie e di *peacekeeping*, non sfugge alle altre potenze già presenti a Gibuti (USA, Francia, Italia, India, Giappone, Arabia Saudita, Spagna, Olanda, Germania, Russia e Gran Bretagna) che l'avamposto militare cinese, il primo all'estero, assume un significato strategico importante e conferma la forte influenza cinese nella regione, nonché del suo crescente potere navale.

Il 10% del traffico commerciale giapponese passa per lo stretto, e anche Tokyo dal 2011 mantiene una base militare a Gibuti, contigua a quella americana di Camp Lemmonier. Al largo del Corno d'Africa, nel Golfo di Aden e nell'Oceano Indiano, inoltre, navigano i pescherecci nipponici e proprio la pesca è uno dei settori più importanti dell'economia del Giappone. Nel corso degli anni, la politica di Tokyo è stata quella di proteggere i propri interessi - soprattutto quelli collegati all'approvvigionamento energetico - in Medio Oriente, rimanendo però neutrale nei

---

[88] http://www.askanews.it/esteri/2016/10/05/oggi-parte-ferrovia-cinese-etiopia-gibuti-pn_20161005_00036/ ; Giovanni Porzio, *Quel Risiko fra USA e Cina nel porto di Gibuti*, Il Venerdì di Repubblica, 13 giugno 2017, disponibile su:
http://www.repubblica.it/venerdi/reportage/2017/06/13/news/gibuti_reportage_cina_usa_esercito_pirati-168026053/

conflitti e nelle rivolte della regione, a partire dalla rivoluzione iraniana del 1979. Recentemente, tuttavia, il Giappone ha manifestato l'intenzione di assumere un ruolo meno passivo, secondo alcuni osservatori anche per controbilanciare la presenza cinese: dall'allargamento della base all'annunciata decisione di dispiegare le proprie forze (JSDF - *Japan Self-Defense Forces*) nello stretto di Hormuz per il dragaggio di mine e per attività di scorta delle proprie navi in caso di chiusura della rotta e al rafforzamento dei rapporti politici ed economici con l'Arabia Saudita[89].

Come per il Giappone, i pescherecci e le navi mercantili sudcoreane sono significativamente presenti nell'area del Golfo di Aden: circa il 29% del commercio marittimo della Corea del Sud passa per l'area al largo delle coste somale[90]. Inoltre, l'accordo di libero scambio con l'Unione Europea entrato in vigore nel 2011 ha incrementato gli scambi e quindi il flusso dei transiti marittimi attraverso il Canale di Suez e, di conseguenza dello stretto di Bab el-Mandeb. Infine vanno considerati gli interessi in Africa Orientale: il Paese sta investendo in quella regione per il suo potenziale in termini di risorse petrolifere in modo da poter diversificare le fonti di approvvigionamento energetico, al momento concentrate in Medio Oriente per l'85% del suo fabbisogno[91].

---

[89] Giorgio Cafiero, Theodore Karasik, Cinzia Miotto e Daniel Wagner, *Japan's Important Role in Saudi's Vision 2030*, Middle East Institute, 29 novembre 2016, disponibile in http://www.mei.edu/content/article/future-riyadh-tokyo-relations

[90] Terence Roehrig, *South Korea's Counterpiracy Operations in the Gulf of Aden*, Belfer Center for Science and International Affairs, in https://www.belfercenter.org/sites/default/files/legacy/files/globalkorea_report_roehrig.pdf

[91] Jason Nicholson, *Japan, South Korea Boost Their African Presence*, The

Oltre alla pirateria, le minacce del nuovo millennio lungo tutta la direttrice che dal Golfo di Aden arriva a Suez, si chiamano traffico di esseri umani, contrabbando e terrorismo di matrice islamica. Per quanto riguarda la pirateria somala che ha infestato le acque del Mar Rosso per anni, va detto che la presenza negli ultimi anni di forze militari che pattugliano le aree intorno allo stretto e la sicurezza privata a bordo delle navi mercantili ne hanno ridotto l'attività, anche se il fenomeno è ben lontano dall'essere scomparso, anzi alcuni studiosi ne ipotizzano un possibile collegamento con il terrorismo jihadista[92].

Il traffico di esseri umani, fenomeno ormai di vaste proporzioni nel Mediterraneo, è una realtà consolidata anche nello stretto, la cui ampiezza limitata lo rende un facile passaggio dal Corno d'Africa alle coste della penisola arabica. Da qui cercano di passare migliaia di disperati, in maggioranza somali ed etiopi, in fuga dalla miseria e dalla guerra civile, diretti principalmente in Arabia Saudita, attraverso lo Yemen, in cerca di lavoro. La situazione interna di quest'ultimo Paese ha incrementato il traffico di migranti clandestini a causa della scarsa capacità di controllo del governo legittimo e dell'avanzata delle forze Houthi lungo la zona costiera. Né i rischi elevati della traversata marittima e poi terrestre hanno avuto un impatto significativo in termini di riduzione del flusso dei migranti. Il Rapporto sull'Immigrazione 2018 dell'Organizzazione Internazionale per le Migrazioni ha sottolineato che gli studi effettuati rilevano la volontà di molti

Diplomat, 1 ottobre 2015, in
https://thediplomat.com/2015/10/japan-south-korea-boost-their-african-presence/
[92] Stefan Lundqvist, *Continuity and Change in post-Cold War Maritime Security. A Study of the Strategies Pursued by the US, Sweden and Finland 1991–2016*, Åbo Akademi University Vaasa, Finland, 2017, pp. 22

immigrati di voler correre comunque tali rischi pur di arrivare alla destinazione finale[93]. Nel 2016 sono stati oltre 111.000 i migranti giunti in Yemen e circa 55 mila quelli sbarcati nella prima metà del 2017. La traversata dal corno d'Africa, dove risiedono molte organizzazioni dedite all'immigrazione clandestina, alle coste yemenite è pericolosa, come già sottolineato: per sfuggire ad eventuali controlli, i trafficanti spesso gettano i migranti in mare durante la traversata, per poi tornare immediatamente sulle coste somale per un nuovo carico[94].

Il contrabbando di merci fa diretta concorrenza al trasporto marittimo legale. L'incapacità dei Paesi che si affacciano sullo stretto, considerati *failed State* o *weak State* di controllare le proprie coste, in aggiunta alla necessità dei pescatori dell'area che per ragioni economiche spesso decidono di intraprendere il contrabbando, ha favorito la crescita di questa attività che va ad aumentare il traffico marittimo, già a livelli sostenuti, nella rotta Golfo di Aden-Mar Rosso[95]. I porti di Aden e di Mokha, rispettivamente a sud e a nord di Bab el-Mandeb ed entrambi sulla costa yemenita, rappresentano i maggiori centri di partenza e di arrivo dei traffici illeciti[96], che spaziano in termini di tipologia di merci ma che nel caso di armi e droga preoccupano particolarmente la comunità internazionale per il loro legame diretto con il terrorismo. Infatti, hanno come destinazioni

---

[93] International Organization for Migration (IOM), *World Migration Report 2018*, p.181

[94]   https://www.nytimes.com/2017/08/16/opinion/african-migration-yemen.html ; http://www.marsecreview.com/2017/08/more-migrants-killed/; https://www.newyorker.com/news/news-desk/the-dangerous-route-of-ethiopian-migrants

[95] AAVV, *Stable Seas. Somali Waters*, One Earth Future, 2017, p.24

[96]   https://www.al-monitor.com/pulse/fr/originals/2014/03/yemen-smuggling-drugs-weapons-human-trafficking.html

principali le aree instabili di Yemen e Somalia, ma anche la Siria. Oltre ad arrivare in varie aree di conflitto (come Sudan, e Costa d'Avorio) e ad armare reti criminali di varia natura, le armi vanno a rifornire per lo più i gruppi terroristici in Africa (principalmente al-Shabaab), in Yemen (Houthi e al-Qaeda) e in Siria (ISIS e altri gruppi minori), mentre la droga costituisce una fonte primaria di finanziamento, destinata ai mercati dell'area, soprattutto Arabia Saudita, oppure prende la via dell'Europa attraverso il Mediterraneo.

La guerra civile che dalla fine del 2014 sta lacerando lo Yemen e che vede contrapposte le forze governative del Presidente Abd-Rabbu Mansour Hadi e i ribelli sciiti Houthi, sta fortemente destabilizzando anche le acque del Mar Rosso e del Golfo di Aden, tanto che si parla di un conflitto marittimo a bassa intensità[97]. E in effetti, il 2016, in particolare, ha registrato un numero elevato di attacchi di natura terroristica navi sia di tipo militare che civile. Oltre ai ribelli sciiti, che secondo l'Arabia Saudita e diversi Paesi occidentali sarebbero appoggiati dall'Iran, in Yemen sono presenti gruppi terroristici legati ad al-Qaeda (Al-Qaeda nella Penisola Arabica o AQAP), e piccoli gruppi legati allo Stato Islamico, presenti principalmente nella regione sud-orientale del Paese. Gli attacchi contro le navi militari ad opera di AQAP, di cui si ricorderà quello del 2000 contro la *USS Cole* nel porto di Aden, e quello del 2006 contro la petroliera *Limburg* nelle acque antistanti Mukalla, hanno recentemente subìto un arresto, grazie alle azioni antiterrorismo delle forze multinazionali della coalizione che nel 2016 sono riusciti a cacciare i jihadisti dal porto di Mukalla, sul

---

[97] Risk Intelligence, *Strategic Insights. Global Maritime Security Analysis*, February 2017, n.63, p.15

Golfo di Aden, e ai raid aerei e agli arresti di vari esponenti che hanno inferto un duro colpo all'organizzazione[98].

I casi più recenti attribuiti agli Houthi, invece, sono quelli degli attacchi all'unità di supporto logistico degli Emirati, *Swift*, colpita da missili antinave, e a due navi da guerra statunitensi che pattugliavano le acque intorno alla zona di Mokha, anche quest'ultime oggetto di lanci di missili nell'autunno 2016. In oltre due anni di rivolta i ribelli sciiti sono riusciti a conquistare vaste zone dello Yemen, inclusa la capitale e la parte costiera in prossimità dello stretto e, come evidenziato dall'allerta segnalata dal governo statunitense, un nuovo pericolo per le navi in transito emerge dalle mine disseminate nelle acque intorno a Mokha. Ma il distacco delle mine dalle catene e la loro disseminazione al largo può costituire una minaccia anche per tutte le altre navi che transitano nella zona[99]. Inoltre, nel gennaio 2017, un attacco ad una fregata saudita al largo del porto di Hodeida, in mano ai ribelli, ha gettato nuova luce sulle capacità di azione e sui mezzi a loro disposizione. Nello specifico, la fregata è stata colpita da un motoscafo: non si è trattato di un attentato suicida, come inizialmente ipotizzato, ma di un attacco tramite drone telecomandato, simile a quelli impiegati dai contrabbandieri iraniani. L'impiego di droni carichi di esplosivo (USV, *Unmanned Surface Vehicle*) rappresenta un pericolo reale perché potrebbe essere l'inizio di un uso sistematico della tecnologia da parte di gruppi ribelli o terroristici e anche per la difficoltà per una nave attaccata di disabilitare un sistema di controllo remoto in caso di attacco multiplo[100].

---

[98] Ibid. p.16
[99] Jeremy Vaughan and Simon Henderson, *Bab al-Mandab Shipping Chokepoint Under Threat*, Policy Watch 2769, March 1, 2017, The Washington Institute
[100] Ibid.

La minaccia non riguarda solo le navi da guerra, ma anche i mercantili che transitano lungo il Golfo di Aden e il Mar Rosso, ed è tanto concreta da spingere la coalizione multinazionale di 32 nazioni rappresentata dalla Forza Navale Congiunta (*Combined Maritime Forces*, CMF) a creare un corridoio di sicurezza con navi da guerra a protezione dei mercantili da motoscafi carichi di esplosivi, corridoio che va dal Bab el-Mandeb al Golfo di Aden[101]. Proprio nel 2017 alcune navi cisterna sono state fatte oggetto di aggressioni con le metodologie sopra descritte, con il conseguente accresciuto timore che la guerra civile yemenita, che per molti è una *proxy war*, cioè una guerra per procura fra Arabia Saudita ed Iran, possa mettere in pericolo il flusso energetico su questa arteria marittima fondamentale, con il rischio concreto di chiusura dello stretto.

Nel novembre 2017, la chiusura di diversi porti e aeroporti dello Yemen da parte della coalizione guidata dall'Arabia Saudita, nel tentativo di bloccare il flusso di armi iraniane dirette agli Houthi e dopo un lancio di missili dallo Yemen verso Riad, ha già di per sé sollevato le proteste della comunità internazionale e delle organizzazioni umanitarie che attraverso di essi fanno giungere gli aiuti umanitari ad una popolazione stremata dalla guerra civile e dalla carestia. A seguito delle pressioni politiche, l'Arabia Saudita ha dovuto, quindi, fare marcia indietro e consentire di nuovo i flussi di merci in alcuni porti, tra cui quelli di Aden, Mokha e Mukalla[102]. L'episodio, tuttavia, evidenzia ancora una volta la

---

[101] Ramola Talwar Badam, *Policed maritime corridor will protect merchant ships passing through Gulf from pirates*, The National, 30 settembre 2017, in https://www.thenational.ae/uae/policed-maritime-corridor-will-protect-merchant-ships-passing-through-gulf-from-pirates-1.662826

[102] http://www.portstrategy.com/news101/world/middle-east/yemen-sees-ports-reopen

portata degli interessi che si concentrano nell'area, ma soprattutto come gli equilibri geostrategici dell'area siano precari e particolarmente vulnerabili lungo il corridoio energetico che dagli Stati del Golfo raggiunge il Mediterraneo e l'Europa. Quest'ultima, da sempre dipendente dal petrolio del Medio Oriente e adesso anche dagli scambi commerciali con l'Asia, è forse l'anello più debole della catena e quello su cui inciderebbe maggiormente la chiusura, anche temporanea, di Bab el-Mandeb. Al di là delle conseguenze di una tale eventualità in termini di aumento dei prezzi del petrolio e dei derivati, oltre che di altri prodotti, e delle ripercussioni sull'economia globale al momento non quantificati né quantificabili, è chiaro che l'importanza che lo stretto riveste per la sicurezza necessita di una presenza costante della comunità internazionale a protezione del traffico marittimo regolare. Senza tale forma di controllo le dinamiche interne dei Paesi politicamente fragili che vi si affacciano destabilizzerebbero del tutto l'intera regione, dal Golfo di Aden al Mediterraneo, con effetti dirompenti ben al di là della mera questione economica.

IL RITORNO DEL TERRORISMO MARITTIMO: *una minaccia per il commercio nel Mediterraneo* - *Amm. Sq. Ferdinando SANFELICE di MONTEFORTE – Febbraio 2018*

Mentre l'attenzione mondiale è concentrata sulla guerra in Siria, dove i vari attori sembrano intenti a condurre una guerra di "tutti contro tutti", poche notizie si leggono su quanto avviene più a sud. Nel Sinai, anzitutto, dove operano gruppi armati autonomi capaci di condurre anche attacchi contro unità navali, come avvenuto il 16 luglio 2015 contro una fregata e un pattugliatore egiziani.

Ma ancora più scarse sono le informazioni dei media sui gravissimi pericoli per la sicurezza dei traffici marittimi che si stanno manifestando all'imbocco del Mar Rosso, nel Golfo di Aden e nello Stretto di Bab-el-Mandeb.

Nello scorso gennaio, infatti, il BIMCO (*Baltic and International Maritime Council*), l'associazione internazionale degli armatori che si occupa anche di contrasto alla pirateria, ha emanato un documento, nel quale si attira l'attenzione dei comandanti di mercantili in transito attraverso il Golfo di Aden e il Mar Rosso su una nuova e gravissima minaccia contro la sicurezza della navigazione.

Questo documento, intitolato *"Interim Guidance on Maritime Security in the Southern Red Sea and Bab-el-Mandeb"*, si prefigge di integrare i manuali pubblicati dal Maritime Security Center Horn of Africa (MSCHOA), e in particolare l'ultima versione delle *"Best Management Practices for the Protection against Somalia Based Piracy-BMP"* - la BMP 4 - nel quale vengono indicate le misure difensive ritenute più idonee per proteggere i mercantili dagli attacchi dei pirati.

Il BIMCO, in realtà, segnala una serie di incidenti diversi da quelli legati alla pirateria: in effetti, gli attacchi ai mercantili avvenuti di recente, al largo delle coste dello Yemen, destano notevole preoccupazione e, soprattutto, mette in evidenza il profilarsi di una minaccia che da tempo non si vedeva più: il terrorismo marittimo.

Era ora che questa minaccia fosse finalmente pubblicizzata. Il primo attacco contro mercantili si era avuto oltre un anno e mezzo fa, il 25 ottobre 2016, al largo dello Yemen, nei pressi dello Stretto di Bab-el-Mandeb, dove il *"Galicia Spirit"*, carico di gas naturale liquefatto (LNG),era stato attaccato da un'imbarcazione che portava una quantità significativa di esplosivo, scoppiato a 20 metri circa dalla nave, danneggiandola lievemente. Secondo altre fonti, invece, la nave era stata "colpita da un razzo (*Rocket Propelled Grenade* – RPG) sparato da un piccolo motoscafo.

Due giorni dopo, una petroliera LNG, la *"Melati Satu"*, fu attaccata nella stessa area. L'equipaggio di *"Melati Satu"*, battente bandiera di Tuvalu, inviò una chiamata di soccorso, raccolta da una nave della marina saudita, e fu scortata in salvo"[103].

---

[103]A. MUCEDOLA. *Nuovi Agguati a Bab-el-Mandeb, una minaccia alla Maritime Security?*. 17/02/2018. www.Ocean4future.org

Più recentemente, il 31 maggio 2017, tre imbarcazioni di pirati, armati con mitra e granate-razzo (RPG) avevano attaccato il mercantile *"Muskie"*, battente bandiera delle Isole Marshall, 5 miglia a sud-est dall'isola di Perim, sempre nello stesso Stretto. Tre granate avevano colpito la plancia del mercantile, ma il *team* di sicurezza presente a bordo, sparando colpi in aria, era riuscito a far battere in ritirata gli assalitori. Infine, il 6 gennaio scorso, più a nord dello Stretto, nei pressi del porto di Hodeida, un'imbarcazione telecomandata, carica di esplosivo, ha attaccato una petroliera saudita.

Ciò che ha destato impressione, però, è stata la minaccia, formulata due giorni dopo da un *leader* del gruppo *Ansar Allah*, vicino ai ribelli yemeniti Houthi. Questi ha infatti minacciato di attaccare il traffico mercantile nel Mar Rosso, se la coalizione diretta dall'Arabia Saudita minaccerà il porto di Hodeida, l'unico in mano ai ribelli.

Questa dichiarazione, di per sé preoccupante, è stata anche avvalorata dal capo del governo ribelle, Saleh-al-SAMAD, in occasione della visita di una delegazione ONU al suo Quartier Generale. In tale occasione, SAMAD ha affermato, tra l'altro, che "il suo gruppo potrebbe ricorrere a opzioni strategiche, compresa la chiusura del Mar Rosso alla navigazione internazionale"[104].

Questa minaccia, nonché l'incidente del 6 gennaio, indicano che è stata messa in atto una vera e propria offensiva, che comprende l'uso di missili costieri, imbarcazioni equipaggiate da uomini armati pesantemente, e, più di recente, barchini esplosivi telecomandati (UMVBIED)[105], fino ad allora impiegati contro navi

---

[104] JANE'S DEFENCE WEEKLY, 12 January 2018.
[105] La sigla UMVBIED significa *"Unmanned Maritime Vehicle-*

da guerra. Infatti, alcuni attacchi erano stati portati, già nel recente passato, contro navi militari con questi mezzi, che secondo alcune fonti risulterebbero utilizzare tecnologia iraniana.

Il primo attacco aveva avuto luogo contro un catamarano già appartenente alla US *Navy*, lo "HSV-2 *Swift*", il 1 ottobre 2016, al largo dello Yemen, da parte di un missile; il mezzo, ceduto anni prima agli Emirati Arabi Uniti, stava attraversando lo Stretto di Bab-el-Mandeb quando fu colpito, e dovette essere rimorchiato in Eritrea per essere salvato.

Successivamente, un altro attacco, ben pubblicizzato sui media, era stato compiuto contro una nave da guerra saudita, la fregata "*Al Madinah*"[106], il 30 gennaio 2017, provocando danni alla linea di galleggiamento e il ferimento di due marinai; un altro era stato sventato in tempo nelle immediate vicinanze del porto saudita di Jizan, prospiciente le isole Farasan, nel Mar Rosso, in una zona di mare poco a nord del confine con lo Yemen, frequentata da pirati nel XIX secolo.

Non possiamo altresì dimenticare che vi erano già stati in passato due attacchi suicidi, all'epoca rivendicati da "*al Qaeda* nella Penisola Arabica" (AQAP), nel porto di Aden, contro navi americane: il primo contro la "USS *The Sullivans*" del gennaio 2000, fallito per il prematuro affondamento in mezzo al porto del barchino, caricato con una quantità eccessiva di esplosivo, e il secondo contro la gemella "USS *Cole*", che dieci mesi dopo, il 12 ottobre 2000, causò 17 morti e 39 feriti, mettendo in serio pericolo

---

BorneImprovisedExplosive Device" (Ordigno Esplosivo Improvvisato, portato da un Veicolo Marittimo senza pilota).
[106] USNI News, 20 February 2017.

la galleggiabilità della nave, che dovette essere trasportata in patria mediante una nave mercantile specializzata.

Infine, il 6 ottobre 2002, una petroliera francese, la M/V *"Limburg"*, fu attaccata da un'altra imbarcazione suicida, sempre ad opera di militanti di AQAP, mentre era all'ancora davanti al porto yemenita di Mukalla; un marinaio morì e altri 12 rimasero feriti, ma la nave, pur danneggiata e con un compartimento in fiamme, non affondò e venne recuperata.

Appare quindi che le fazioni yemenite stiano applicando le tecniche di AQAP, sia per combattere gli avversari della coalizione a guida dell'Arabia Saudita, sia per interferire nel commercio marittimo.

Il terrorismo marittimo, però, non è un fenomeno nuovo. Già molto prima degli attacchi di Aden questa forma di offensiva era stata praticata in più di un'occasione. Risalendo indietro nel tempo, va ricordato il sequestro della nave da crociera *"Santa Maria"*, battente bandiera portoghese, il 22 gennaio 1961 ad opera di oppositori alla dittatura di SALAZAR.

Ben più noti sono gli episodi di terrorismo marittimo che hanno riguardato la nave-crociera *Achille Lauro*, sequestrata il 7 ottobre 1985 da un *commando* palestinese, salito a bordo nel porto di Genova[107], nonché l'analogo attacco contro il vecchio traghetto *"Avrasya"* (ex M/N *"Lazio"*) il 16 gennaio 1996, nel porto di Trebisonda, nel Mar Nero, conclusosi questa volta senza vittime.

---

[107]Per un resoconto completo sul sequestro vds. L. QUADARELLA SANFELICE, *Il Nuovo Terrorismo internazionale come Crimine contro l'Umanità.* Editoriale Scientifica, 2006, pagg. 37-38.

Il sequestro dell'*Achille Lauro*, in particolare, allarmò la Comunità internazionale al punto che vennero adottati due nuovi strumenti internazionali, elaborati nel corso di una Conferenza Diplomatica promossa dall'IMO sotto l'egida dell'ONU, ambedue firmati a Roma il 10 marzo 1988. Si tratta della *"Convention for the suppression of Unlawful Acts against the Safety of Maritime Navigation"*, e del *"Protocol for the Suppression of Unlawful Acts against the Safety of Fixed Platforms located on the Continental Shelf"*[108]. Entrambi hanno subito "delle modifiche con l'entrata in vigore dei due protocolli di emendamento approvati a Londra il 14 ottobre 2005 in un'apposita Conferenza Diplomatica[109]: tali modifiche consentiranno di poter estendere il campo di applicazione della Convenzione e del Protocollo del 1988, finora limitato alla tutela della *safety* dei traffici marittimi, anche ai nuovi aspetti relativi alla *security* della navigazione ed al trasporto di *Weapons of Mass Destruction*"[110].

Ma, nel frattempo, il terrorismo era passato a mezzi e sistemi ben più letali. Il salto di qualità si ebbe durante la guerra civile nello Sri Lanka, nel periodo tra il 1983 e il 2009. Le "Tigri Tamil", anche note con la sigla LTTE (Tigri di Liberazione del Tamil

---

[108] *Convention for the Suppression of Unlawful Acts against the Safety of Maritime Navigation*, Rome, 10 March 1988, IMO Doc. Sua/Con/15; *International Legal Materials*, vol. 27, 668 ss.
Protocol for the Suppression of Unlawful Acts against the Safety of Fixed Platforms located on the Continental Shelf, Rome, 10 March 1988, IMO Doc. Sua/Con/16/Rev.1; *International Legal Materials*, vol. 27, 685 ss.
[109] *Protocol of 2005 to the Convention for the Suppression of Unlawful Acts against the safety of the marittime navigation*, London, 14 October 2005, IMO Doc. Leg/Conf./15/21 e *Protocol of 2005 to the Protocol for the Suppression of Unlawful Acts against the safety of fixed platforms located on the continental shelf*, London, 14 October 2005, IMO Doc. Leg/Conf./15/22.
[110] L. QUADARELLA SANFELICE, *Il Nuovo Terrorismo internazionale come Crimine contro l'Umanità*. Editoriale Scientifica, 2006, pagg. 64-65.

Eelam) introdussero "una radicale innovazione, consistente negli attacchi suicidi da parte di un corpo speciale, organizzato da poco e battezzato *Black Sea Tigers* (le Tigri Nere del mare). Questo nuovo corpo danneggiò gravemente il pattugliatore *"Edithara"*, il 10 luglio 1990, e affondò un anno dopo, il 4 maggio 1991, il suo gemello *"Abitha"*, mentre era all'ancora a 6 miglia dalla costa"[111].

Le LTTE, oltre a impiegare imbarcazioni per attacchi suicidi, erano arrivate persino a costruire mini-sommergibili. Infatti, "quando fu conquistata la base principale del LTTE, Mullaitivu, fu scoperto un sito di costruzioni navali che ospitava 4 sommergibili. Il primo, lungo 10,5 metri, è risultato essere blindato, mentre gli altri erano dei mezzi suicidi mossi mediante una pedaliera"[112]. Alla fine, la reazione internazionale convinse i Paesi che sostenevano la ribellione a ritirare il loro appoggio, e il governo dello Sri Lanka, nel 2009, riuscì finalmente a sconfiggere le LTTE.

In tempi più recenti, vi sono stati, in aree lontane dal Mar Rosso, altri "episodi significativi, il primo avvenuto il 14 luglio 2006, nelle acque prospicienti il Libano, quando un missile, lanciato presumibilmente dagli *Hezbollah*, colpì un'unità israeliana classe Saar 5,danneggiandola gravemente, e il secondo, più recente, più a sud, lungo le coste mediterranee del Sinai, il 16 luglio 2015, in cui un altro missile (asseritamente dell'ISIS) colpì una fregata egiziana, con analoghi effetti"[113], come si è già visto.

A questi attacchi si è aggiunto quello del 27 febbraio 2004, contro un traghetto filippino, il *"Super Ferry 14"*, con 899 passeggeri, che affondò per l'esplosione di una bomba di 3,6 chilogrammi, posta

---

[111]F. SANFELICE di MONTEFORTE. *Guerra e Mare.* Ed. Mursia, 2015, pag. 198.
[112] Ibid. pag. 201.
[113] Ibid. pag. 204.

in un televisore, causando la morte accertata di 63 persone, e quella presunta di altre 53, scomparse e mai ritrovate.

Quanto avviene oggi nei pressi di Bab-el-Mandeb non è, quindi, un fenomeno nuovo. Preoccupa, soprattutto, la minaccia, da parte di *Ansar Allah*, di attaccare il traffico mercantile del Mar Rosso, che in massima parte trasporta beni tra i porti del Mediterraneo e quelli asiatici. Non dimentichiamo gli effetti perversi di un'eventuale deviazione dei flussi di traffico lontano dal nostro mare, com'era avvenuto già tra il 2005 e il 2008!

In attesa che la Comunità internazionale decida di agire, sia mediante un nuovo aggiornamento del *corpus* legislativo internazionale (la cui ultima modifica risale, come abbiamo visto, al 2005, dopo il citato episodio del traghetto filippino)[114], sia organizzando missioni *ad hoc* atte a garantire la sicurezza dei traffici marittimi diretti verso il (o provenienti dal) Mediterraneo, è necessario costruire le capacità essenziali per svolgere tali missioni anti-terrorismo.

Infatti, il problema del contrasto a tali attacchi, portato con mezzi sofisticati e veloci, si pone con particolare urgenza, vista la scomparsa dalle flotte delle motocannoniere, piccole unità sottili, veloci e ben armate, impiegate durante la Guerra Fredda da ambedue i Blocchi. Cinque di queste unità, fornite dalla Germania, nel 2002 furono impiegate per pattugliare lo Stretto di Bab-el-Mandeb durante l'Operazione antiterrorismo *"Enduring Freedom"*.

---

[114] Per un quadro complessivo aggiornato http://www.imo.org/en/About/Conventions/ListOfConventions/Pages/SUA-Treaties.aspx

Ora, in tutte le Marine, queste unità sono state sostituite da corvette, meno flessibili, quindi poco efficaci e più vulnerabili a questo genere di attacchi, con la conseguente perdita della capacità di pattugliare i passaggi ristretti (*Choke Points*) in funzione anti-terrorismo.

Naturalmente, i mezzi sono la punta dell'iceberg in ogni operazione, e vanno sostenuti da sistemi di Sorveglianza Marittima, quali quelli che l'UE sta sviluppando e che vedremo tra breve, nonché da organizzazioni in grado di esercitare il loro comando e controllo, sia sul piano operativo, sia su quello tattico.

Ma la minaccia del terrorismo marittimo non riguarda solo i passaggi obbligati lungo le "autostrade del commercio", perché può essere diretta a tutti i punti vulnerabili del sistema commerciale marittimo. Non bisogna infatti dimenticare che ogni strategia tende a colpire i punti deboli del sistema avversario, e nel nostro caso le vulnerabilità sfruttabili da chi ci vuol male non mancano.

Infatti, il sistema del commercio marittimo internazionale è una filiera (*cluster*) piuttosto complessa, che comprende le rotte commerciali in alto mare, i passaggi obbligati, inclusi gli Stretti Internazionali e i canali artificiali (come quelli di Suez e di Panama) e i porti maggiori, detti nodi, del traffico *containers*, dove questi vengono scaricati per il loro successivo invio ai porti minori, cioè ai terminali, mediante navi più piccole.

Il traffico di combustibili, oltre a seguire, in generale, le stesse rotte impiegate dal traffico di merci, utilizza terminali *ad hoc*, di vari tipi, a seconda si tratti di greggio, di prodotti raffinati o di gas naturale liquefatto (LNG), dove le petroliere si ormeggiano alle banchine o alle boe, per caricare e scaricare. Naturalmente, a monte di tutto vi è il traffico tra le piattaforme petrolifere e i terminali.

Il traffico passeggeri si concentra ormai su due tipi di attività: *in primis* vi sono le crociere. Le navi adibite a tale attività si ormeggiano all'interno dei porti, di solito utilizzando le vecchie "Stazioni Marittime" usate in passato per i transatlantici, in bella vista davanti alle grandi città portuali. C'è poi, ed è molto intensa, l'attività dei traghetti, caratterizzata da un elevato e spesso caotico imbarco di passeggeri, auto e camion in gran numero, all'interno dei porti adibiti allo svolgimento di tale traffico.

Vitale, infine, il tradizionale traffico di materie prime (cereali, carbone, cemento, minerali), svolto da navi, note come "*Bulk Carriers*" che trasportano i cosiddetti "Carichi alla rinfusa". L'ultimo elemento della filiera del commercio marittimo è costituito dai cantieri, che si dividono in cantieri di costruzione, di raddobbo o di demolizione. Sembrerebbe la parte meno esposta, ma non bisogna dimenticare che, il 29 ottobre 1980 la fregata libica "*Dat Assawari*",mentre era in corso di ammodernamento presso le Officine Riparazioni Navali di Genova, (dipendente dai Cantieri Navali Riuniti, impresa oggi nota come FINCANTIERI), subì un'esplosione subacquea che la danneggiò gravemente. L'attentato fu rivendicato da un gruppo eversivo sconosciuto, detto "Fronte Nazionalista Maltese", del quale non si seppe mai nulla.

Va da sé che, nel suo insieme, il commercio marittimo è strategico "per l'economia mondiale, con un *trend* che seppur in una contingente situazione di crisi mondiale è tuttavia in continua espansione, e quindi la dimensione marittima della sicurezza di un Paese è l'ambito (nel quale si materializzano) i potenziali rischi e le minacce al dominio marittimo dirette alla stabilità economica, politica e sociale di uno Stato moderno e democratico"[115].

In parole povere, la filiera del traffico marittimo, di per sé estremamente vulnerabile proprio perché estremamente sfaccettata, è l'elemento essenziale del nostro benessere e, quindi, un obiettivo oltremodo pagante per chiunque voglia mettere in crisi l'economia di un Paese.

Fino a pochi anni fa, i controlli del traffico marittimo, in nome della "Libertà dei Mari" erano stati pressoché nulli, a differenza di quanto avviene da tempo per il traffico aereo. Dopo l'attentato dell'11 settembre 2001, gli Stati Uniti, fino ad allora restii ad accettare sistemi di controllo al traffico marittimo, istituirono una zona controllata, profonda 1.000 miglia nautiche, intorno al continente nord-americano. Parallelamente, venne iniziato il monitoraggio del traffico mondiale, mediante un sistema, noto come *"Maritime Safety and Security Information System* (MSSIS)" , che traccia i percorsi seguiti dalle navi mercantili, grazie a un risponditore radio, imposto dalla *International Maritime Organization* (IMO), noto come *"Automatic Identification System* (AIS)".

Anche varie Nazioni, o gruppi di Paesi, hanno impiantato sistemi analoghi, basati alcune volte sullo stesso risponditore, altre su comunicazioni volontarie da parte delle Marine interessate; l'Unione Europea, poi, ha lanciato vari progetti settoriali, tramite le proprie Agenzie Marittime (EMSA, FRONTEX, CFCA) per poi avviare un progetto omnicomprensivo, il *"Common Information Sharing Environment"* (CISE), il cui sviluppo è in corso.

---

[115]M. CALIGIURI e A. SBERZE. *Il Pericolo viene dal Mare*. Ed. Rubbettino, 2017, pag. 20.

La sicurezza dei porti, inoltre, è oggetto di particolare attenzione, da parte del Parlamento Europeo e della Commissione, fin dal 2005. Si tratta di un problema di difficile soluzione, dato che la maggioranza dei porti europei si trova a stretto contatto con i centri urbani, e che le molteplici attività che vi si svolgono pongono difficoltà notevoli per ogni controllo accurato. Per questo, numerosi studi sono in corso, per migliorare la sicurezza dei porti contro possibili attacchi terroristici.

Quello che manca ancora è la consapevolezza da parte dell'opinione pubblica internazionale della gravità della minaccia posta dal terrorismo marittimo, nonché la conseguente decisione, da parte degli organismi internazionali (ONU, IMO) di intraprendere le azioni legislative e operative per sventarla.

Infatti, la possibile estensione della minaccia terroristica contro la filiera del commercio marittimo, in mare o nei porti, è un pericolo gravissimo, almeno finché non si riuscirà a disporre di mezzi navali idonei a sventare attacchi in mare, nonché una sorveglianza nei porti atta a parare attacchi contro di essi.

Non bisogna dimenticare che le minacce sono come il fuoco: facile da domare agli inizi, ma ingestibile e foriero di tragedie quando si sviluppa. Il terrorismo marittimo di questi tempi è un prodotto del sanguinoso conflitto yemenita, e questo, come ogni guerra, tende a estendersi, diventando sempre più grave, con la parte più debole che, per sopravvivere, tende a utilizzare ogni mezzo, ricorrendo anche all'attacco contro terzi, colpendo in particolare le loro vulnerabilità, tra le quali primeggia, appunto, il commercio marittimo.

E' ora, dunque, che la Comunità internazionale prenda atto della pericolosità di questa situazione, dedicando energie e risorse a prevenire, contenere e, se possibile, eliminare ogni minaccia alla sicurezza marittima, che rischia di compromettere il pur limitato benessere di cui godiamo.

GLI INTERESSI NAZIONALI: MANEGGIARE CON ATTENZIONE -
Amm. Sq. Ferdinando SANFELICE di MONTEFORTE – Maggio 2018

Introduzione

Numerose voci autorevoli si sono levate, negli ultimi anni, a sostenere la necessità che l'Italia si concentri maggiormente sulla difesa dei propri interessi nazionali, anche a costo di abbandonare, qualche volta, l'approccio noto come la "Strategia Partecipativa", seguita fin dalla fine del secondo conflitto mondiale e che ha fatto di noi un *partner* tra i più fedeli delle Organizzazioni internazionali cui il nostro Paese ha aderito: *in primis* la NATO, l'ONU e l'Unione Europea.

Queste voci hanno trovato eco nel Libro Bianco della Difesa del 2015, nel quale si afferma che:

> *"Il fine ultimo della politica nazionale di sicurezza internazionale e difesa è la protezione degli interessi vitali e strategici dell'Italia. Tale obiettivo richiede che sia assicurata la difesa dello Stato e della sua*

sovranità, che sia perseguita la costruzione di una stabile cornice di sicurezza regionale e che si operi per facilitare la creazione di un ambiente internazionale favorevole. Sebbene multiformi strumenti d'azione intergovernativa potranno essere impiegati dal Governo per il raggiungimento di tali obiettivi, la capacità delle Forze armate di difendere l'Italia e i suoi interessi rimangono centrali"[116].

Dato che, da allora, si sono moltiplicate le dichiarazioni politiche nello stesso senso, merita approfondire come il nostro Paese abbia difeso i nostri interessi nel passato, sia quello remoto sia, soprattutto, quello recente, e quali cautele siano necessarie per essere efficaci in questo tipo di azione nel futuro.

Andando indietro nel tempo, è facile infatti scoprire che la Storia si ripete: anche in passato l'Italia, dopo essersi impegnata in alleanze con Nazioni più forti di lei, delusa dagli inconvenienti che queste strategie causavano, ha imboccato la strada della difesa dei propri interessi nazionali, una via che si è rivelata – non meno della precedente - fonte di problemi, delusioni e difficoltà, quando non ci ha portato a dolorose sconfitte. La causa di queste delusioni, come vedremo, è la scomoda posizione del nostro Paese, "socio di minoranza" nelle Organizzazioni cui partecipava, in forza delle sue limitate dimensioni economiche e militari.

Ma cosa sono gli interessi nazionali? Vale la pena di spendere qualche riga per approfondire il loro significato, altrimenti non si sa, fino in fondo, né la loro essenza né, tantomeno quali siano le loro implicazioni.

---

116 LIBRO BIANCO DELLA DIFESA, 2015. Paragrafo 54

Le definizioni

Tra le numerose definizioni di "Interesse Nazionale" merita di essere citata quella del manuale di strategia dei Marines USA, noti da decenni per la chiarezza e la semplicità delle loro pubblicazioni:

> *"gli interessi Nazionali coinvolgono normalmente quattro aree principali: sopravvivenza e sicurezza, integrità politica e territoriale, stabilità economica (nonché il) benessere e (la sua) stabilità"*[117].

Il documento, poi, continua specificando che:

> *"alcuni interessi che una Nazione vede come <u>essenziali</u> sono definiti interessi <u>vitali</u>. (Essi) si distinguono da altri interessi per il fatto che le Nazioni non vogliono normalmente scendere a compromessi su di essi e sono spesso preparate a ricorrere a conflitti per il loro sostegno"*[118].

Fin qui tutto è semplice e chiaro. Ma, nel perseguire gli interessi, bisogna tener presente un'insidia nascosta. Come infatti fu spiegato a suo tempo da uno studioso,

> *"gli interessi coinvolgono fattori intangibili, come pure quelli tangibili: prestigio, onore, orgoglio e persino atteggiamenti, (e) ciò che potrebbe essere vitale da difendere oggi potrebbe non essere vitale domani"*[119].

---

[117] US MARINE CORPS. *Strategy*. MCDP 1-1, 12 November 1997, pag. 38.
[118] Ibid.

Perseguire gli interessi intangibili è quindi oltremodo pericoloso: se non ci si riflette a fondo, si rischia di compiere azioni dirompenti, sulla spinta di "sentimenti forti" avvertiti dall'opinione pubblica in un determinato momento storico, per soddisfare un bisogno contingente, con il rischio di compromettere quegli interessi che sono invece più durevoli.

Basti pensare infatti a quello che fece l'Austria-Ungheria, dopo l'assassinio dell'erede al trono, distruggendo il precario equilibrio etnico e sociale sul quale si reggeva la Duplice Monarchia absburgica, per capire quanto insidioso sia un tale percorso. Oltretutto, sentimenti forti, da parte di una Nazione, ne suscitano altri, di intensità simile, in altri Paesi, e si innesca spesso una spirale che è difficile controllare e che non si sa dove porti la Nazione che l'ha avviata.

A questo proposito, uno studioso del passato, MAHAN, osservava che, spesso, la difesa degli interessi intangibili è più complessa di quanto appaia a un primo sguardo. Una cosa è il sentimento della classe dirigente, che può essere fuorviante, visto che non sempre viene condiviso dall'opinione pubblica, mentre un'altra è quello del popolo. Solo in quest'ultimo caso, infatti:

"quando il movimento di una Nazione dipende da una profonda emozione che permea ogni individuo di essa, il potente impulso, a causa della sua stessa diffusione, non ha quei centri vitali di potere la cui distruzione paralizza l'insieme. Solo quando il periodo di passione – necessariamente breve, ma in quel periodo irresistibile – avrà ceduto il passo all'organizzazione, cui tende ogni movimento sociale, un popolo si troverà ad avere, come

---

[119] H. W. BALDWIN. *Strategy for Tomorrow.* Ed. Harper & Row, 1970, pag. 81.

auspicavano i tiranni dell'antichità, un singolo collo da tagliare con un colpo"[120].

In sintesi, MAHAN avvertiva che il perseguimento di interessi intangibili è possibile solo quando tutto il popolo si schiera compatto dietro le azioni che un governo intraprende in tal senso, dando a quest'ultimo la forza sufficiente per perseguirli, inclusa la sopportazione delle più grandi difficoltà e il contrasto alle più tenaci opposizioni.

Nell'affrontare analiticamente il problema di quali siano gli *interessi essenziali* (o, nell'accezione inglese, *vitali*), alcuni studiosi, consapevoli del pericolo insito nel perseguimento di interessi intangibili, non solo hanno proposto di escludere questi ultimi dal novero degli interessi vitali, ma soprattutto di perseguire i soli *interessi permanenti,* essenzialmente quelli derivanti dalle limitazioni imposte a un Paese dalla geografia, citando un'espressione ottocentesca del Primo Ministro britannico dell'epoca, Lord PALMERSTON.

Anche quest'ultimo termine, però, è stato a sua volta contestato da alcuni storici nostrani, sostenitori dell'importanza degli interessi intangibili. Ad esempio, lo storico Federico CHABOD affermò che gli *interessi permanenti* fossero:

> *"una sorta di divinità ascosa che dovrebbe stare al di sopra di tutto, quando (invece l'interesse) costituisce la vita concreta di un popolo, lotte politiche, ideali e ideologie, cozzar di passioni, per costituire il presupposto e lo scopo della politica estera"[121].*

---

[120] A.T. MAHAN. *The Influence of Sea Power upon the French Revolution and Empire.* ED. Sampson Low, Marston, Searle & Rivington, 1892. Vol. II pag. 407.
[121] F. CHABOD. *Storia della Politica Estera italiana dal 1870 al 1896.* Ed. Laterza,

Nel prosieguo del suo argomentare, però, CHABOD attenuava in parte la sua critica, affermando che:

> *"dal fatto, tanto ovvio anch'esso che è banale il ripeterlo e antico quanto il pensare umano, dell'importanza fondamentale che la posizione geografica di un Paese ha agli effetti dei suoi rapporti con l'estero, si è cercato di far nascere un nuovo determinismo su basi geografiche, un meccanismo fatalistico per cui la natura condizionerebbe la storia di un Paese"[122].*

Egli, quindi, accettava il fatto, anche per lui ovvio, che la sopravvivenza di un popolo dipenda, tra l'altro, da come esso sa interpretare i vincoli impostigli dalla natura, e quindi dalla geografia, costruendo una società in grado di creare benessere e prosperità, nonostante gli ostacoli derivanti dalla collocazione geografica.

La critica di CHABOD contro le esagerazioni nell'attribuire ad essi un peso determinante, non inficia quindi il valore oggettivo degli *interessi permanenti* nella ideazione di ogni "Grande Strategia" di un Paese.

Un passato remoto, ma non troppo

1971. Vol. I pag. 11.
[122] Ibid.

L'Italia, nella sua storia post-unitaria, ha spesso dovuto fare i conti proprio con questi due tipi di interesse, quelli intangibili e quelli geografici, uscendone non sempre bene, come vedremo.

Partiamo dall'attenzione alla geografia: malgrado le contestazioni di CHABOD, essa è stata spesso un aspetto determinante nel condizionare la "Grande Strategia" dell'Italia, anche prima della sua nascita come Stato unitario. Non a caso uno studioso francese, Hervé COUTAU-BÉGARIE, ricordava che il termine "Geostrategia" era stato inventato dal nostro generale Giacomo DURANDO, nel suo libro *Della nazionalità italiana* nel 1846, e commentò questo fatto, cui si univa l'introduzione, alcuni anni dopo, dell'analogo termine "Geo-politica" in Germania da parte di alcuni studiosi.

La spiegazione fornita non è certo banale: secondo lui, infatti, il motivo di tale attenzione, nei due Paesi, agli aspetti geografici di una strategia, era dovuto al fatto che "gli Italiani e i Tedeschi si sentivano sfavoriti dalla geografia che limitava le loro possibilità di espansione"[123].

In effetti, già all'indomani dell'Unità d'Italia, i primi governi si accorsero che questa grande opera, per la quale enormi sacrifici erano stati compiuti, non aveva conseguito in pieno gli obiettivi degli unitaristi: come notava Gaetano SALVEMINI, il nostro Paese si ritrovava infatti in una posizione quanto meno incerta.

L'aspetto positivo, secondo SALVEMINI, era che il nostro Paese poteva godere, rispetto ad altre Nazioni europee, del "vantaggio della sua posizione geografica, (con) la pianura del Po a contatto

---

[123] H. COUTAU-BÉGARIE. *Traité de Stratégie*. Ed. Economica, 1999, pagg. 731-732.

con i Paesi dell'Europa centrale, (e) con l'isola di Sicilia (che) esercita una funzione militare e politica analoga, potendo intercettare i rifornimenti a tutte le potenze nemiche"[124].

Questi vantaggi, che consentivano una notevole rendita di posizione, a condizione beninteso che i nostri governi fossero in grado di sfruttarla, erano però controbilanciati, secondo lo studioso, da due gravi svantaggi: anzitutto, la nostra Nazione si ritrovava a tenere "un posto intermedio tra le grandi e le piccole potenze: era la più piccola tra le grandi e la più grande tra le piccole. Inoltre, essa non possedeva né ferro né carbone, cioè mancava delle più importanti materie prime"[125]. SALVEMINI ometteva di citare la nostra dipendenza dall'estero anche sul piano alimentare, che sarà un problema non secondario, negli anni successivi, per effetto della nostra crescita demografica, ma per il resto aveva centrato in pieno il problema.

Infine, lo studioso ci metteva in guardia dal prestare poca attenzione a ciò che accadeva nel mondo, in quanto "questa (nostra) posizione chiave, se è spesso utile all'Italia, è anche, talvolta, incomoda e pericolosa, perché, in grazia (sic!) di questa posizione geografica, tutte le correnti della politica continentale e della politica mediterranea, prima o poi, per un motivo o per un altro, direttamente o indirettamente investono l'Italia"[126].

A queste limitazioni, che impedivano al nostro Paese di soddisfare appieno le proprie aspirazioni, si contrapponeva peraltro il fatto che queste ultime non erano certo modeste. I desideri di molti si

---

[124] G. SALVEMINI. *La Politica estera dell'Italia dal 1871 al 1914*. Ed. Barbera, 1944, pagg. 17-18.
[125] Ibid. pag. 14.
[126] Ibid. pag. 19.

concentravano anzitutto sulle *"terre irredente"*, il Trentino, Trieste, l'Istria, la Dalmazia, oltre che sul sogno di recuperare Nizza e la Savoia, cedute nel 1860, cui si aggiungevano l'aspirazione ad annettere la Tunisia nonché quella di esercitare un'influenza determinante sui Balcani.

A queste aspirazioni si aggiungeva l'irrealizzabile sogno mazziniano di "emulare i Romani, (che) combinato all'impossibilità di farlo, afflisse il Paese per i successivi sette decenni"[127], e – bisogna ammetterlo – ancor oggi.

Va detto anche che la nostra ambizione smisurata, malgrado noi fossimo ben lontani dallo *status* di grande potenza, ci portò alla dolorosa sconfitta di Adua, nel 1896, in un'impresa osteggiata dalle Nazioni europee, che armarono l'Etiopia, accelerando la nostra sconfitta. Bisogna ammettere che occupare l'Etiopia, e poi controllarla, era anche allora un'impresa superiore alle nostre forze.

Davanti a questo enorme divario tra le aspirazioni e le effettive possibilità della nostra Nazione, il primo governo post-unitario accettò, con molto realismo, di rinunciare, sia pure temporaneamente, ai sogni di grandezza. Infatti, durante la tensione con la Francia, nel 1864, su chi dovesse avere un'influenza determinante sulla vicina Tunisia, dove viveva da secoli una numerosa colonia di Italiani, NAPOLEONE III, stando a una fonte diplomatica, "avrebbe assicurato che non si sarebbe opposto a che Tunisi fosse divenuta possedimento italiano e che la Francia poteva vedere soltanto con fiducia una colonia italiana in

---

[127] B.R. SULLIVAN. *The strategy of the decisive weight: Italy, 1882-1922.* In *"The Making of Strategy"*, a cura di W. MURRAY, M. KNOX e A. BERNSTEIN, Ed. Cambridge University Press, 1994, pag. 311.

Africa"[128], anche se l'Imperatore avrebbe desiderato che Biserta, un porto naturale posto in una posizione dominante nel Mediterraneo Centrale, passasse sotto il controllo francese.

Dato però che questa concessione era legata, secondo l'Imperatore, alla rinuncia italiana a conquistare Roma, e che NAPOLEONE III voleva "addormentare la fastidiosa questione romana distogliendo altrove l'attenzione di Torino"[129] il nostro governo rinunciò a tale possedimento in terra d'Africa, pur di avere le mani libere.

Comunque, pur di ottenere il ritiro delle truppe francesi che presidiavano Roma fin dal 1849, il nostro governo dovette firmare un accordo, la cosiddetta "Convenzione di Settembre" nel 1864, i cui articoli stabilivano che:

> " 1. l'Italia s'impegnava a non attaccare il territorio rimasto dopo il 1860 al Papa e a impedire anche con la forza ogni attacco esteriore contro tale territorio;
>
> 2. la Francia doveva ritirare le sue truppe a mano a mano che fosse organizzato l'esercito papale, e s'impegnava a completare l'evacuazione entro due anni;
>
> 3. il governo italiano consentiva all'organizzazione di un esercito papale, anche composto di stranieri, sufficiente a tutelare la tranquillità dello Stato del Papa;
>
> 4. l'Italia era pronta ad addossarsi una parte proporzionale del debito dell'antico Stato papale. Alla convenzione era unito un protocollo segreto, costituente

---

[128] M. GABRIELE. *Marina e Diplomazia a metà ottocento.* Supplemento alla Rivista Marittima, Maggio 1966, pag. 61.
[129] Ibid.

*una '**conditio sine qua non**' per il valore esecutorio della convenzione stessa: esso stabiliva per il governo italiano l'obbligo di trasportare entro sei mesi la capitale da Torino in altra città del regno".*

Come si vede, il nostro governo aveva finito per concedere una garanzia di sopravvivenza al potere temporale del Papa quasi senza contropartite, anche se, due anni dopo, la Francia avrebbe evitato di opporsi alla conquista di Venezia, sempre nella speranza che l'Italia rinunciasse a Roma capitale.

In forza di tale accordo, dunque, il nostro governo dovette spostare la capitale d'Italia da Torino a Firenze. La decisione causò gravi disordini nella capitale subalpina, senza che questi fatti fossero controbilanciati da un adeguato entusiasmo da parte dei Fiorentini. Un rapporto al Ministro degli Interni dell'epoca, citato da SPADOLINI, sottolineava come "alla notizia della traslocazione della capitale la popolazione in generale si sia poco commossa e quantunque prevenuta da speculatori di altri Paesi, non abbia fatto alcun atto che accenni a ravvivamento d'industrie o ad intraprese al di là della cerchia ordinaria"[130].

Pochi anni dopo vi furono prima l'intervento francese, dotato di armi modernissime per l'epoca contro la spedizione garibaldina su Roma del 1867, in violazione della Convenzione, (si ricordi il rapporto che il generale DE FAILLY inviò all'Imperatore, nel quale si affermava che il nuovo fucile *"chassepot avait fait des merveilles"*[131]) e quindi la presa di Roma nel settembre 1870,

---

[130] G. SPADOLINI. *Firenze Capitale – Gli anni di Ricasoli.* Ed. Le Monnier, 1979, pagg. 51-52.
[131] P. PIERI. *Storia Militare del Risorgimento.* Ed. Einaudi, 1962, pag. 780.

mentre la Francia era impegnata nella disastrosa guerra contro la Prussia.

Questa nostra iniziativa destò una forte ostilità in Francia, la cui opinione pubblica, dimentica del fatto che il governo di Parigi aveva per primo violato la Convenzione, si indignò per quella che riteneva una "pugnalata alla schiena"; la fine dell'idillio con la Francia, unito alla perdurante ostilità austro-ungarica, spinse i nostri governi a perseguire una diversa strategia, quella delle alleanze. In effetti, "dopo il 1870, Italiani colti si sentivano vulnerabili ad attacchi da parte della Francia o da parte dell'Austria-Ungheria"[132], il nostro "nemico naturale".

La priorità era quindi assicurare la sopravvivenza nazionale contro la minaccia delle potenze cattoliche, irritate per l'occupazione di Roma, un'azione che - va detto - oltre a porre fine al dominio temporale dei Papi, aveva permesso l'eliminazione della centrale direttrice del cosiddetto brigantaggio: da Palazzo Farnese, allora residenza dell'ex Re di Napoli, infatti, venivano inviate armi e ingenti somme di danaro, spesso fornite da Paesi terzi, per alimentare la guerriglia nel Sud.

Bisogna riconoscere che nella "*Questione Romana*" l'Italia aveva saputo tutelare i propri interessi permanenti, anche a costo di dolorose rinunce. Ma la nostra opinione pubblica non seppe accettare il fatto che ogni conquista ha un prezzo, e tale prezzo, in questo caso, si chiamava la rinuncia alla Tunisia.

Infatti, quando arrivò il "*redde rationem*", e la Francia, dopo aver ottenuto il via libera da parte delle grandi potenze al Congresso di Berlino, impose alla Tunisia il proprio protettorato, un'ondata di

---

[132] B.R. SULLIVAN. Op. cit. pag. 310.

sdegno attraversò l'Italia, causando la caduta del governo, allora presieduto da Benedetto CAIROLI, la cui politica delle *"mani nette"* lo aveva fatto tornare dal Congresso di Berlino con un pugno di mosche.

La voglia di avere "la botte piena e la moglie ubriaca", manifestatasi in quell'occasione, sarà purtroppo un atteggiamento della nostra opinione pubblica che riaffiorerà periodicamente nei decenni successivi.

La conseguenza della rinuncia alla Tunisia fu la rinascita di quel sentimento anti-francese, già diffuso tra i mazziniani, convinti che ciò fosse giustificato "non solo a cagion di Mentana, bensì per il complesso generale degli eventi, in cui la personalità morale e politica del giovane regno (d'Italia) appariva dominata, umiliata, oppressa da quella della più vecchia, grande, potente Francia"[133]. Numerosi intellettuali, poi, spingevano da tempo per un più stretto legame tra l'Italia e la Germania, vista come il regno della modernità e del progresso.

Il risultato fu la nostra adesione alla Triplice Alleanza, nel 1882, in cui noi eravamo il *partner* più debole, tanto che dovemmo cedere più volte alle pressioni alleate, come ad esempio nell'assegnazione a un Ammiraglio austriaco, HAUS, del comando supremo delle flotte alleate in caso di guerra, malgrado egli fosse a capo di una Marina ben inferiore alla nostra. La memorialistica di quel periodo, poi, abbonda di resoconti su quante pressioni subimmo da parte degli alleati, a partire da quelle intese a non farci svolgere azioni in Albania, durante la guerra di Libia, fino ai progetti di attacco a sorpresa da parte dell'Austria-Ungheria nel 1904 e nel 1911.

---

[133] F. CHABOD. Op. cit. Vol. I pagg. 12—13.

Va detto che i nostri governanti non si erano lasciati trascinare del tutto in questa decisione foriera di ricorrenti difficoltà, dal sentimento popolare, che spingeva sia verso l'amicizia per la Germania, sia per una tutela dei nostri interessi intangibili di affermazione della nostra identità nazionale, specie contro la Francia. Infatti, all'atto della firma di questa alleanza, noi inserimmo una dichiarazione segreta, secondo la quale in nessun caso le clausole del trattato potevano essere considerate come dirette contro l'Inghilterra.

Il motivo era semplice: in caso di guerra contro la Gran Bretagna, il nostro Paese si sarebbe presto ritrovato ridotto alla fame, per il blocco commerciale che la Marina britannica, dalle sue basi di Gibilterra, di Malta e di Cipro, ci avrebbe imposto. Questa consapevolezza della nostra vulnerabilità geografica venne rieccheggiata, molti anni dopo, da Antonio SALANDRA il quale ammise che, a incidere sulla decisione sulla nostra neutralità, allo scoppio della Prima Guerra Mondiale, aveva pesato il calcolo geopolitico.

Infatti, l'allora Presidente del Consiglio, nelle sue memorie, aveva scritto che "non erano venute meno nel 1914 le ovvie ragioni, per le quali a noi era impossibile partecipare a una guerra contro Francia e Inghilterra alleate; non l'estensione delle nostre coste indifese e delle nostre grandi città esposte; non il bisogno assoluto di rifornimenti per via di mare di cose essenziali all'economia nazionale e alla vita stessa: grano e carbone soprattutto"[134].

Come si vede, SALANDRA era ben consapevole delle limitazioni geografiche cui l'Italia era soggetta, e che non era in grado di aggirare, al di là della sua ben più nota dichiarazione, fatta alla

---

[134] A. SALANDRA. *La Neutralità Italiana*. Ed. Mondadori, 1928, pagg. 92-93.

Camera il 18 ottobre 1914, sulla "necessità del *sacro egoismo* per l'Italia"[135], un accenno al fatto che il governo intendeva trattare con ambedue le coalizioni avversarie per ottenere il massimo possibile, qualora l'Italia dovesse abbandonare il proprio neutralismo.

Purtroppo, nel governo SALANDRA vi era chi intendeva tutelare gli "interessi nazionali" ben al di là di quanto fosse ragionevole. La morte del Ministro degli Esteri, Antonino PATERNÒ CASTELLO, Marchese di San Giuliano, un diplomatico esperto e realista, che sapeva fin dove spingere le pretese dell'Italia nelle trattative con l'Intesa, indusse SALANDRA a nominare a tale Dicastero Sidney SONNINO, un politico che aveva avuto un breve trascorso giovanile in diplomazia, per poi passare al giornalismo.

Questi, appena assunto l'incarico, inviò istruzioni al nostro Ambasciatore a Londra, IMPERIALI, contenenti una lista di richieste italiane in 16 punti, talmente lunga che l'Ambasciatore, nel riferire l'esito dei primi colloqui, scrisse che "potremmo incontrare qualche difficoltà, giustificata sia dalla teoria delle nazionalità, sia dalle accresciute presenti nostre domande, in paragone di quelle formulate nelle conversazioni anteriori"[136], cioè da quelle condotte sotto istruzioni del Ministro PATERNÒ di SAN GIULIANO.

Il risultato fu che i governi britannico e francese, pur di farci entrare in guerra al loro fianco, promisero di concederci tutto quanto richiesto da SONNINO, malgrado le fiere proteste russe, salvo poi a non confermarlo in sede di trattato di pace. In sintesi, la

---

[135] L. ALDROVANDI MARESCOTTI. *Guerra Diplomatica.* Ed. Mondadori, 1936, pag. 52.
[136] L. ALDROVANDI MARESCOTTI. Op. cit. pag. 66.

retorica della "vittoria mutilata" ebbe origine dall'inganno altrui, ma anche dalla nostra mancanza di senso della misura: non potevamo infatti illuderci che l'Intesa avrebbe penalizzato la Serbia a nostro vantaggio, come in pratica noi pretendevamo.

Bisogna però aggiungere che questa triste storia derivava anche da una cesura rispetto al passato. Infatti, l'Italia, nei decenni precedenti al conflitto, oltre a curare la ripresa delle buone relazioni con la Francia (i noti "giri di valzer" comprendenti l'accordo di neutralità del 1902, firmato dal Ministro PRINETTI e dall'Ambasciatore francese BARRÈRE) aveva adottato una strategia di graduale allontanamento dai suoi alleati, la Germania e l'Austria-Ungheria, senza tuttavia rompere con loro.

Ma anche questa nuova situazione non fu sfruttata in modo abile, fino in fondo. Infatti, l'Italia, nell'aderire strettamente alla lettera del trattato, ma stringendo accordi anche con le Nazioni dell'Intesa, anche a rischio di suscitare periodicamente le ire del Kaiser GUGLIELMO II nei nostri confronti, avrebbe potuto porsi come un ponte tra le due coalizioni, esercitando un ruolo mediatore, anziché limitarsi a dichiarare la propria neutralità.

Questo era l'intento di GIOLITTI, ma la sua visione del ruolo italiano, quale ponte tra opposti schieramenti, non prevalse a fronte della decisa volontà di coloro, come SALANDRA, che volevano completare il processo di unificazione dell'Italia, anche al costo di perdite umane, che risultarono però ben maggiori (720.000 morti) rispetto a quanto ipotizzato.

I trattati di Versailles, del Trianon e di Sèvres ebbero quindi un esito deludente, e di questo, tra l'altro, fu fatto carico al Presidente ORLANDO e alla sua scarsa dimestichezza con le lingue straniere.

Il Presidente del Consiglio, infatti, era un facile bersaglio, poiché l'errore era stato commesso ben prima!

Il periodo seguente, caratterizzato da disordini interni che condussero all'avvento del Fascismo, ci mostrò nella nostra totale debolezza, a causa della scarsa coesione nazionale, tanto che non raccogliemmo alcun frutto dagli eventi immediatamente successivi, malgrado avessimo continuato ad aiutare le potenze dell'Intesa a sostenere i Russi Bianchi, una causa persa, e a tentare di esercitare un controllo sull'Anatolia, insieme ai Greci. Fu un bene la nostra rapida rinuncia ai possedimenti che ci erano stati promessi dagli Alleati nel sud di quella penisola, quando l'esercito greco fu sconfitto dai nazionalisti turchi, guidati da KEMAL Pascià.

Il Fascismo inaugurò un periodo nel quale la difesa degli interessi nazionali diventò prioritaria, avviando una "Grande Strategia" intesa a "rendere l'Italia il peso decisivo in Europa"[137]. In una sua lettera ad Augusto TURATI DEL 1930, MUSSOLINI scriveva: "tra il 1936 e il 1940 la seconda guerra europea esploderà inevitabilmente. Sarà necessario essere forti e pronti per quel giorno. Per la sua posizione geografica e storica, se l'Italia saprà restare sola, (fuori della guerra, essa) sarà l'arbitro dell'immane conflitto. Quel giorno l'Italia sarà veramente grande"[138].

Come si vede, anche MUSSOLINI vedeva il ruolo dell'Italia come quello di un ponte tra blocchi opposti, come approccio strategico capace di dare la grandezza al nostro Paese, anche se l'idea di agire da soli era una sopravvalutazione delle nostre possibilità.

---

[137] Ibid. pag. 349.
[138] B.R. SULLIVAN. Op. cit. pag. 349.

I successi, almeno all'inizio, non mancarono: si deve infatti all'Italia la revisione del trattato di Sèvres, l'accettazione di riparazioni, da parte della Grecia, per l'assassinio dei membri della commissione TELLINI, dopo la nostra temporanea occupazione di Corfù e, non ultima, la conferenza di Losanna in cui si diede un colpo di spugna alle inique e controproducenti sanzioni finanziarie contro la Germania.

Ma dietro le quinte l'Italia fascista pensava troppo in grande, a similitudine dei governi liberali che l'avevano preceduta. Lo testimoniano alcuni diplomatici britannici, i quali, dopo aver tenuto una serie di colloqui con i loro corrispondenti italiani, nel 1922, "consideravano che l'insieme delle nostre ambizioni fosse sorprendente, dato che l'Italia mancava delle risorse economiche e militari per tali conquiste"[139].

Infatti, già allora il Fascismo mirava alla conquista dell'Etiopia. Sorprende peraltro il fatto che, malgrado tali mire, con notevole incoerenza, il nostro governo non si oppose a che tale Paese fosse ammesso nella Società delle Nazioni, malgrado vi fosse praticata ancora la schiavitù: la nostra invasione, nel 1936, fu quindi considerata un atto riprovevole, essendo diretto contro un membro di tale Organizzazione, anziché un semplice atto di conquista coloniale, e fu la causa del nostro isolamento rispetto alle potenze occidentali.

Un' altra decisione criticabile, che compromise i nostri rapporti con Parigi, fu quella di insistere per mantenere la parità navale con la Francia, ottenuta otto anni prima alla Conferenza di Washington sul disarmo, alla Conferenza di Londra del 1930.

---

[139] Ibid. pag. 348.

A tal proposito, lo stesso MUSSOLINI aveva inviato le sue istruzioni con un telegramma al Ministro degli Esteri GRANDI: "considero un delitto di lesa Patria e una catastrofe politico-morale per il Regime Fascista la rinuncia alla parità navale colla Francia. Rinunciarvi oggi equivarrebbe a diminuire irreparabilmente la statura dell'Italia nel mondo"[140]. La Francia, infatti, voleva che il tonnellaggio della propria flotta fosse aumentato in termini assoluti, per tener conto del vasto dominio coloniale che possedeva.

Noi ci opponemmo, facendo fallire la conferenza, e la Francia, ancora una volta, se la legò al dito. Peccato che non raggiungemmo mai una dimensione della nostra flotta pari al tonnellaggio che i trattati ci concedevano e che noi pretendevamo in modo tanto perentorio!

Altrettanto accadde nei confronti della Turchia, dato che le nostre minacce nei confronti di quest'ultima, che aveva aderito alle sanzioni, consentirono a KEMAL Pascià – nel frattempo diventato eroe nazionale, e fregiato del titolo di ATATÜRK (Padre dei Turchi) – di uscire dall'isolamento internazionale e di ottenere, nel 1936, la Convenzione di Montreux, che stabiliva un regime per gli Stretti Turchi ben più favorevole alla Turchia rispetto al precedente.

Questi insuccessi, insieme all'isolamento in cui ci trovavamo di nuovo, portarono il nostro Paese a rinunciare alla "Strategia del Peso Decisivo", firmando invece il "Patto d'Acciaio" con la Germania di HITLER, e successivamente il "Patto Tripartito", con l'inclusione del Giappone, patto noto dal suo acronimo ROBERTO

---

[140] G. GIORGERINI. *Da Matapan al Golfo Persico.* Ed. Mondadori, 1989, pag. 252.

(Roma, Berlino, Tokyo). Il nostro costoso intervento in Spagna, seguito dalla entrata in guerra nel giugno 1940, malgrado l'embargo carbonifero deciso dalla Gran Bretagna nei nostri confronti avesse messo definitivamente in ginocchio la nostra economia, già esausta per gli sforzi bellici in Etiopia e le conseguenti sanzioni, fu la conseguenza inevitabile di tale rinuncia.

Il passato recente

Nel dopoguerra, il governo italiano optò per quella che oggi è chiamata una *"Strategia Partecipativa"*, di adesione alle Nazioni occidentali e alla fedele partecipazione alle Organizzazioni che la esprimevano. Singolare è stata, in tutti quegli anni, la nostra aderenza senza alcuna obiezione a quanto veniva deciso dai Paesi più gradi del nostro.

L'unica eccezione si ebbe durante la crisi di Trieste con la Jugoslavia di TITO, nel 1952. Quando infatti la NATO preparò un documento, nel quale si asseriva che "la Jugoslavia, anche se non attaccata direttamente, avrebbe probabilmente partecipato alle ostilità contro il Blocco Sovietico"[141], l'Italia si oppose. Si trattava della prima presa di posizione dura mai avanzata da Roma alla pianificazione NATO, e gli Alleati cercarono quindi di tenerne conto, sia pure riducendone la rilevanza.

Infatti l'obiezione fu relegata in una nota a piè di pagina, in cui si diceva che "il Rappresentante Militare Italiano ritiene che,

---

[141] NATO *Military Committee Document MC 14/1* del 9 dicembre 1952, pag. 8.

nell'evento di una guerra generale, sia probabile che la Jugoslavia, se non attaccata, tenti, almeno all'inizio, di rimanere neutrale"[142], un modo piuttosto curioso di risolvere la nostra situazione, visto che l'affermazione contenuta nel documento avrebbe potuto spingere gli Alleati a non sostenerci sulla spinosa e dolorosa questione del Territorio Libero di Trieste.

Bisognò attendere la fine della Guerra Fredda, per scoprire che la fine della minaccia sovietica avrebbe dato luogo, all'interno del mondo occidentale, a un'era di "amicizie limitate", in cui non si escludevano colpi bassi tra amici e alleati. Questa nuova atmosfera fu purtroppo confermata da una serie di episodi, il più clamoroso dei quali ha riguardato l'implosione della Libia di GHEDDAFI nel 2011, durante la quale siamo stati "indotti" a concedere le basi per bombardare il territorio libico, malgrado noi fossimo legati alla ex "Quarta Sponda" da accordi commerciali che ci privilegiavano rispetto ad altri.

Questa concessione di basi aeree per colpire i nostri *partner* commerciali, a dire il vero, non era una novità: durante la crisi del Kosovo del 1999, un altro governo italiano, di diverso colore politico, aveva anch'esso fornito le basi aeree per bombardare la Serbia, con la quale avevamo stretto rapporti privilegiati.

La recente insistenza sulla necessità di difendere gli interessi nazionali può essere quindi vista come una reazione a tali avvenimenti, che ci hanno fornito più di un indizio della scarsa solidarietà, nei nostri confronti, da parte di amici e alleati.

L'aspetto da mettere in particolare rilievo, però, è che l'Italia aveva finalmente scoperto il ruolo che le conferiva maggior

---

[142] Ibid.

prestigio, rispetto alle sue limitate potenzialità economiche e militari, e precisamente quello di ponte tra mondi opposti, anche se questo atteggiamento poteva essere fonte di diffidenza e disistima dell'Occidente nei nostri confronti, pur bilanciate dalla nostra più che comprovata solidarietà atlantica ed europeista.

La nostra partecipazione all'*Ostpolitik* tedesca, con la fabbrica di auto installata nella città di Togliattigrad in Unione Sovietica, i nostri buoni uffici per stabilire un collegamento tra Washington e Hanoi, preludio al ritiro statunitense dal Vietnam, nonché la nostra apertura nei confronti della "Galassia Islamica", che ha incluso concessioni generose, come quella in materia di delimitazione delle Zone Economiche Esclusive con la Tunisia, ci hanno meritato il posto che occupiamo nel G7, oltre a garantirci la benevolenza delle fazioni islamiche in lotta tra loro.

Anche in Europa abbiamo svolto un ruolo moderatore, almeno finché la nostra opinione pubblica non si è stancata delle continue piccole rinunce ai nostri interessi. Basterà citare la nostra pacatezza nel rinunciare a difendere fino in fondo i nostri interessi, pur di trovare compromessi accettabili, nelle discussioni che hanno portato alla definizione delle direttive comunitarie in materia di "quote latte", in quella della smilitarizzazione delle Forze dell'Ordine e in quella relativa alla separazione delle carriere dei magistrati, a fronte dell'intransigenza di altri Paesi membri, promotori di tali iniziative che ci danneggiavano.

In sintesi, l'Italia ha svolto un ruolo moderatore in Europa, nel convincimento che la costruzione dell'Unione fosse il nostro bene più prezioso, e che per ottenerlo bisognasse accettare alcuni sacrifici, anche se questi hanno alienato parte della nostra opinione pubblica nei confronti dell'Europa.

Conclusioni

L'Italia, nella sua posizione di "potenza regionale di medio livello", gravemente indebitata sul mercato internazionale, si troverà spesso, come nel passato, a subire pressioni da parte dei più potenti di noi, e dovrà sia cedere talvolta sui propri interessi, almeno in parte, pur di garantire quello che un tempo veniva chiamato "il Bene Superiore" sia, soprattutto, evitare di sostenere con troppa foga quelli che, secondo l'opinione pubblica, sono i nostri "Interessi intangibili".

La nostra adesione al mondo occidentale, e le nostre necessità di sopravvivenza economica, quale Nazione trasformatrice di materie prime importate, nonché non autosufficiente sul piano alimentare, ci impongono una strategia di *appeasement* nei confronti dei molti Paesi più forti del nostro, al fine di prevenire e contenere i conflitti, dato che solo la pace e la stabilità garantiscono il nostro benessere economico.

Infatti, come nota un nostro valente studioso, il nostro sistema economico possiede caratteristiche specifiche, che dipendono da un andamento del commercio mondiale libero da opposizioni:

"I flussi di materie prime convogliati nel nostro Paese, nella massima parte per via marittima, vengono in parte consumati, ma in gran parte trasformati e successivamente riesportati. Nasce quindi un nuovo «sistema» economico, che ha portato l'Italia a essere una delle prime potenze economiche del mondo, il secondo apparato produttivo in Europa, in cui il mare, come

abbiamo visto, acquisisce un ruolo centrale per l'economia e la sicurezza del nostro Paese. Il nostro sistema di import-export costituisce un formidabile «unicum» italiano, davvero ammirevole sul piano tecnico e finanziario, che ha dato al nostro paese la chance di esercitare un ruolo nel mondo, che la natura gli aveva negato"[143].

Non siamo i soli a dover garantire, anzitutto, la nostra sopravvivenza economica in questo modo: il Giappone ha avuto il coraggio di affermarlo, nel documento "Strategia Nazionale di Sicurezza" del 2013, che inizia con parole non equivoche: "mantenere la pace e la sicurezza del Giappone e assicurare la sua sopravvivenza sono le responsabilità primarie del governo giapponese"[144].

Anche per l'Italia, la prima preoccupazione – e il nostro interesse primario – deve essere questa, e va riconosciuto apertamente. Un tale approccio, però, deve portare, più che a una lunga lista di interessi, non sempre perseguibili, alla definizione di alcune *"Linee del Piave"*, comprensibili e condivise dalla nostra opinione pubblica, che il nostro Paese deve difendere a oltranza, cedendo invece sulle questioni non propriamente esistenziali. Queste *"Linee del Piave"*, però, non possono includere sempre la difesa dei nostri interessi intangibili, altrimenti rischiamo di compromettere, come avvenuto in passato, il precario equilibrio del mondo che ci circonda e di isolarci, indebolendoci sempre più.

---

[143] P. CASARDI. *Riflessioni sul concetto di interessi strategici nazionali.* In "Geopolitica del Mare". Ed. Mursia, 2018, pag. 29.
[144] JAPAN's NATIONAL SECURITY STRATEGY, 17 December 2013, pag. 1.

Il prestigio e l'importanza del nostro Paese sono invece dipendenti dalla nostra capacità di "essere un ponte" tra opposti schieramenti, in un mondo sempre più turbolento e conflittuale. Lo aveva capito persino MUSSOLINI, anche se poi non mise in pratica i suoi intendimenti fino in fondo, e lo ha capito la nostra diplomazia, un attore-chiave che, insieme alle Forze Armate con le loro missioni di pace, ha più di altri contribuito al prestigio di cui gode il nostro Paese.

Non si deve dimenticare però che, per poter mantenere il rispetto altrui e influire sugli eventi, è necessario migliorare la nostra situazione economica, abbattendo il nostro debito pubblico. Questa non è una novità: ben 2.400 anni or sono, uno studioso cinese, SUN BIN, scriveva:

> *"Il re Wei chiese a Sun Bin: "i letterati dello Stato di Qi che mi insegnano la maniera di rinforzare l'esercito, possiedono ognuno un modo diverso. Alcuni mi parlano di rettitudine, altri di distribuzione e di approvvigionamento. Alcuni mi consigliano di tenere l'animo tranquillo. Quale insegnamento devo mettere in pratica?"*
>
> *Sun Bin rispose: "tutto ciò non è (la cosa) più importante. Per ottenere un esercito potente, arricchite il Paese"[145].*

Il primo fattore di potenza è la buona salute della nostra economia. Ci siamo indebitati per garantire, bene o male, un livello di benessere adeguato alla nostra popolazione, e ora è giunto il momento di consolidare questa conquista riducendo il nostro debito pubblico, in modo da contenere i pesanti condizionamenti

---

[145] SUN BIN. *Le Traité Militaire*, Economica, 1996, pag. 57.

che subiamo, nella nostra azione esterna. Solo in tal modo potremo esercitare appieno il ruolo benefico da noi svolto nelle crisi internazionali degli ultimi decenni, e acquisire in modo definitivo il prestigio cui aspiriamo.

IL MEDITERRANEO E LA GUERRA IBRIDA - *Amm. Sq. Ferdinando SANFELICE di MONTEFORTE – Luglio 2018*

Introduzione

Da qualche tempo si fa un gran parlare della "Guerra Ibrida", come di una nuova forma di lotta tra Stati e tra organizzazioni non-statuali (gruppi di potere, organizzazioni estremiste e terroriste, ecc.) nella quale si ricorre all'impiego dei modi più disparati per danneggiare gli avversari e accrescere la propria potenza.

Questo termine è stato, in effetti, utilizzato per la prima volta in ambito USA nel 2005, per poi essere adottato dalla NATO. Infatti, nella dichiarazione finale del vertice alleato in Galles, nel 2014, si legge: *"Faremo in modo che la NATO sia in grado di affrontare le sfide specifiche poste dalle minacce poste dalla guerra ibrida, in cui un ampio spettro di misure palesi e occulte, militari, paramilitari e civili sono utilizzate in un progetto altamente integrato"*[146].

Da tale dichiarazione, si è sviluppato un dibattito a livello accademico, che peraltro non ha ancora portato a definire questo concetto in modo univoco. Infatti, come nota una rivista dell'Alleanza, *"il succo del dibattito è che gli attuali avversari usano mezzi convenzionali e non convenzionali, regolari e irregolari, palesi e nascosti, e sfruttano tutte le dimensioni della guerra per combattere la superiorità occidentale nella guerra convenzionale. Le minacce ibride sfruttano l'intero spettro della guerra moderna; esse non sono limitate ai mezzi convenzionali"*[147].

Sempre in ambito NATO, alcuni considerano che *"in generale, la guerra ibrida può essere concepita come una combinazione creativa di approcci e mezzi civili e militari che sono dispiegati in modo sincronizzato"*[148].

Al di fuori della NATO, le definizioni proposte sono numerose e divergono tra loro anche sensibilmente, sotto alcuni aspetti. La prima definizione, riportata in un documento dell'UE, afferma che *"il concetto tenta di spiegare la mescolanza di attività coercitive e sovversive, metodi convenzionali e non convenzionali (diplomatici,*

---

[146] NATO Summit Declaration, 5 settembre 2014, paragrafo 13.

[147] NATO Review. *Hybrid War. Does it even exist?*, 2015,
https://www.nato.int/docu/review/2015/also-in-2015/hybrid-modern-future-warfare-russia-ukraine/en/index.htm

[148] NATO Defence College Research Paper n° 139, *"The Evolution of the Hybrid Threat and Resilience as a countermeasure"*, September 2017

militari, economici, tecnologici) che possono essere usati in modo coordinato da attori statuali e non statuali per conseguire specifici obiettivi, rimanendo al di sotto della soglia della guerra dichiarata formalmente. Vi è di solito un'enfasi sullo sfruttamento delle vulnerabilità dell'obiettivo e sull'intento di generare ambiguità per compromettere i processi decisionali. Massicce campagne di disinformazione, che usano i social media per controllare le narrative politiche o per radicalizzare, reclutare e dirigere attori delegati possono essere veicoli per le minacce ibride"[149].

Una seconda definizione, fornita da un ex Comandante Supremo NATO, ora un apprezzato studioso di strategia, sostiene che *"l'idea fondamentale della guerra ibrida è quella di trovare lo spazio (operativo), al di sotto della chiara azione militare, con impatto diretto e riconoscibile (di tipo) tattico, operativo e strategico, e di comprimerlo in una zona in cui viene creata una sufficiente ambiguità per fornire a un attore offensivo migliori possibilità di conseguire un obiettivo, senza una totale, evidente azione offensiva"*[150].

Una terza definizione, anch'essa di fonte accademica, parla di guerra ibrida come *"l'utilizzo sincronizzato di strumenti di potere*

---

[149] EU, *Joint Communication to the European Parliament and the Council*, April 2016
[150] ADM Stavridis in the Proceedings of the US Naval Institute, 2016

multipli miranti a specifiche vulnerabilità entro l'intero spettro di funzioni societarie per conseguire effetti sinergici"[151].

Da quanto detto in ambito NATO, nonché da queste definizioni, emergono alcuni elementi significativi:

- La guerra ibrida, secondo la maggioranza delle opinioni di origine accademica, è costituita da una serie di azioni destinate a rimanere al di sotto della soglia dei conflitti dichiarati.

- La NATO, invece, vede la "Guerra Ibrida" come una serie di dispute che includano anche il conflitto armato. Il modello di tale forma di guerra, spesso citato in via ufficiosa, è quello della rivolta del Donbass, contro il governo ucraino.

- Questo tipo di lotta punta a colpire le vulnerabilità dell'avversario, siano esse di tipo economico, tecnico (specie la componente cibernetica), infrastrutturale, informativo, sociale o demografico;

- Ogni mezzo è buono per danneggiare il nemico, incluse le false notizie e la propaganda. La creatività nel trovare modi sempre nuovi per creare imbarazzo o danneggiare il campo avverso ne è quindi una componente essenziale;

- Per conseguire gli effetti sperati, non basta una sola azione, bensì servono più atti sincronizzati, del tipo più diverso.

---

[151] Multinational Capability Development Campaign *"Understanding Hybrid Warfare"* January 2017

Anche se l'uso di mezzi diversi dalle armi è antico quanto il mondo, poter dire che è in atto una "guerra ibrida" presenta una serie di difficoltà. Anzitutto, è difficile a uno Stato capire se esso sia o meno oggetto di una guerra ibrida, in un mondo nel quale le Nazioni, anche quelle amiche, si scambiano spesso dispetti e si tendono trabocchetti, in nome del motto latino *"Mors tua, vita mea"*, ma non per questo dichiarano di essere coinvolti in una "guerra Ibrida" tra loro. Pensate al calore di certe discussioni in ambito UE, e sarete tentati di assimilarle a questa forma di conflitto, salvo poi a scoprire che, alla fine, i contendenti si mettono d'accordo.

Il secondo problema è che il ricorso sia ad attori "per procura", sia a mezzi che celano l'identità dell'aggressore, come avviene nel campo della sponsorizzazione del terrorismo, nell'ambiente cibernetico e nelle sue applicazioni informative, rende difficile alla vittima identificare con certezza, fino a smascherarlo di fronte alla propria opinione pubblica, l'aggressore. Quindi, in assenza di prove attendibili, non vi è spesso una sufficiente giustificazione per un'eventuale reazione, almeno in tempo reale.

Non a caso, il tipo di difesa che viene raccomandato dagli esperti è la "resilienza", *alias* la capacità di assorbire i colpi minimizzandone le conseguenze. In sintesi, a fronte di attacchi di tal genere, non si può far altro che "parere i colpi" e resistere, almeno fintantoché sarà possibile scoprire chi sia il nostro nemico.

Il terzo problema è che la creatività umana è infinita: si può usare tutto per sovvertire uno Stato avversario, e la consapevolezza sull'esistenza di questa infinita varietà di possibili atti ostili può produrre nelle vere o presunte vittime di questo tipo di aggressione una reazione di paranoia, simile a quella di coloro che si sentono odiati da tutti. La paranoia, a livello governativo, conduce spesso a eccessi di reazione, con conseguente allentamento di legami con Nazioni amiche, un fatto di cui, un domani, ci si potrebbe pentire.

Una volta ammesso che sono pochi gli attori statuali desiderosi di sovvertire l'equilibrio esistente, nell'attuale contesto internazionale, in quanto anche loro diverrebbero vittime di sconvolgimenti radicali, bisogna ammettere che azioni ostili, al di sotto della soglia dei conflitti armati, siano sempre più popolari presso gli statisti, desiderosi di "farla pagare" a chi li ha danneggiati, siano essi amici, avversari o nemici giurati.

L'uso di mezzi diversi dalla guerra convenzionale e dichiarata, per danneggiare gli avversari non è, in effetti, un fenomeno recente. Singole misure in tal senso sono state utilizzate ampiamente nel passato: si pensi all'appoggio britannico alla guerriglia spagnola, durante l'invasione napoleonica, alle "Guerre dell'Oppio" del XIX secolo, che ridussero la Cina all'impotenza, corrompendo larghe fasce della sua popolazione, oppure all'azione del governo USA che, tra le due guerre mondiali, appoggiò la resistenza cinese contro il Giappone, e, più di recente, bloccò l'invasione anglo-francese del Canale di Suez, facendo crollare la sterlina sul mercato di New York.

Per quanto riguarda poi lo sfruttamento di agenti "per procura", basti pensare a quanti Paesi, negli ultimi tre secoli, hanno finanziato i movimenti di guerriglia o, peggio, i gruppi terroristici per conseguire i loro obiettivi. Da questa casistica oltremodo ampia si può capire quanto spesso le Nazioni abbiano cercato di "tirare il sasso e nascondere la mano", quando non volevano esporsi direttamente in una situazione che li danneggiava.

A fronte di un nutrito numero di studiosi di questo fenomeno apparentemente nuovo, vi sono alcuni che, sulla base degli esempi storici sopra riportati, nonché di numerosi altri simili, affermano che la "Guerra Ibrida" non esista, ma sia semplicemente una nuova forma della guerra, quale è sempre esistita. L'unico aspetto evidenziato da quasi tutti, è che l'enfasi viene data ai mezzi non violenti, anziché alle armi.

In effetti, già negli anni 1950 c'era chi sosteneva che *"quando un governo valuta che il nemico possegga la superiorità militare, vuoi in generale, vuoi in un teatro specifico, può saggiamente adottare una strategia dallo scopo limitato. Esso potrà preferire l'attesa finché l'equilibrio di forze possa cambiare. Può decidere di attendere, o anche di limitare in permanenza il proprio sforzo militare, mentre l'azione economica o navale decida l'esito"*[152].

Il ricorso a mezzi non violenti per danneggiare un avversario, specie quelli economici, inoltre, era stato analizzato in precedenza, negli anni tra le due guerre mondiali, e uno studioso sovietico, SVECHIN, parlando dell'arma economica, aveva avvertito che *"le spade economiche sono a doppio taglio e spesso infliggono le stesse ferite a coloro che le impugnano, come fanno al nemico"*[153]. Questa osservazione, di enorme attualità anche oggi, data la guerra dei dazi in corso, si può facilmente estendere a tutti gli altri mezzi non violenti. Bisogna, infatti, aver cura che le misure intraprese nella "Guerra Ibrida" non danneggino chi le usa, dato che possono ritorcersi facilmente contro di esso.

Quindi, come si vede, le azioni ostili che non comportino l'uso della forza, come quelle economiche, erano già nel secolo scorso oggetto di interesse presso gli studiosi di strategia, i quali le avevano definite come "strategie dallo scopo limitato", nel senso che esse non miravano a schiacciare il nemico, ma semplicemente a indebolirlo, e avevano avvertito che tali misure sono armi di difficile maneggio.

Bisogna quindi affrontare il problema della "Guerra Ibrida" con razionalità, come compete a ogni buon stratega. Il primo parametro di base, per poter asserire di essere oggetto di una minaccia ibrida non può che essere l'esame complessivo dei rapporti bilaterali:

---

[152] B. H. LIDDELL HART. *Strategy.* Ed. Frederick A. Praeger, 1955, pag. 334.
[153] A. A. SVECHIN. *Strategy.* Ed. East View Publications, 1997, pag. 109.

solo se abbiamo prove adeguate che qualcuno ci vuole male, e ci danneggia in modo ripetitivo e spesso crescente, allora, a fronte di una serie di atti ostili concomitanti, possiamo sospettarlo di aver scatenato una "guerra ibrida" contro di noi.

Il secondo parametro è infatti costituito dalla sincronizzazione delle azioni ostili: se una serie di misure economiche si unisce a massicci attacchi cibernetici – quale quello portato contro l'Estonia nel 2007 – a fenomeni di sovversione emersi di recente, spesso senza preavviso, nonché a una serie di incidenti dolosi di carattere apparentemente inspiegabile, solo allora sarà possibile asserire di essere oggetto di una "Guerra Ibrida". La sincronizzazione di questi eventi nel tempo e nello spazio sarà quindi il metro di giudizio definitivo.

La situazione nel Mediterraneo

Nel Mediterraneo allargato, oggi, assistiamo a una serie di dispute, in parte estremamente violente e in parte al di sotto della soglia dei conflitti. Si devono infatti distinguere il quadro generale di violenza senza limiti, che sta sconvolgendo la "Galassia Islamica" dai fenomeni più o meno ad esso collegabili, che possono far parte della "Guerra Ibrida". Vengono infine le varie "punture di spillo" isolate, sintomo di contenziosi tra Nazioni che non intendono rompere le relazioni diplomatiche, ma che vogliono inviare messaggi circa la loro fermezza nel non tollerare questa o quella lesione ai loro interessi. Quando di recente asserito da Presidente TRUMP, circa l'insoddisfacente stato dei rapporti tra gli USA e l'UE, è un esempio di questa terza tipologia.

Quindi, il quadro generale ci mostra anzitutto l'acuirsi della guerra all'ultimo sangue tra Sunniti e Sciiti, un conflitto che, dopo un periodo segnato dalla prevalenza di questi ultimi, sta ora evolvendo a favore dei Sunniti, grazie all'aiuto di alcune Nazioni occidentali – specie gli Stati Uniti – e malgrado gli Sciiti godano dell'appoggio di Russia e Turchia.

Decisivo, a tal proposito, per ottenere l'appoggio di alcune Nazioni occidentali, è stata la svolta moderata dei principali sostenitori della fazione sunnita, con la conseguente perdita di appoggio (e di territorio) da parte degli estremisti dell'IS, senza peraltro che quest'ultimo scomparisse; altrettanto dicasi dell'altra componente estrema, *al Qaeda*, che non appare peraltro aver perso il proprio potere in modo significativo.

Mentre la guerra combattuta da forze regolari, con l'appoggio delle potenze maggiori, coinvolge sempre più i teatri siriano e yemenita, si moltiplicano gli attentati terroristici in Iraq e Pakistan, la pirateria nel Corno d'Africa si sta riprendendo e l'IS sta mostrando una inattesa capacità di resistenza anche in Libia.

Il secondo aspetto del quadro generale è costituito da una sempre maggiore commistione tra gli attori delle guerre interetniche africane e gli estremisti islamici, il che rende l'Africa un terreno di lotta sempre più accanita. In definitiva, si capisce perché Papa FRANCESCO, già nel 2014, abbia affermato che *"siamo entrati nella Terza guerra mondiale, solo che si combatte a pezzetti, a capitoli"*[154].

Il terzo aspetto è l'inasprimento della lotta per le risorse naturali dell'area, siano esse su terra, come il petrolio cirenaico, o sul mare, nelle Zone Economiche Esclusive, le cui frontiere sono in maggioranza ancora incerte. Mentre, finora, l'Italia aveva dato prova di notevole generosità nei confronti delle rivendicazioni dei propri vicini, nel Levante e nel Mar Egeo le dispute stanno raggiungendo un livello sempre più preoccupante.

Il recente, forzato allontanamento *manu militari* di una nostra piattaforma petrolifera che stava per iniziare le prospezioni nel Mediterraneo Orientale è l'indice di una tensione crescente tra Stati sui diritti di possesso delle risorse marine. La convinzione alla base di queste dispute è che molti governi si sono convinti che le risorse della terra non bastino più per tutti, e si debba cercarle anche nel mare, dovunque esse siano, anche a costo di privarne

[154] M. ANSALDI. *Il Papa: "La Terza guerra mondiale è già iniziata"* in Repubblica.it, 18 agosto 2014.

altri, anche quando questi ultimi vantano diritti ben consolidati. Questo fenomeno, che ha portato alla "Marittimizzazione dei conflitti", è diventato evidente nei mari intorno alla Cina, ma sta prendendo piede anche da noi, nel Mediterraneo orientale e nel mar Egeo.

Il quarto aspetto della situazione del Mediterraneo è dato dalla sempre minore solidarietà tra i Paesi occidentali, sia in ambito europeo, sia in quello transatlantico. "Dagli amici mi guardi Iddio", recita un vecchio proverbio, e la tensione tra Paesi da tempo alleati nella NATO e membri dell'Unione Europea, sembra approfondirsi, con il moltiplicarsi degli argomenti in cui il disaccordo sembra insanabile, confermando la validità di questo adagio.

Certo, con la fine della minaccia sovietica gli interessi strategici dei vari Paesi non collimano più, ma in un mondo dominato da giganti, sia pure con i piedi d'argilla, l'UE e la NATO rimangono le uniche organizzazioni che consentono all'Occidente, un tempo padrone del mondo, di esercitare una pur limitata influenza sugli eventi.

La necessità di una maggiore solidarietà tra gli Europei è ancor più urgente oggi: come avviene in tutte le guerre dallo "scopo illimitato", *alias* quelle miranti alla distruzione dell'avversario, ambedue le parti in conflitto – per intenderci i Sunniti e gli Sciiti –

cercano di coinvolgere i neutrali, e in particolare l'Occidente, sia per intimidirlo, convincendolo a farsi da parte e rinunciare a influenzare la lotta in corso, sia per creare le condizioni di un conflitto generalizzato che compatti il campo sunnita (e questa è la strategia dell'IS, mutuata da *al Qaeda*), sia infine per ottenere appoggio e sostegno.

Questi modi di trattare i neutrali, da parte dei belligeranti, non sono una novità: chi conosce la Storia sa che dal 1780, quando fu creata la "Lega dei Neutri" per reagire ai soprusi delle fazioni in guerra tra loro, la posizione dei neutrali non è mai comoda: la questione si ripeté durante le guerre napoleoniche, poi nelle due Guerre Mondiali, e oggi ce ne stiamo accorgendo ancora una volta, specie in Europa, in modo traumatico.

Le manifestazioni di guerra ibrida nel Mediterraneo

L'aspetto maggiormente evidenziato dalla stampa internazionale è una conseguenza della lotta tra Sunniti e Sciiti, che sta coinvolgendo oltre un miliardo di persone e ha causato finora la morte di centinaia di migliaia – se non milioni – di persone, e sta provocando un flusso di migranti senza precedenti. Appunto questo esodo, tipica conseguenza dei conflitti violenti, è all'origine del primo tra i fenomeni ascrivibili alla "Guerra Ibrida".

L'immigrazione, infatti, è una tragedia che si presta ad essere sfruttata a tali fini.

L'ultimo rapporto dell'Alto Commissariato ONU dei Rifugiati calcola infatti in 67,7 milioni coloro che sono bisognosi di assistenza, tra rifugiati, immigrati esterni ed interni, apolidi e persone private delle loro abitazioni. Si tratta di cifre impressionanti, mai viste nei decenni precedenti, che forniscono un'idea precisa sulla violenza che pervade non solo l'area del cosiddetto MENA (*Middle East North Africa*) ma si è esteso all'Africa centro-settentrionale, a un livello tale che nessun Paese sviluppato è in grado di fermarla.

L'immigrazione di massa dall'Africa sub-sahariana nonché dalle zone di guerra sopra indicate sta destabilizzando l'Europa, mettendone a rischio la stessa esistenza dell'Unione Europea. Nei decenni precedenti, il nostro continente aveva assorbito l'immigrazione da Est, pur con serie difficoltà, in quanto caratterizzata da un tasso relativamente alto di criminalità, ed ora è talmente satura di queste migrazioni verso l'Europa, che le opinioni pubbliche di molti Stati Membri reagiscono al suo intensificarsi in modo fortemente negativo.

Per ora, molti Stati membri dell'UE stanno cercando di fare lo "scaricabarile", cercando di inviare allo Stato più vicino l'eccesso di migranti (anche l'Italia è tentata di fare lo stesso con la Libia), il che non è una vera e propria strategia.

Sono appunto i numeri elevatissimi di questa migrazione, di gran lunga superiori rispetto a quelli del passato, che spaventano: oltretutto, con la guerra all'ultimo sangue che devasta il mondo tutto intorno al Mediterraneo, la prospettiva preoccupante è quella di un protrarsi all'infinito di questo esodo biblico verso l'Europa, l'unico continente della mackinderiana *"World Island"* dove non c'è guerra, ed è possibile trovare pace e opportunità di una vita meno tribolata.

Appare anche ovvio che un fenomeno di così grande ampiezza attiri l'interesse di chi vuole sfruttare questa massa di disperati ai propri fini: i trafficanti, le tribù sahariane e le organizzazioni estremiste cercano di lucrare, facilitando questi movimenti, mentre gli Stati usano questi derelitti ai propri fini, per esercitare pressione su altri Stati. Neanche questo è un fenomeno recente: da decenni gli Stati del Nord Africa e quelli dei Balcani occidentali hanno usato questi poveracci per premere sull'Europa, e l'Italia – un ponte gettato tra l'Africa e il Vecchio Continente – si è trovata in prima linea fin dall'inizio.

L'aspetto nuovo, mai visto prima, è che si sta assistendo all'improvvisa "marittimizzazione" di molte ONG, oltre che al loro incremento numerico. Se si pensi che, a suo tempo, persino la

Croce Rossa Internazionale rinunciò ad armare proprie navi ospedale, visti i costi di esercizio, sorge spontanea la domanda su chi stia profondendo somme enormi per consentire alle ONG di operare sul mare con proprie navi e perché. Non bastano infatti *sponsor* privati, sia pur ricchissimi, per spiegare l'origine di questa improvvisa moltiplicazione delle disponibilità finanziarie di queste ONG, molte delle quali, oltretutto, sono di costituzione piuttosto recente.

Viene poi un secondo fenomeno meritevole di analisi, e precisamente il proliferare di attacchi cibernetici, un tempo diffusi solo nel Nord dell'Europa e ora sempre più frequenti anche da noi. Fino a poco tempo fa, si pensava che questi attacchi fossero il prodotto di criminali informatici, e al massimo rispecchiassero le tensioni Nord-Nord, quando essi erano chiaramente il prodotto di attori particolarmente potenti, come nel caso dell'Estonia nell'aprile 2007.

Ora anche il Sud del mondo, e in particolare qualche ambiente estremista, sta utilizzando l'ambiente informatico per i propri fini, finora come mezzo di propaganda, grazie alla diffusione di messaggi e di narrative di chiara impronta *jihadista*. Ci vorrà poco tempo, e il rischio di attacchi informatici alle nostre infrastrutture critiche proverrà anche da questa parte del mondo.

Il terzo fenomeno ascrivibile alla "Guerra Ibrida" è appunto l'azione continua, da parte dei gruppi estremisti di matrice islamica, intesa ad alimentare il "terrorismo fai da te" nei nostri Paesi. I governi europei hanno agevolato, da molti decenni, l'arrivo di gruppi numerosi di persone, per sopperire al continuo bisogno di mano d'opera per le attività lavorative più umili, che non attraggono i nostri cittadini.

A differenza degli immigrati dall'Est, la prima generazione di coloro che provenivano dal Maghreb e dal Mashreq non aveva creato problemi, accettando le privazioni, e in alcuni casi una vera e propria "ghettizzazione", svolgendo lavori umili e mal retribuiti, ma ora ci si sta accorgendo che i loro figli e nipoti, delusi dalla loro mancata integrazione, presentano un livello preoccupante di adesione all'estremismo islamico.

Il quarto fenomeno è costituito dalle pressioni esercitate da Stati potenti sui loro vicini più deboli, spesso sfocianti in "guerre per procura", in cui i combattenti irregolari di una parte (spesso definiti "omini verdi") sono armati di tutto punto, tanto da tenere in scacco le forze regolari, e conquistare territori relativamente vasti, per poi "concederli" a una terza Nazione, che da quel momento può essere legittimamente sospettata di averli sponsorizzati.

Il quinto fenomeno, in atto da tempo, ma che sta riprendendo forza in modo graduale, ma preoccupante, è la pirateria, non solo alla soglia d'ingresso del Mediterraneo, il golfo di Aden, dove gli attacchi ai mercantili sono ancora pochi, grazie alla presenza di forze navali europee, russe, cinesi, giapponesi e indiane, ma anche nel golfo di Guinea, dove la media degli attacchi è in crescita costante.

Il sesto e ultimo fenomeno è l'uso sempre maggiore dell'arma economica in Europa, malgrado si sappia che questa, spesso, sia a doppio taglio, come osservava il già citato studioso sovietico degli anni 1930, SVECHIN. L'uso di dazi e di sanzioni, da parte di Stati potenti e di gruppi di Nazioni viene spesso presentato come un modo per far recedere un avversario dal compiere atti azzardati, o quantomeno a limitarne l'espansione mediante l'uso della forza. In realtà, si tratta di una nuova specie di gioco d'azzardo, dove si saprà solo dopo un certo tempo chi ha vinto e chi ha perso.

Detto questo, è necessario collegare questi fenomeni tra loro per scoprire, sia pure in via preliminare, chi sia indiziato di combattere una guerra ibrida contro qualcuno. Inutile dire che, nel caso della Galassia Islamica, vi sono numerosi indizi che nel suo ambito si stia utilizzando fin troppi aspetti ascrivibili a una guerra ibrida contro l'Europa: il "terrorismo fai da te" che colpisce le nostre città, l'immigrazione dai Paesi sub-sahariani, a maggioranza islamica, nonché la propaganda martellante contro l'Occidente, svolta dai gruppi estremisti, sono tutti presenti nelle azioni svolte da questi.

La peculiarità è che questi atti sono compiuti contro l'uno o l'altro degli Stati occidentali, in modo selettivo: vi sono attentati terroristici in alcune Nazioni europee e non in altre, mentre le ondate migratorie vengono dirette contro Nazioni ancora diverse. Sembra quasi che alla "Galassia Sunnita" faccia paura l'Unione Europea e ne voglia minare la compattezza.

Questa selettività si riscontra anche nel caso della Russia, che agisce in modo aggressivo contro alcuni Stati, specie quelli un tempo appartenenti alla propria zona d'influenza, mentre mantiene un atteggiamento diverso, caso per caso, con gli altri membri dell'UE, malgrado anch'essi abbiano a suo tempo votato le sanzioni contro Mosca, dopo l'annessione dell'Abkazia, dell'Ossezia e della Crimea, seguita dalla "rivolta" del Donbass, dove i combattenti appaiono ben riforniti delle armi più moderne.

Qui si può notare quanto sia difficile reagire contro queste forme di aggressione, specie su un piano collettivo: ognuno, istintivamente, cerca di schivare il colpo che viene inflitto al vicino, e non si pensa subito che solo facendo fronte comune si può indurre alla ragione chi ci vuole male.

Va anche detto che, spesso, chi viene colpito ha compiuto nel passato più o meno recente atti che gli altri non hanno approvato, e per questo la selettività delle aggressioni ha buon gioco nel frenare gli slanci di solidarietà. Alla fine, però, se noi Occidentali non ci aiuteremo l'un l'altro, a prescindere dalle recriminazioni e dalle gelosie, il risultato sarà la fine della pur scarsa coesione europea ed atlantica, i due unici bastioni che ci proteggono dall'assoluta irrilevanza mondiale.

Per questo, è necessario porre in atto una serie di azioni, anzitutto sul piano della sicurezza. Chi si comporta verso uno dei membri della NATO o della UE in modo aggressivo, deve essere messo all'indice da tutti, secondo una strategia di controffensiva che sia soprattutto efficace.

Con questo si vuol dire che non basta rimandare indietro i migranti, in modo che il Paese di transito posto immediatamente più a Sud di noi ne soffra, ma si deve attuare un'azione più selettiva, accogliendo, ad esempio, chi viene da Paesi che hanno legami storici con noi, ma soprattutto creando aree di sviluppo protette dove questi disperati possano trovare lavoro e tranquillità.

Neanche questa forma di stabilizzazione è nuova, dato che fu applicata, a suo tempo, da un generale francese, GALLIENI, in Madagascar. Le sue direttive per la pacificazione dell'isola erano oltremodo chiare:

"- Mediante posti avanzati, guadagnare terreno in avanti, poco per volta, in modo da diminuire progressivamente l'estensione delle regioni occupate dai guerriglieri;

- Organizzare al tempo stesso le zone arretrate, richiamandovi le popolazioni, facendo riprendere le coltivazioni e tenendo i villaggi e gli abitanti al riparo da nuove incursioni dei ribelli"[155].

In campo cibernetico si sta già facendo molto, e non tutto può essere dato in pasto alla stampa, ma non basta curare la resilienza dei sistemi e delle infrastrutture critiche: si deve essere in grado di scambiare informazioni su tutti gli eventi sospetti, scoprire gli autori degli attacchi, paralizzarli e controbilanciare le narrative di propaganda in modo efficace, non solo con le parole, ma con i fatti, cooptando in modo maggiore le seconde e terze generazioni degli immigrati del passato.

Poi, il commercio internazionale, la nostra fonte principale di benessere, va difeso, sul mare come su terra, contro i criminali (spesso assoldati da terzi), contro i gruppi estremisti e contro chiunque ci impedisca il libero uso del mare per il commercio e per le ricerche sottomarine.

Soprattutto, gli Stati occidentali devono scambiarsi più informazioni su tutti gli argomenti concernenti casi sospetti di

---

[155] F. SANFELICE di MONTEFORTE – L. QUADARELLA SANFELICE di MONTEFORTE. *Due secoli di Stabilizzazione.* Ed. Aracne, 2015, pag. 262.

"Guerra Ibrida", in modo da ottenere una maggiore solidarietà, grazie alla comune conoscenza della situazione. Solo, infatti, avendo un quadro comune e completo è possibile impegnare forze e mezzi, inclusi quelli finanziari, per sventare queste minacce, che mettono in pericolo il nostro futuro.

HORMUZ. UNA STORIA SENZA FINE -
Amm. Sq. Ferdinando SANFELICE di MONTEFORTE – Agosto 2018

Introduzione

Il Mediterraneo, nell'attuale guerra senza limiti che sconvolge tutta la metà occidentale dell'Asia, dalla Siria allo Yemen, all'Iraq, fino all'Afghanistan e al Pakistan, si è trovato a risentire non solo di contraccolpi interni, o di quelli alle sue porte, in particolare a Bab-el-Mandeb, ma purtroppo è esposto anche a ciò che di pericoloso accade in quelle aree, poste più ad est rispetto al Golfo di Aden, da sempre essenziali per il suo commercio.

Le recenti minacce, da parte dei massimi *leader* iraniani, di chiudere al traffico internazionale lo Stretto di Hormuz, "qualora le proprie esportazioni di petrolio fossero bloccate"[156] hanno infatti attirato nuovamente l'attenzione dell'opinione pubblica mondiale

---

[156] Vds. REUTERS. *Iran leader backs suggestion to block Gulf oil exports if own sales stopped,* 21 giugno 2018 (https://uk.reuters.com/article/us-iran-nuclear-oil-khamenei/iran-leader-backs-suggestion-to-block-gulf-oil-exports-if-own-sales-stopped-idUKKBN1KB0EI)

sull'importanza di tale stretto, attraverso il quale transita una parte non certo trascurabile del commercio diretto o proveniente dal Mediterraneo.

Più in generale, sta crescendo la consapevolezza generale sulla vulnerabilità ad attacchi del commercio che attraversa Hormuz, come avveniva nei decenni scorsi, ma ci si rende conto anche che un'analoga situazione riguarda gli altri passaggi obbligati per il commercio internazionale marittimo.

Va infatti ricordato che i passaggi obbligati, nella Strategia Marittima, hanno sempre avuto un ruolo primario, dato che in questi tratti di mare è più facile a un Paese litoraneo attaccare i flussi di commercio oppure impedire il passaggio, con mezzi relativamente limitati, alle navi mercantili: solo una Marina avversaria, ben superiore alla propria, sarebbe in grado di opporsi.

Sul piano difensivo, per converso, Il cosiddetto *"Choke Point Control"* è ritenuto un approccio economico ed efficace per prevenire interruzioni, impedendo a qualche attore, statuale o meno, di disturbare i flussi commerciali e militari attraverso il passaggio. Ovviamente, i mezzi impiegati per tale approccio di prevenzione dovranno essere credibili, in grado quindi di respingere ogni aggressione.

Un'ulteriore conferma dell'importanza dei *"Choke Points"* per il commercio mondiale, a supporto di queste considerazioni, si è avuta da un recente studio della *Chatam House*, una tra le più prestigiose istituzioni britanniche, che segnala l'importanza e soprattutto la vulnerabilità dei *"Choke Points"* ai fini del commercio internazionale.

Lo studio, in particolare, evidenzia che: "Questi *Choke Points* sono esposti a tre categorie di rischi distruttivi. Anzitutto vi sono i rischi meteorologici e climatici, incluse le tempeste e gli allagamenti che potrebbero chiuderli temporaneamente, insieme al danneggiamento delle infrastrutture che ne riduce l'efficienza e le rende più vulnerabili agli eventi estremi.

Quindi i pericoli di sicurezza e quelli dovuti ai conflitti (che) possono derivare da guerre, instabilità politica, pirateria, crimine organizzato e/o dal terrorismo. Infine, la terza categoria di rischi è istituzionale, come una decisione da parte delle autorità (locali) di chiudere un *Choke Point* o di limitare il passaggio"[157] di merci.

Anche se lo studio si concentra sull'importanza dei *Choke Points* ai fini del commercio internazionale delle derrate alimentari, le osservazioni fatte sulla loro pericolosità sono di applicazione

---

[157] CHATAM HOUSE. *Choke Points and Vulnerabilities in Global Food Trade.* Giugno 2017, pag. 6 (https://www.chathamhouse.org/publication/chokepoints-vulnerabilities-global-food-trade).

generale: basta dare uno sguardo a come si sviluppano i flussi del commercio marittimo per avere un'idea precisa di quanto importanti essi siano anche per noi Europei.

Il commercio marittimo internazionale che si svolge tra l'Asia e l'Europa meridionale può essere diviso in due flussi principali, che attraversano ambedue più di un passaggio obbligato. Il primo flusso si sviluppa attraverso gli arcipelaghi del Mar Cinese meridionale, per poi entrare nello Stretto di Malacca e sfociare di lì nell'Oceano Indiano, ed entrare quindi nel Mar Rosso attraverso lo Stretto di Bab-el-Mandeb, e accedere, finalmente al Mediterraneo attraverso il Canale di Suez.

L'altro flusso, che segue un percorso più breve ma non meno esposto è quello che dai Paesi del Golfo Persico, attraverso lo stretto di Hormuz, si raccorda al precedente vuoi per dirigere ad Ovest ed entrare nel "*Mare Nostrum*", vuoi per prendere rotta verso Est verso l'Asia Sud-Orientale.

Come si può facilmente immaginare, quest'ultima rotta è utilizzata soprattutto dalle numerose petroliere che riforniscono di carburante, più che l'Europa, soprattutto la Cina e gli Stati del Continente americano, il che rende lo Stretto di Hormuz di importanza ancora più generale, sul piano internazionale, rispetto agli altri passaggi obbligati.

Il grido di allarme sulle minacce al libero transito attraverso i "*Choke Points*", lanciato dalla *Chatam House* non poteva essere più tempestivo: non è passato neanche un anno dalla pubblicazione dello studio che la *leadership* iraniana ha minacciato, il 4 luglio scorso, di chiudere lo Stretto di Hormuz alle petroliere, qualora le esportazioni iraniane di petrolio fossero bloccate.

Questa dichiarazione non è solo una reazione al ritiro degli Stati Uniti dall'accordo raggiunto a Vienna il 14 luglio 2015 tra l'Iran, il P5+1[158] e l'Unione europea, ma costituisce una vera e propria minaccia di prendere in ostaggio il commercio internazionale, qualora la tensione con gli USA si approfondisse; per questo essa ha attirato ancora una volta l'attenzione del mondo su questo passaggio obbligato, già da decenni sotto osservazione.

Lo Stretto di Hormuz

Posto all'imboccatura del Golfo Persico, tra l'Oman e gli Emirati Arabi Uniti da un lato e la costa iraniana dall'altro, lo Stretto di Hormuz è largo 34 miglia marine (63 chilometri) ed è un passaggio sinuoso, che obbliga le navi che lo attraversano a un paio di cambiamenti di rotta, che ne limitano la velocità e le

---

[158] Il P 5+1 comprende i cinque membri permanenti del Consiglio di Sicurezza delle Nazioni Unite - Cina, Francia, Russia, Regno Unito, Stati Uniti - più la Germania.

rendono più vulnerabili a eventuali attacchi. Oltretutto, proprio alla sua estremità settentrionale, si trova la base principale navale iraniana di Bandar Abbas, dove il grosso della flotta iraniana è normalmente ormeggiato.

Sul piano giuridico, lo Stretto è stato oggetto di contrastanti interpretazioni, da parte delle Nazioni interessate, in particolare l'Iran e gli Stati Uniti. Nel firmare la Convenzione Internazionale sul Diritto del Mare (UNCLOS) del 1982, nota anche come la Convenzione di Montego Bay, l'Iran infatti pose la riserva interpretativa secondo cui "appariva naturale che solo gli Stati parte della Convenzione abbiano titolo per beneficiare dei diritti contrattuali creati in essa. Tale considerazione riguarda specificatamente (ma non esclusivamente) il diritto di passaggio di transito attraverso gli Stretti usati dalla navigazione internazionale"[159].

---

[159] US DEPARTMENT OF STATE. *Limits in the Seas. United States Response to Excessive national Maritime Claims.* 9 March, 1992. Pag. 68. Il testo integrale delle riserve presentate dall'Iran è reperibile sul sito delle Nazioni Unite   all'indirizzo https://treaties.un.org/pages/ViewDetailsIII.aspx?src=TREATY&mtdsg_no=XXI-6&chapter=21&Temp=mtdsg3&clang=_en#EndDec   (*Interpretative declaration on the subject of straits*

"In accordance with article 310 of the Convention on the Law of the Sea, the Government of the Islamic Republic of Iran seizes the opportunity at this solemn moment of signing the Convention, to place on the records its "understanding" in relation to certain provisions of the Convention. The main objective for submitting these declarations is the avoidance of eventual future interpretation of the following articles in a manner incompatible with the original intention and previous positions or in disharmony with national laws and regulations of the Islamic Republic of Iran. It is, ... , the understanding of

<u>Dato che gli Stati Uniti non avevano (e non hanno finora) ratificato</u>

the Islamic Republic of Iran that:

*1)	Notwithstanding the intended character of the Convention being one of general application and of law making nature, certain of its provisions are merely product of quid pro quo which do not necessarily purport to codify the existing customs or established usage (practice) regarded as having an obligatory character. Therefore, it seems natural and in harmony with article 34 of the 1969 Vienna Convention on the Law of Treaties, that only states parties to the Law of the Sea Convention shall be entitled to benefit from the contractual rights created therein.*

The above considerations pertain specifically (but not exclusively) to the following:

-- The right of Transit passage through straits used for international navigation (Part III, Section 2, article 38).

*-- The notion of "Exclusive Economic Zone" (Part V). -	All	matters regarding the International Seabed Area and the Concept of "Common Heritage of mankind" (Part XI).*

*2)	In the light of customary international law, the provisions of article 21, read in association with article 19 (on the Meaning of Innocent Passage) and article 25 (on the Rights of Protection of the Coastal States), recognize (though implicitly) the rights of the Coastal States to take measures to safeguard their security interests including the adoption of laws and regulations regarding, inter alia , the requirements of prior authorization for warships willing to exercise the right of innocent passage through the territorial sea.*

*3)	The right referred to in article 125 regarding access to and from the sea and freedom of transit of Land-locked States is one which is derived from mutual agreement of States concerned based on the principle of reciprocity.*

*4)	The provisions of article 70, regarding "Right of States with Special Geographical Characteristics" are without prejudice to the exclusive right of the Coastal States of enclosed and semi-enclosed maritime regions (such as the Persian Gulf and the Sea of Oman) with large population predominantly dependent upon relatively poor stocks of living resources of the same regions.*

*5)	Islets situated in enclosed and semi-enclosed seas which potentially can sustain human habitation or economic life of their own, but due to climatic conditions, resource restriction or other limitations, have not yet been put to development, fall within the provisions of paragraph 2 of article 121 concerning "Regime of Islands", and have, therefore, full effect in boundary delimitation of various maritime zones of the interested Coastal States.*

Furthermore, with regard to "Compulsory Procedures Entailing Binding Decisions" the Government of the Islamic Republic of Iran, while fully endorsing the Concept of settlement of all international disputes by peaceful means, and recognizing the necessity and desirability of settling, in an atmosphere of mutual understanding and cooperation, issues relating to the

la Convenzione, questa riserva da parte dell'Iran tendeva appunto escludere quest'ultima Nazione dall'uso senza restrizioni degli Stretti e, in particolare, di quello di Hormuz.

Ovviamente, gli Stati Uniti[160] respinsero tale riserva replicando, mediante un'apposita Nota Verbale, che, per quanto riguardava gli stretti, "i regimi di passaggio di transito, previsti dalla Convenzione, sono basati chiaramente dalla pratica abituale consolidata nel tempo, e riflettono l'equilibrio di diritti e interessi di tutti gli Stati, a prescindere dal fatto che essi abbiano firmato o ratificato la Convenzione"[161].

Questo contenzioso, apparentemente limitato agli esperti di Diritto Internazionale, era un riflesso dell'ostilità USA verso l'Iran, specie dopo la rivoluzione khomeinista del 1979, l'attacco all'Ambasciata americana di Teheran e il fallito tentativo, da parte delle forze speciali americane, con l'Operazione *Eagle Claw*, di liberare il proprio personale diplomatico, tenuto in ostaggio, il 24 aprile 1980.

---

interpretation and application of the Convention on the Law of the Sea, at this time will not pronounce on the choice of procedures pursuant to articles 287 and 298 and reserves its positions to be declared in due time.").

[160] Gli Stati Uniti non essendo parte della Convenzione non poterono fare opposizione.

[161] US DEPARTMENT OF STATE. *Limits in the Seas. United States Response to Excessive national Maritime Claims.* 9 March, 1992. Pag. 68

Negli anni successivi i rapporti bilaterali rimasero caratterizzati da un'ostilità latente, fino a sfociare in un conflitto vero e proprio di lì a pochi anni, durante la guerra Iran-Iraq, con danni e perdite umane da ambo le parti.

Il primo "conflitto" tra USA e Iran

Nel corso della lunga guerra tra Iraq e Iran, durata dal 1980 al 1988, ambedue le parti, avendo riconosciuto l'impossibilità di conseguire una vittoria decisiva sul campo in tempi brevi, rivolsero i loro sforzi verso la guerra economica, cercando di impedire il traffico petroliero dell'avversario, la fonte principale di introiti in valuta pregiata, indispensabile per continuare a combattere. Ebbe così origine la *"Tanker War"* (Guerra delle Petroliere) che coinvolse inevitabilmente i Paesi terzi, specie quelli importatori di petrolio.

Fu in effetti l'Iraq a iniziare, attaccando con aerei armati di missili dapprima le petroliere che uscivano dal porto iraniano di Bandar Khomeini, il più settentrionale, e quindi, nel 1984, quelle che utilizzavano il terminale dell'isola di Kharg e il vicino porto di Bushehr.

A questo punto l'Iran decise di rispondere. Avendo l'esercito di Teheran distrutto già all'inizio della guerra i terminali petroliferi iracheni, posti molto vicino alla zona di guerra, l'Iraq aveva fatto ricorso al trasporto via terra del petrolio, costruendo un oleodotto che raggiungeva i terminali petroliferi del Kuwait.

Quindi, l'Iran, che aveva nel frattempo conquistato la penisola di al-Faw, all'estremo sud dell'Iraq, la utilizzò per attaccare, con missili costieri antinave di produzione cinese, il terminale kuwaitiano di Mina-al-Ahmadi, dove sostavano numerose petroliere, per caricare il petrolio iracheno.

Più a sud, nei pressi dello Stretto di Hormuz, l'attività delle forze iraniane si limitò ad attacchi da parte delle imbarcazioni veloci armate dai *Pasdaran* – i combattenti paramilitari iraniani – che disturbavano i mercantili di passaggio, finché il governo di Teheran non ordinò, per rendere più credibile la minaccia di un blocco dello Stretto, il posizionamento di altri missili costieri, anch'essi prodotti in Cina.

Il numero crescente di danni a petroliere di proprietà occidentale, sia pure battenti bandiera-ombra, fu tale da creare un serio problema politico in molti Paesi occidentali[162]; malgrado su questo punto le statistiche siano discordi, variando tra una stima minima di 340 e una, massima, di 451 petroliere colpite, a seconda delle fonti, si trattava comunque di numeri elevatissimi.

---

[162] Va ricordato, tra gli altri episodi, l'abbordaggio, da parte dei Pasdaran, del mercantile italiano *Jolly Rubino*.

L'impatto di tali danneggiamenti fu però risentito soprattutto negli Stati Uniti, le cui grandi compagnie petrolifere possedevano un elevato numero di queste navi.

Non potendo scortare direttamente petroliere battenti bandiere diverse da quella USA, nel frattempo, le navi da guerra americane avevano iniziato un pattugliamento nel centro del Golfo Persico, per proteggere indirettamente il traffico mercantile diretto verso la sponda occidentale del Golfo.

Purtroppo, l'abitudine dei piloti iracheni di fidarsi fin troppo dei dati radar, soprattutto di notte, senza preoccuparsi di accertare il tipo e la nazionalità del bersaglio provocò l'attacco contro la fregata americana, la USS *Stark*, che fu colpita da missili aria-mare di produzione francese il 17 maggio 1987, e seriamente danneggiata, con pesanti perdite umane.

La reazione del governo di Washington fu moderata, tanto che ci si limitò ad accettare le scuse irachene, unite al fatto che il pilota, colpevole di questo attacco, era stato condannato a morte; i militari delle due parti, da quel momento, si concentrarono sull'elaborazione di procedure bilaterali atte ad evitare ulteriori incidenti.

Nel frattempo, il coinvolgimento di Paesi terzi da parte dell'Iran aumentava, insieme alla pressione nei confronti della Casa Bianca, sia da parte del governo del Kuwait, che chiedeva maggiore protezione per i propri terminali, sia da parte degli armatori americani.

Nel marzo 1987, il governo USA autorizzò il cambio di bandiera - da quella kuwaitiana a quella americana - per 11 petroliere, di proprietà USA, che da quel momento ebbero diritto ad essere scortate da unità da guerra della US Navy. Il primo convoglio ebbe luogo il 21-22 luglio 1987, seguito da altri a intervalli regolari, tanto che nell'anno si ebbero 23 convogli, per un totale di 56 petroliere scortate.

Questo ruolo americano più diretto nel contenere il conflitto fu visto come un'indebita ingerenza da parte iraniana, tanto che alcuni convogli furono disturbati, mentre transitavano attraverso lo Stretto di Hormuz, da imbarcazioni dei Pasdaran, dando origine a vivaci scambi di colpi.

La minaccia posta alle navi in transito attraverso Hormuz spinse il governo USA a un'altra mossa, che assomigliava sempre più a un coinvolgimento diretto nel conflitto tra Iraq e Iran, e precisamente la dislocazione, nel bel mezzo dello Stretto, di una corazzata classe *Iowa*. In effetti, queste, pur essendo ormai a fine vita, erano le uniche unità della US *Navy* in grado di assorbire con danni limitati l'impatto di un missile avversario, grazie alla loro corazzatura.

Negli stessi giorni, però, fu iniziato, sempre da parte iraniana, il minamento delle acque del Golfo Persico, e già il 24 luglio una delle petroliere che avevano assunto bandiera americana, la *Bridgeton*, fu danneggiata dallo scoppio di una mina, mentre navigava sotto scorta di navi da guerra USA. Il moltiplicarsi di questi incidenti spinse la US *Navy* a incrementare la sorveglianza, tanto che, il 21 settembre successivo venne localizzata, nel bel mezzo del Golfo, una piccola nave intenta a posare mine.

Prontamente attaccata da forze speciali eliportate, la nave risultò iraniana: si trattava, in effetti, della piccola nave da sbarco *Iran Ajr* e vi furono trovate a bordo 10 mine di produzione cinese ancora in attesa di essere posate sul fondo. Il mezzo fu catturato e rimorchiato verso le coste saudite, le mine vennero rimosse e il 26 settembre la nave venne affondata in acque internazionali.

Il 19 ottobre successivo, 6 cacciatorpedinieri americani attaccarono e distrussero a colpi di cannone la piattaforma petrolifera di Rashadat, ritenuta una base avanzata dei mezzi veloci dei *Pasdaran*, i quali, pochi giorni prima, avevano sparato contro un elicottero USA.

Queste reazioni americane, dei veri e propri atti di guerra, non fecero altro che intensificare l'attività iraniana di disturbo al traffico internazionale: continuarono infatti le schermaglie tra navi USA e mezzi dei *Pasdaran* nello Stretto e neanche i danneggiamenti di petroliere, per causa di mine, si ridussero, finché il 14 aprile 1988 la fregata americana USS *Samuel B. Roberts* , che scortava una petroliera, non si trovò in mezzo a un gruppo di mine affioranti e quindi ben visibili sulla superficie del mare, per un loro probabile malfunzionamento.

Sperando di sottrarsi a tale minaccia, l'unità fece "macchine indietro", ma così facendo urtò un'altra mina che la danneggiò gravemente, tanto che fu solo grazie all'impegno e all'abilità dell'equipaggio e del suo comandante che la nave non affondò e poté essere riportata negli USA, sia pure a bordo di una nave mercantile, specializzata in recuperi marittimi.

Il governo di Washington ritenne che tale atto di aggressione dovesse essere punito. Il 18 aprile successivo, quindi, scattò l'Operazione *Praying Mantis* (Mantide Religiosa), che portò all'affondamento di una fregata iraniana e al danneggiamento di un'altra, nonché alla distruzione di una piattaforma e al danneggiamento di altre nei complessi petroliferi di Salman e Nasr, peraltro apparentemente prive di personale militare iraniano. Anche numerosi mezzi minori dei *Pasdaran* vennero affondati.

Queste azioni di guerra spinsero il governo di Teheran ad adire la Corte Internazionale di Giustizia, che vari anni dopo, il 6 novembre 2003, si pronunciò a sfavore degli Stati Uniti, con una motivazione ben chiara: "In quanto risposta al minamento, da parte di un'agenzia non identificata, di una singola nave da guerra degli Stati Uniti, che era stata danneggiata seriamente ma non affondata, e senza perdite umane, né l'Operazione *Praying Mantis* nel suo complesso, né quella sua parte che distrusse le piattaforme di Salman e Nasr, può essere considerata, date le circostanze del caso, come un uso proporzionato della forza in autodifesa"[163].

Mentre i negoziati per un armistizio tra l'Iran e l'Iraq, grazie alla mediazione dell'ONU, procedevano in modo positivo, tanto da concludersi con la firma delle parti il 20 agosto 1988, la US *Navy* continuava nella sua azione per proteggere il traffico mercantile internazionale da attacchi da parte dell'Iran, specie nello Stretto di Hormuz. Intanto, il 29 aprile il governo USA ampliò la missione dell'US Navy fino a comprendere la protezione di tutto il traffico mercantile neutrale, specie quello delle Nazioni amiche, al di fuori delle aree di esclusione.

Nello stesso periodo, però, Washington decise la sostituzione delle corazzate USA con moderni incrociatori antiaerei classe *Ticonderoga*. Le ragioni erano di tipo economico, per risparmiare sugli elevatissimi costi di esercizio delle corazzate, in servizio da molti decenni – il che poneva enormi sforzi per mantenerle efficienti – per non parlare del costo degli equipaggi di tali navi,

---

[163] INTERNATIONAL COURT OF JUSTICE. *Report on Judgement. Case Concerning Oil Platforms, 6 November 2003,* Art. 77. (https://www.icj-cij.org/en/case/90/judgments)

decisamente numerosi, ma così facendo si soddisfaceva anche la necessità di compensare l'indisponibilità di aerei-radar (AWACS), a causa dei molteplici impegni di tale componente.

Si trattò, in effetti, di un errore, data la vulnerabilità di questi incrociatori ai missili antinave costieri, ma il tutto fu aggravato dal fatto che la prima unità della classe inviata nello Stretto di Hormuz era la più recente, il USS *Vincennes,* che aveva appena completato l'allestimento e l'addestramento preliminare. La maggior parte dell'equipaggio, infatti, non aveva esperienza di operazioni reali.

Il USS *Vincennes* arrivò in zona di operazioni il 29 giugno, e il 3 luglio si trovò impegnato in uno scambio di colpi con i mezzi veloci dei *Pasdaran*; durante questa azione, l'unità localizzò un velivolo che decollava dall'aeroporto di Bandar Abbas, dove si trovavano alcuni aerei iraniani da combattimento, ceduti anni prima dagli USA al governo dello Shah, gli F 14 *Tomcat.*

Il velivolo decollato, in realtà, era un AIRBUS A 300, diretto a Dubai con 290 civili a bordo, ma l'equipaggio del USS *Vincennes* temendo un attacco, reagì, lanciando due missili antiaerei che abbatterono l'aereo, causando la morte di tutti i passeggeri, incluso un cittadino italiano.

Questo incidente scalfì la reputazione degli Stati Uniti, tanto che il governo USA accettò di compensare ampiamente le vittime, pur non ammettendo, per anni, le proprie responsabilità, un atto che fu compiuto solo dall'Amministrazione CLINTON.

La tragedia, e il conseguente senso di colpa per averla provocata, ridimensionò, pur senza annullarlo, il risentimento dell'opinione pubblica americana per l'attacco all'Ambasciata USA a Teheran, durante la rivoluzione del 1979, aprendo così la strada a un lento, progressivo miglioramento delle relazioni bilaterali, una tendenza che però, anni dopo, avrebbe subito un'ulteriore battuta d'arresto, come vedremo.

Va ricordato che anche altre Marine occidentali, in questa fase, schierarono proprie unità nel Golfo Persico; tra queste vi fu la nostra Marina, che dislocò prima un Gruppo Navale tra il settembre 1987 e il settembre 1988, per proteggere i nostri mercantili, sotto coordinamento dell'allora UEO[164], e quindi dall'agosto 1990 al luglio 1991, per la bonifica delle acque del Golfo dalle mine posate dalla Marina irachena, durante l'invasione del Kuwait da parte dell'Iraq.

La disputa USA-Iran negli anni successivi

---

[164] L'Unione Europea Occidentale era un'organizzazione internazionale regionale di sicurezza militare e cooperazione politica, nata con il trattato di Bruxelles del 17 marzo 1948 e sciolta nel 2011, allorquando la sua funzione si ritenne superata anche alla luce del crescente ruolo dell'Unione Europea in campo di politica estera e di difesa.

L'ostilità tra gli USA e l'Iran si riaccese quando, nel 1995, il governo di Washington impose un *embargo* al petrolio iraniano, da parte delle compagnie petrolifere americane; da allora, piccoli scontri ebbero luogo periodicamente, nelle acque dello Stretto, unite a sospetti di incursioni, da parte di forze speciali americane, in territorio iraniano, nel 2003.

Nel 2007, dopo il fallimento della politica di cauto riavvicinamento, praticata dal governo di Teheran, l'avvento al potere dei radicali, capeggiati da AHMADINEJAD, portò a nuove minacce di chiusura dello Stretto, insieme ad alcuni incidenti.

I primi due di questi ebbero luogo nel dicembre 2007, quando alcuni mezzi veloci dei *Pasdaran* avvicinarono lo USS *Whidbey Island*, una nave da sbarco, ma si ritirarono quando l'unità americana sparò alcuni colpi di avvertimento. Quindi, il 6 gennaio 2008, alcuni mezzi dei *Pasdaran* si avvicinarono a tre navi da guerra USA, un incrociatore, un caccia e una fregata, senza peraltro aprire il fuoco contro di esse.

Nel corso di quella crisi, il governo iraniano diffuse una serie di video in cui si mostravano numerosi lanci di razzi e di piccoli missili, per dimostrare la propria capacità di chiudere lo Stretto di Hormuz, in caso di aggressione da parte degli USA. L'analisi delle immagini, in realtà, mostrò che il video era una compilazione di lanci avvenuti in momenti e località diversi, e apparve subito agli esperti che tali armi erano ben lungi dall'essere una minaccia credibile.

Bisognò attendere il 2011, quando l'Iran svolse un'importante esercitazione, denominata *Velayat-90*, nelle acque del Golfo di Oman, nelle immediate adiacenze dello Stretto di Hormuz, per dimostrare di possedere la capacità di bloccare lo Stretto.

In un'intervista rilasciata in tale occasione, il capo della Marina Iraniana, l'Ammiraglio Habibollah SAYYARI, dichiarò che "chiudere lo Stretto di Hormuz, per le Forze Armate iraniane è veramente facile, o come si dice in Iran, è più facile che bere un bicchiere d'acqua"[165].

La reazione americana fu affidata a un comunicato della Quinta Flotta, all'epoca comandata dall'Ammiraglio Mark FOX, in cui si affermava che la forza "non avrebbe consentito alcuna interruzione al traffico nello Stretto di Hormuz"[166]. Non vi furono ulteriori episodi di tensione, dopo tale scambio di dichiarazioni, anche se, il 3 gennaio successivo, queste minacce vennero ripetute, da parte della *leadership* iraniana, in occasione dell'ingresso di una portaerei USA nel Golfo, anche questa volta senza che si verificasse alcun incidente.

---

[165] Vds. REUTERS. *U.S. Fifth Fleet says won't allow Hormuz disruption,* 28 dicembre 2011, (www.reuters.com/article/us-iran-hormuz-closure-idUSTRE7BR09E20111228)
[166] Ibid.

Le valutazioni degli esperti, già all'epoca, erano però che l'Iran avrebbe potuto bloccare i transiti attraverso lo Stretto solo per alcuni giorni, fino all'inevitabile reazione americana.

Le minacce recenti

La decisione, da parte del governo di Washington, di ritirarsi dall'accordo sul nucleare iraniano, è stata seguita, nei mesi successivi, da pressioni USA intese a convincere alcuni Paesi di interrompere le importazioni di petrolio dall'Iran, finora con successo limitato.

Come osservato, in questi mesi, da un prestigioso Centro Studi americano, la *Brookings Institution*, "questa strategia unisce i due principi fondamentali della politica di TRUMP nel Medio Oriente: il convincimento che l'Iran è alle radici di tutte le crisi della regione e l'avversione a impegnare ulteriori vite o finanziamenti americani per migliorarle"[167].

Oltretutto, le pressioni USA, intese a provocare il collasso del regime fondamentalista iraniano, privandolo della sua fondamentale fonte di entrate, ben si sposavano con

---

[167] S. MALONEY. *Trump tightens the screws on Iran's oil*. Brookings Institution, Friday, 29 June 2018. (https://www.brookings.edu/blog/order-from-chaos/2018/06/29/trump-tightens-the-screws-on-irans-oil/)

l'avvicinamento dell'Amministrazione americana alla "Galassia Sunnita", e in particolare all'Arabia Saudita.

La reazione delle autorità iraniane non si è fatta attendere: il 3 luglio, il Presidente ROUHANI, in visita a Berna, al Forum per l'Innovazione e l'industria, ha dichiarato che:

"Gli Americani hanno affermato di voler interrompere completamente le esportazioni iraniane di petrolio. Essi non capiscono il significato di questa dichiarazione, in quanto non vi è alcun motivo per cui il petrolio iraniano non venga esportato, mentre il petrolio (del resto) della regione viene esportato"[168].

Il giorno successivo, a Vienna, il comandante delle Guardie Rivoluzionarie iraniane ha rafforzato il messaggio del suo Presidente, affermando che "le sue forze, che pattugliano lo Stretto di Hormuz – attraverso il quale passa un quinto del petrolio mondiale a mezzo di petroliere – erano pronte a mettere in pratica le dichiarazioni di ROUHANI"[169].

---

[168] S. KOLTROWITZ. *Iran's Rouhani hints at threat to neighbors' exports.* Reuters, 3 luglio 2018. (https://uk.reuters.com/article/us-iran-nuclear-usa-oil/irans-rouhani-hints-at-threat-to-neighbors-exports-if-oil-sales-halted-idUKKBN1JT0NB)

[169] S. DEHGHAN. *Iran threatens to block Strait of Hormuz over US oil sanctions.* The Guardian, 5 July 2018. (https://www.theguardian.com/world/2018/jul/05/iran-retaliate-us-oil-threats-eu-visit-hassan-rouhani-trump)

Il 21 luglio, la Guida Suprema iraniana, l'Ayatollah Ali KHAMENEI, a fronte delle reazioni internazionali, ha avallato pubblicamente quanto detto dal Presidente ROUHANI, affermando che "se il petrolio iraniano non verrà esportato, nessun petrolio della regione lo sarà"[170].

Queste minacce, per ora solo verbali, hanno spinto l'Amministrazione di Washington a un atteggiamento formalmente duro, ma unito a una certa qual flessibilità, tanto che il 1 agosto successivo il Presidente TRUMP si è dichiarato disposto a condurre negoziati bilaterali, senza condizioni preliminari, incontrando peraltro il rifiuto iraniano, motivato dalla scarsa affidabilità degli USA, che hanno rinnegato un impegno precedente.

Merita citare che, nel corso di questo scambio di dichiarazioni, alcune voci di dissenso si siano levate anche all'interno dell'Iran, mettendo in dubbio la fattibilità delle minacce dei *leader* iraniani. Infatti, "recentemente l'ex comandante marittimo delle Guardie

---

[170] REUTERS. *Iran leader backs suggestion to block Gulf oil exports if own sales stopped.* 21 luglio 2018. (https://www.reuters.com/article/us-iran-nuclear-oil-khamenei/iran-leader-backs-suggestion-to-block-gulf-oil-exports-if-own-sales-stopped-idUSKBN1KB0EI)

[171] AL ARABJA. *Khamenei rejects talks with US, praises Rouhani threat to close Hormuz Strait.* 21 luglio 2018. (http://english.alarabiya.net/en/News/middle-east/2018/07/21/Khamenei-rejects-talks-with-US-applauds-Rouhani-threat-to-close-Strait-of-Hormuz.html)

Rivoluzionarie iraniane, il Maggior Generale Hossein ALAEJ, ha criticato queste minacce, affermando che (esse) non erano state ben analizzate, aggiungendo che l'Iran non è in grado di chiudere lo Stretto di Hormuz, ma l'America è capace di riaprirlo"[171] al traffico marittimo.

Nei giorni successivi, la polemica verbale è continuata, sugli stessi toni, un segno che le parti non hanno, al momento, intenzione di passare dalle parole ai fatti.

Conclusioni

Il rischio di un tentativo iraniano inteso a chiudere lo Stretto di Hormuz, o quantomeno di disturbarne il traffico, non è remoto: anche se questa sarebbe una misura disperata, il cui esito – come affermato dal generale ALAEJ – sarebbe un insuccesso, essa non va esclusa del tutto.

Le motivazioni dietro un tale gesto, da parte iraniana, non appaiono però legate solo alla volontà di reagire a un eventuale *embargo*, da ritenersi poco probabile, date le divergenze di interessi tra i Paesi occidentali, e la volontà della Cina di continuare a rifornirsi anche dall'Iran per soddisfare le proprie necessità energetiche.

Infatti, bisogna considerare che, prima o poi, i *leader* iraniani si troveranno nelle condizioni di tentare un'azione clamorosa, tipo la chiusura di Hormuz, dato il momento particolarmente difficile che stanno attraversando, nella guerra a tutto campo contro la "Galassia Sunnita", che sta andando di male in peggio, sia in Siria sia, soprattutto, in Yemen, nel tentativo di rovesciare questa situazione sfavorevole.

Scartato quindi il rischio immediato di un blocco delle esportazioni iraniane di petrolio, data la posizione contraria da parte dell'UE e della Cina, che hanno deciso di resistere alle pressioni USA, rimane – e diventa ogni giorno più probabile - il rischio che l'Iran, messo com'è alle strette sul piano militare nei due teatri di conflitto, possa intraprendere almeno una serie di azioni di disturbo nello Stretto, per spingere la comunità internazionale a trovare un compromesso.

Qualora tale misura fosse attuata, però, sarebbe sicuro il coinvolgimento delle forze americane, allo scopo di garantire la libera circolazione dei mercantili attraverso lo Stretto di Hormuz: gli Stati Uniti lo hanno fatto già durante la guerra Iran-Iraq, tra il 1980 e il 1988, come si è visto, e lo faranno ancora.

Il risultato di un tale tipo di *escalation* sarebbe una sensibile levitazione del prezzo del petrolio, anche in caso di insuccesso iraniano, con un ulteriore impedimento alla fragile crescita delle economie europee, oltre a una loro crescente difficoltà di approvvigionamento di petrolio dal Golfo.

A questo punto, la domanda è: nel caso di un aggravamento della crisi di Hormuz, l'UE sarà capace di superare l'attuale situazione interna di profonda disunione, e schierarsi compatta, sostenendo gli sforzi della diplomazia con una decisa azione di protezione del proprio traffico mercantile, mediante l'invio di forze navali, come fatto nel passato dall'UEO, oppure continueremo a subire gli effetti dei contenziosi altrui senza reagire?

Sono anni che noi Europei siamo costretti a intervenire d'urgenza nel Golfo Persico e nella parte occidentale dell'Oceano Indiano, con buona pace di coloro che parlano di delimitare il "Mediterraneo Allargato", ponendo limiti alla sua estensione. Dobbiamo capire che il Golfo Persico e, in particolare lo Stretto di Hormuz, sono vitali per la nostra sopravvivenza economica.

Quando (e se) la nostra opinione pubblica accetterà la realtà che la nostra area di interesse permanente non finisce a Suez, ma arriva fino al Golfo Persico, avremo finalmente acquisito una consapevolezza dei pericoli che incombono in quest'area e la inseriremo finalmente nelle nostre aree di possibile intervento, per stabilizzarla.

Migrazioni e cambiamenti climatici nel Mediterraneo: una sfida per l'Europa? - Ugo Gaudino – Ottobre 2018

1. Introduzione

Dai 173 milioni di migranti internazionali nel 2000 si è verificata un'impennata tale da raggiungere i 258 milioni nel 2017[172]. Tra questi, 68,5 milioni di individui che nell'arco del 2017 sono stati costretti a migrare: ai 25,4 milioni di rifugiati vanno ad aggiungersi 40 milioni di *Internal Displaced People* (IDP) - sfollati interni per via delle guerre e dei disastri naturali[173] -, aumentati tragicamente di 30,6 milioni nel corso del 2017, secondo l'*Internal Displacement Monitoring Centre*[174].

---

[172] UN/DESA (United Nations Department of Economic and Social Affairs), *The International Migration Report[Highlights]*, New York, United Nations, 2017, p. 1.

[173] UNHCR (United Nations High Commissioner for Refugees), *Global Trends: Forced Discplacement in 2017*, New York, United Nations, p.2, 2018.

[174] IDMC (Internal Displacement Monitoring Centre), NRC (Norwegian Refugee Council), *Global Report on Internal Displacement 2018*, May, 2018, p. V.

All'interno dei 40 milioni circa di IDP, 18,8 milioni sono stati costretti a migrare per via di calamità naturali, legate in misura diversa agli effetti peggiori dei cambiamenti climatici [175]. Questi numeri forniti dagli esperti del settore hanno contribuito a sensibilizzare l'opinione pubblica e i decisori politici, aumentando la loro percezione di quanto devastante potrà essere l'impatto dei cambiamenti climatici sulla mobilità umana. Un tema di cui però in Italia si è cominciato a discutere solo di recente, più in ritardo rispetto al dibattito proficuo già avviato a livello internazionale, tanto dalle organizzazioni competenti[176], quanto nell'accademia[177].

2. Chi sono i migranti climatici?

Questo saggio è stato concepito con l'obiettivo di presentare il dibattito in questione e fare più chiarezza su un argomento che non solo presenta caratteristiche del tutto interdisciplinari, intersecandosi tra l'ecologia, la climatologia e lo studio delle migrazioni sotto il profilo giuridico, geografico, sociologico e politico, ma che nasce plurale già a partire dalla definizione polimorfa dei soggetti e degli eventi analizzati. Molte sono le categorie utilizzate per riferirsi a quelle che in senso più generico sono migrazioni indotte dall'ambiente, che si tratti di eventi

---

[175] Le cifre riportate negli anni precedenti sarebbero anche più elevate: circa 22.5 milioni all'anno nel periodo 2008-2014 In: The Nansen Initiative, *Agenda for the Protection of Cross-border displaced persons in the context of disasters and climate change*, Vol. I. December, 2015, p. 14.

[176] IPCC (Intergovernmental Panel on Climate Change), *Climate Change: The IPCC Scientific Assessment: Final Report of Working Group I*, Cambridge University Press, Cambridge, 1990.

[177] Ad es. nel lavoro di Hassam El-Hinnawi, *Environmental Refugees*, UNEP, Nairobi, 1985.

stimolati dal cambiamento climatico o meno: migranti ambientali, rifugiati climatici, eco-profughi, *disaster-induced migration*. In questo lavoro verrà utilizzata la definizione fornita dall'*Organizzazione Internazionale per le Migrazioni* nel 2011, secondo cui i migranti ambientali sono:

"persone o gruppi di persone che, principalmente a causa di cambiamenti improvvisi o graduali dell'ambiente che influiscono negativamente sulle loro condizioni di vita, sono costrette ad abbandonare le loro residenze abituali, o scelgono di farlo, sia temporaneamente che permanentemente, sia nel loro stesso paese che al di fuori di esso"[178].

Essendo questa definizione riferita ad un insieme di soggetti eterogenei, il cui minimo comune denominatore risiede nella migrazione indotta da un cambiamento dell'ambiente circostante, all'interno di questo saggio il raggio d'azione verrà limitato, selezionando solo i migranti che emigrano all'esterno del paese d'origine (privilegiandoli rispetto agli sfollati interni) a causa di cambiamenti climatici. Verrà seguito l'inquadramento analitico della *Nansen Initiative*, che parla di *"disaster-induced cross-border displacement"*[179]. Meno facile, invece, è la distinzione tra una migrazione forzata o volontaria, o tra le migrazioni temporanee o permanenti. In questi casi i tentativi di categorizzare gli individui sono sfuggenti per vari motivi, tra cui le decisioni soggettive alla base dei movimenti migratori, le condizioni oggettive di accoglienza da parte dei paesi di destinazione,

---

[178] IOM (International Organization for Migrations), *Glossary on Migration*. International Migration Law. No. 25, 2nd Edition. Geneva, 2011, p.33.
[179] The Nansen Initiative, *Agenda for the Protection of Cross-border displaced persons in the context of disasters and climate change*, op. cit.

l'eterogeneità geografica e geopolitica dei vari casi di studio e ovviamente gli eventi ambientali o climatici che possono essere considerati all'origine di alcuni flussi migratori. Gli eventi vengono divisi generalmente in due gruppi: eventi graduali, o *slow-onset*, come la desertificazione, la siccità e la degradazione del suolo, ed eventi improvvisi, o *sudden-onset*, come alluvioni e uragani, fenomeni naturali esacerbati dal cambiamento del clima.

Ogni evento ambientale meriterebbe di essere tenuto in considerazione per avere una visione completa delle potenziali migrazioni e per elaborare la risposta giuridica più congrua in base alle esigenze specifiche di un paese. In questo contributo, ci si concentrerà sui disastri ambientali provocati dai cambiamenti climatici antropogenici, lasciando ai margini quei disastri naturali-terremoti, eruzioni vulcaniche – che paiono meno collegabili all'azione dell'uomo sull'ambiente e che allargherebbero eccessivamente i confini mobili di una categoria già poco strutturata. Del resto, come sottolinea l'IOM, metodologicamente i disastri naturali sono una "sottocategoria" di quelli ambientali[180]. Allo stesso modo, non verrà tenuta in considerazione un'altra sottocategoria dei disastri ambientali, cioè quelli interamente attribuibili dall'uomo (es. incidenti, esplosioni, danni da inquinamento), che pure possono essere tra le cause di migrazioni.

L'assunto di base, condiviso dalla stragrande maggioranza della comunità scientifica, è che la temperatura del globo sia aumentata come mai in precedenza nel corso degli ultimi 200 anni (0,8 gradi centigradi dall'inizio della Rivoluzione Industriale), a causa dell'emissione di anidride carbonica provocata dall'uomo[181].

---

[180] IOM, *Migration, Environment and Climate change. Assessing the Evidence*, Geneva, 2009, p. 250.
[181] Su cui si rinvia a IPCC, *Climate Change 2014: Synthesis Report.*

Diversi scenari sono previsti per i prossimi decenni, ma vi è l'opinione diffusa che la temperatura sia destinata a salire di oltre 1,5 gradi, fino a raggiungere, negli scenari più pessimistici, anche i 4 gradi centigradi[182]. Da cui la necessità di agire per mantenere l'incremento quantomeno al di sotto dei 2 gradi, onde evitare gli enormi costi umani ed economici che la mancata prevenzione comporterebbe[183]. L'aumento della temperatura ha arrecato danni evidenti, che potrebbero addirittura manifestarsi con maggiore intensità, tra i quali vanno menzionati[184]:

- innalzamento del livello dei mari, stimato attualmente in almeno 25 centimetri e potenzialmente in 60 centimetri, e maggior numero di alluvioni;
- diminuzione della quantità di acqua e aumento della siccità e delle carestie a seguito del regime di precipitazione meno intenso in molte aree del pianeta – tra cui il Mediterraneo. Ciò comporterà una degradazione del suolo e avrà delle ripercussioni anche sulla sicurezza alimentare di centinaia di milioni di persone;
- possibilità di migrazioni di massa, ad esempio dai cosiddetti microstati insulari che rischiano di essere

---

Contribution of Working Groups I, II and III to the Fifth Assessment Report of the Intergovernmental Panel on Climate Change [Core Writing Team, R.K. Pachauri and L.A. Meyer (eds.)], IPCC, Geneva, Switzerland, 2014.

[182] World Bank, *Turn down the heat. Why a 4°C warmer world must be avoided*, Washington DC, 2012, p.XVII.

[183] World Bank, *Climate Change Action Plan 2016-2020*, Washington DC, 2016, p. 7.

[184] Marcello Di Paola, *Cambiamento climatico. Una piccola introduzione*, LUISS University Press, Roma, 2015, pp. 22-28.

sommersi da un futuro innalzamento eccessivo del livello dei mari (Kiribati, Tuvalu[185]).

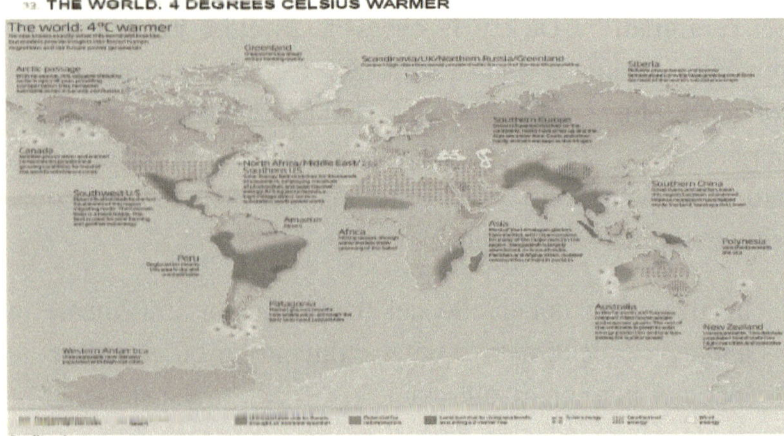

Fig. 1 Il mondo 4 gradi più caldo (Khanna, 2016, p. 293).

Fare delle previsioni riguardo al numero delle cosiddette "migrazioni climatiche" è un compito decisamente arduo, sia per ragioni legate alla definizione ondivaga del fenomeno, sia per le diverse prospettive da cui lo si considera. Questa ricerca prenderà in considerazione i cambiamenti climatici che la comunità scientifica (quasi all'unanimità[186]) ritiene attribuibili all'azione dell'uomo, e che, potenzialmente, provocano migrazioni. Sono esclusi quindi i disastri naturali non antropogenici così come quelli causati solo ed esclusivamente dall'azione dell'uomo – ad esempio i danni da inquinamento. Partendo dal presupposto che alla base di

---

[185] Su cui si veda Jane McAdam, *Climate Change, Forced Migration and International Law*, Oxford, Oxford University Press, 2012, pp. 119-160.
[186] Esiste circa un 3% di disaccordo scientifico in materia di cambiamento climatico. I negazionisti non vanno confusi tuttavia con coloro che riconoscono il cambiamento climatico ma credono che non vada fatto nulla per contrastarlo. Si veda Marcello Di Paola, *Cambiamento climatico*, op.cit., pp. 32-37.

ogni decisione di migrare ci sono sempre molteplici fattori che agiscono con varia intensità, ad oggi sembra assodato che anche ragioni di tipo ambientale e climatico possano innescare tali dinamiche. Nel rapporto del 2009 intitolato significativamente *Assessing the Evidence*, l'*Organizzazione Internazionale per le Migrazioni* individuava quattro modi con cui il cambiamento climatico potrà influire sui flussi migratori[187]: 1) intensificazione di disastri naturali; 2) innalzamento delle temperature e siccità, con conseguenze negative sulla produzione agricola e sulla disponibilità di acqua; 3) innalzamento del livello dei mari, che renderà inabitabili determinate zone costiere e sommergerà delle isole (si ricordi poi che il 44% della popolazione mondiale vive entro i 150 km dalla costa); 4) competizione sulle risorse naturali, che potrebbe scatenare conflitti o esacerbare quelli esistenti, finendo dunque per causare sfollamento forzato.

Come si legge nel *Fifth Assessment Report* dell'*Intergovernmental Panel on Climate Change* del 2014, il cambiamento climatico "amplifica rischi già esistenti per i sistemi umani e naturali, e può crearne di nuovi"[188]. Ciò si traduce, soprattutto nelle zone più vulnerabili, nel peggioramento delle condizioni di vita e nell'aumento della fragilità, da cui un incentivo a optare per la migrazione. Nel corso del *Panel* il nesso è stato ampiamente discusso, riconosciuto ma anche ridimensionato: l'evidenza empirica al momento non è ancora assoluta, mancano conferme specialmente in merito agli *slow-onset events*[189] ed esistono, di fatto, anche casi in cui i disastri ambientali impediscono la mobilità[190]. Nei successivi summit internazionali dedicati al

---

[187] IOM, *Migration, Environment and Climate change*, op.cit., p. 15.
[188] IPCC (International Panel on Climate Change) , *Climate Change 2014: Synthesis Report*,op.cit.,p.13.
[189] IOM, *Migration, Environment and Climate change*, op.cit., p. 248.

cambiamento climatico, il legame con le migrazioni – e con le implicazioni in tema di diritti umani[191] - è stato riconosciuto nel corso della COP21 di Parigi, del 2015, la cui *Decision 49 on Loss and Damages* incoraggia la creazione di una *task force* per prevenire e ridurre gli sfollamenti connessi a disastri naturali (già previsti durante la COP19 tramite il *Warsaw International Mechanism*)[192].

Non è questa la sede più idonea per soffermarsi sullo stato dell'arte e sui pareri discordanti in letteratura. Il nesso tra cambiamento climatico e migrazioni verrà assunto come punto di partenza per analizzare, in breve, le lacune giuridiche che esistono a proposito del fenomeno. Quindi, il focus prevalente del saggio si dirigerà sull'area Mediterranea e in particolare sul Marocco, paese di emigrazione e di recente immigrazione, in cui sembra ci sia un'evidenza empirica di migrazioni indotte dalla siccità dalle aree rurali del paese, oltre che di movimenti causati dai disastri naturali attribuibili a cambiamenti del clima[193].

---

[190] W. Neil Adger et al., *Human security*, In: *Climate Change 2014: Impacts, Adaptation, and Vulnerability. Part A: Global and Sectoral Aspects. Contribution of Working Group II to the Fifth Assessment Report of the Intergovernmental Panel on Climate Change (IPCC).* Cambridge University Press. Cambridge. United Kingdom and New York, p. 766; Foresight, *Migration and Global Environment Change. Future Challenges and Opportunity*, Final Project Report, The Government Office for Science, London, 2011, p. 12.

[191] Si veda anche Jane McAdam, Marc, Limon, *Human rights, climate change and cross border displacement: the role of the international human right community in contributing to effective and just solutions,* Policy Report, Universal Rights Group, Switzerland, August, 2015.

[192] IOM, *IOM Contributions to Global Climate Negotiations.22nd Conference of Parties to the United Nations Framework Convention on Climate Change (UNFCCC).* Marrakesh, 2016, p.3.

[193] IOM, *IOM Contributions to Global Climate Negotiations.22nd*

3. Risposte giuridiche della comunità internazionale e dell'UE

Da un punto di vista giuridico, non esiste nessuno strumento che si rivolga agli individui costretti ad emigrare al di fuori dei confini statali per via delle conseguenze di disastri ambientali o del cambiamento climatico. Nel caso in cui il movimento si verificasse all'interno del paese di appartenenza, gli individui in questione rientrerebbero nella categoria di *IDP*, godendo di fatto della protezione stabilita dai *Guiding Principles on Internal Displacements* del 1998[194]. Se invece il movimento implicasse l'attraversamento del confine, allora si potrebbe parlare di "rifugiati" solo ed esclusivamente se, oltre alla *ratio* ambientale o climatica alla base dell'emigrazione, vi fosse anche uno degli elementi chiave della Convenzione di Ginevra del 1951 e del Protocollo aggiuntivo del 1967, in particolare il criterio della "persecuzione". Poiché è escluso che tale criterio possa essere applicato e collegato alle conseguenze del cambiamento climatico, sia la dottrina, sia i giudici negano che gli stessi strumenti di protezione possano valere anche per i migranti mossi da altre necessità, seppur impellenti. Lo stesso discorso, d'altronde, vale per quelle economiche.

A riguardo vengono addotte alcune ragioni.

- Tali migrazioni si svolgono secondo modalità così eterogenee da non poter comprendere se esista o meno una coercizione. Il nodo gordiano è costituito dalla tipologia

Conference of Parties to the United Nations Framework Convention on Climate Change (UNFCCC), Marrakesh, 2016.
[194] Jane McAdam, *Climate Change, Forced Migration and International Law,* op.cit., pp. 250-252.

dell'evento naturale. Si può sicuramente affermare che una catastrofe improvvisa rappresenti una costrizione più stringente rispetto ad un cambiamento più lento e graduale. L'eventualità di un futuro sfollamento per via di fenomeni ad insorgenza lenta è non solo difficilmente prevedibile, ma anche foriera di effetti che non possono essere quantificabili con assoluta certezza: la capacità di resilienza o di vulnerabilità delle popolazioni colpite potrebbe limitarne o acuirne la portata distruttiva. Ragion per cui, è inopportuno parlare di "rifugiato climatico" per chi teme oggi che un domani dovrà abbandonare la propria terra per i danni provocati dall'innalzamento delle temperature globali. Del resto, in termini giuridici sarebbe scorretto qualificare come "persecuzione" anche il verificarsi di un cataclisma naturale che determini nell'immediato conseguenze urgenti e drammatiche per la vita umana. Il timore nei confronti del degrado ambientale o del peggioramento delle condizioni climatiche non può essere equiparato alla paura che si materializza di fronte alla minaccia imminente ed evidente di una persecuzione politica[195].

- La combinazione di eventi ambientali e/o climatici in luoghi diversi può determinare varie risposte. Alcuni studi dimostrano che nel caso di catastrofi improvvise la migrazione tende ad essere temporanea e a rivolgersi verso località vicine, in modo da favorire un ritorno a casa appena possibile – solo il 30% dei migranti si sposterebbe definitivamente[196]. Ciò andrebbe a configurare una

---

[195] Luc Legoux, *Les migrants climatiques et l'accueil des réfugiés en France et en Europe*, Revue Tiers Monde, 4. n.204, 2010, p.61.
[196] Clionadh Raleigh et al., *Assessing the impact of climate change on

situazione non proprio conforme alla richiesta di asilo politico e di emigrazione permanente da parte di rifugiati che non possono fare ritorno in patria. L'emigrazione transfrontaliera di numerosi individui, non aventi altra scelta se non quella di abbandonare il proprio paese, risulta quindi uno scenario futuro al momento ancora remoto, e concepibile solo per particolari territori, come i microstati insulari del Pacifico. Mancano ancora ricerche approfondite e dati disaggregati affidabili sugli eventi *slow-onset*, ma al momento le rotte migratorie privilegiate restano soprattutto circolari e interne, come accade in Africa sub-sahariana[197].

- Quindi, la domanda a cui bisognerebbe rispondere per arrivare a garantire lo *status* di rifugiato è chi sia il soggetto responsabile di una tale persecuzione e per quali motivi si sia mosso. La Convenzione del 1951 ha un impianto statocentrico e fu redatta con l'obiettivo di proteggere i rifugiati da uno Stato e per conto di un altro Stato, che avrebbe garantito loro il diritto d'asilo[198]. Seppure ci fosse un elemento persecutorio nel caso di migrazioni causate da disastri ambientali, sembra veramente remota l'ipotesi che uno Stato equipari le loro conseguenze alla minaccia insita nelle forme di persecuzione menzionate nel 1951 e nel 1967. L'unica eccezione potrebbe riguardare il caso di una sovrapposizione tra persecuzione politica e catastrofe

---

migration and conflict, World Bank, Washington, DC, 2008, p. 37.

[197] Sara Vigil, *Climate Change and Migration: Insights from the Sahel*, in Carbone, Giovanni (a cura di), *Out of Africa. Why People Migrate*, ISPI, Ledizioni Ledi Publishing, Milano, p. 62.

[198] Andrea Simonelli, *Governing Climate Induced Migration and Displacement. IGO Expansion and Global Policy Implications*, Palgrave Macmillan. New York, 2016, p. 77.

ambientale. Ad esempio, nel caso in cui un governo decidesse di attaccare deliberatamente un gruppo etnico o religioso tramite la privazione di risorse naturali o l'induzione di una carestia, ovvero il rifiuto o l'interruzione di soccorsi durante un grave disastro naturale[199]. In situazioni più usuali, l'equivalenza tra rifugiati politici e climatici è invece improponibile. Realisticamente, né gli Stati né le organizzazioni internazionali deputate alla protezione dei rifugiati accetterebbero una riforma che includa anche i migranti ambientali e climatici.

Nonostante la scorrettezza della definizione di "rifugiato", si ritiene che la normativa esistente possa essere d'ispirazione per concepire dei provvedimenti idonei ad una forma di protezione specifica per chi emigra, in via temporanea o permanente, a causa di cambiamenti ambientali e climatici severi. Ad esempio, nel 2009 l'Unione Africana ha menzionato i profughi ambientali transfrontalieri nella *Convenzione per la protezione e l'assistenza degli IDP in Africa*, firmata a Kampala ed entrata in forze nel 2012[200]. La decisione, molto progressista, rende vincolanti i *Guiding Principles* del 1998 e manifesta la volontà di cercare soluzioni condivise per gli sfollati all'interno di una cornice normativa e politica continentale. A livello europeo, è stato riconosciuto che il cambiamento climatico influirà negativamente sulla pressione

---

[199] In questa fattispecie, si potrebbe fare ricorso anche alla *Responsibility To Protect*. Cfr. Dorothea Hilhorst et. al., *Human security and Natural Disasters*. In: Martin, Mary, Owen, Taylor (a cura di), *The Routledge Handbook of Human Security*, op.cit., pp. 178-179. Citata come rimedio già esistente per gli IDP in IOM, *Migration, Environment and Climate change,* op.cit., p. 391.
[200]Unione Africana (UA), *African Union Convention for the Protection and Assistance of Internally Displaced Persons in Africa*, 2009.

migratoria, sottoforma sia di eventi improvvisi sia di quelli a insorgenza lenta, nonostante i legami siano empiricamente difficili da rintracciare[201]. Partendo da questa premessa, si sottolinea però che tanto l'estensione degli scopi della Convenzione di Ginevra del 1951, quanto l'allargamento dei *Guiding Principles* del 1998 non rappresentano scenari realisticamente percorribili per proteggere i migranti ambientali e climatici. Per tali motivi, sono stati analizzati tre modi per alternativi per rispondere alla sfida[202]:

- la creazione di un *framework* normativo disegnato su misura. Il progetto più onnicomprensivo è quello di una convenzione internazionale sullo sfollamento ambientale, abbozzata dall'Università di Limoges e giunta ormai ad una terza versione nel 2013[203]. La Convenzione proposta garantirebbe una serie molto ampia di diritti ai migranti, tra cui: assistenza, acqua, cibo, cure mediche, personalità giuridica, diritti civili e politici, alloggio, lavoro, cura e trasporto degli animali domestici e infine il diritto a ritornare in patria o a rifiutare il ritorno. Si tratta pertanto di un programma ambizioso, che in questo momento storico e politico supera di gran lunga le possibilità realisticamente raggiungibili dai *policy-maker*.
- L'aggiunta di un Protocollo specifico sulle migrazioni climatiche alla *Convenzione Quadro delle Nazioni Unite*

---

[201] European Parliament, *'Climate Refugees': legal and policy responses to environmentally induced migration*, Study requested by the European Parliament's Committee on Civil Liberties, Justice and Home Affairs, Brussels, 2011, pp. 10-11.

[202] Ivi, pp. 43-47.

[203] CRIDEAU, CRDP, *Draft Convention on the International Status of Environmentally-Displaced Persons*, Faculty of Law and Economic Science. University of Limoges, 2013.

sul Cambiamento Climatico (UNFCCC). Come sostenuto da alcuni autori[204], si tratterebbe di un regime di protezione *sui generis* basato su: ricollocamento pianificato in via preventiva; riconoscimento internazionale di diritti collettivi per le popolazioni locali che saranno più colpite dai disastri; responsabilità comuni ma differenziate. Anche in questo caso, le misure suggerite sono poco praticabili al giorno d'oggi, così come pare altrettanto velleitario ipotizzare la creazione di un'apposita agenzia che si occupi in modo specifico di migrazioni ambientali e/o climatiche [205].

- La terza opzione, più plausibile delle altre, concerne l'utilizzo di varie forme di strumenti di protezione temporanea, a cui ricorrere con la finalità di dare rifugio agli sfollati ambientali, ma che è meno percorribile per chi emigra per il timore di cambiamenti climatici futuri. In questa ipotesi rientrano anche le soluzioni elaborate in senso alle istituzioni comunitarie e ad alcuni paesi europei. Un altro esempio significativo viene dagli Stati Uniti, in cui lo *United States Immigration Act* del 1990 prevede lo status di protezione temporanea in circostanze come siccità, inondazioni, epidemie o terremoti, se lo Stato d'origine non può assicurare il ritorno a condizioni di vita sicure per i cittadini[206].

---

[204] Frank Biermann, Ingrid Boas, *Preparing for a warmer world. Towards a global governance system to protect climate* refugees, Global Environmental Politics. Vol. 10, 2010, pp. 60-88.
[205] Andrea Simonelli, *Governing Climate Induced Migration and Displacement*, op.cit., p. 113.
[206] Jane McAdam, *Climate Change, Forced Migration and International Law*, op.cit., p. 100.

A livello europeo si è molto discusso nel corso degli ultimi dieci anni sulla questione, esprimendo timore per i possibili arrivi di cospicui flussi migratori. La prospettiva securitaria ha contribuito ad alimentare un'interpretazione poco favorevole ai migranti, sia da un punto di vista metodologico, sia per quanto riguarda le possibili soluzioni. Ci si è soffermanti fin troppo sul nesso, non sempre scontato, tra migrazione, sicurezza e sviluppo, puntando sugli aiuti economici *in loco* e preferendo agire all'esterno invece che all'interno del continente[207]. Esistono, comunque, due strumenti principali che potrebbero fornire una cornice per le migrazioni ambientali e climatiche: la *Temporary Protection Directive* (TPS) e la *Qualification Directive*.

La TPS[208] fu designata come un meccanismo da innescare solo negli stati d'eccezione, come flussi ingenti di migranti che fuggono da conflitti armati, violenza endemica o violazioni generalizzate dei diritti umani. La redistribuzione dei migranti sarebbe dovuta avvenire promuovendo sforzi equilibrati tra gli Stati membri. Peraltro, l'art.2(C) contiene una lista non esaustiva, per la quale coloro che richiedono la protezione non deve necessariamente rientrare tra gli scopi previsti dalla normativa sui rifugiati, ma da altri strumenti di protezione nazionali o

---

[207] Margit Ammer et al., *Time to Act. How the EU can lead on climate change and migration*, Heinrich Böll Stiftung – European Union, Brussels, June 2014, p. 20 e 27; Enza Roberta Petrillo, *Environmental Migrations from Conflict-Affected Countries: Focus on EU policy response*, The Hague Institute for Global Justice, Working Paper 6, March 2015, p. 9.

[208] Council of the European Union, *Directive 2001/55/EC of 20 July 2001 on minimum standards for living temporary protection in the event of a mass influx of displaced persons and on measures promoting a balance of efforts between Member States in receiving such persons and bearing the consequences thereof*, OJ L 212, Brussels 2001.

internazionali. Esiste dunque la possibilità che queste disposizioni vengano interpretate in modo non restrittivo, includendo eventualmente anche i profili di chi è stato indotto a emigrare per via dei disastri ambientali o climatici improvvisi[209]. Tuttavia, l'evidente assenza della volontà politica di implementare la direttiva rende oltremodo velleitario pensare ad un aggiustamento in corso. Di fatto, essa non è stata mai applicata neppure per i profili individuati nell'art.2(C), essendo un provvedimento da applicare in via emergenziale che fu concepito in seguito all'esodo di migranti causato dalle guerre balcaniche.

Oltre alla TPS, l'UE dispone anche di un meccanismo d'asilo che potrebbe essere adattato alle esigenze specifiche dei migranti ambientali e/o climatici, cioè la *Qualification Directive* del 2004, poi modificata nel 2011. Essa ha lo scopo di fornire standard minimi di protezione a cittadini di stati terzi (*Third Country Nationals*), ad apolidi, a rifugiati o ad altri individui richiedenti protezione internazionale[210]. La finalità iniziale risiedeva nell'armonizzazione dei differenti parametri legislativi degli Stati membri in materia di diritto d'asilo. Analizzandone l'eventuale applicazione per le migrazioni trans-frontaliere, occorre menzionare *in primis* che l'art.8 prevede che la protezione sussidiaria possa essere garantita soltanto se nel paese d'origine non esiste alcuna *internal flight alternative*, cioè una zona in cui

---

[209] European Parliament, '*Climate Refugees': legal and policy responses to environmentally induced* migration, op.cit., p. 54.
[210] Council of the European Union, European Parliament, *Directive 2011/95/EU of the European Parliament and of the Council of 13 December 2011 on standards for the qualification of third-country nationals or stateless persons as beneficiaries of international protection, for a uniform status for refugees or for persons eligible for subsidiary protection, and for the content of the protection granted (recast).* OJ L 337/9. Brussels, 2011.

possa trovare un rifugio sicuro, al riparo «dal timore di essere perseguitato, da rischi reali e da gravi danni»[211]. Nella circostanza in cui l'intero paese non rappresentasse un luogo sicuro, la QD potrebbe allora essere applicata. Ci si domanda, quindi, se la regola possa valere anche nel caso di migrazioni indotte da disastri naturali. Il nodo gordiano va ricercato nell'art.15 e nella definizione di «danno grave» (*serious harm*), che comprende:

a) *pena di morte o esecuzione;*
b) *tortura, trattamento disumano o degradante, punizione;*
c) *minaccia grave individuale alla vita civile della persona a causa di violenza indiscriminata in situazioni di conflitto armato internazionale o interno.*

Apparentemente, sembra palese che nessuna delle fattispecie possa comprendere l'oggetto del nostro dibattito. Peraltro, un commento finale alla disposizione, poi cancellato dalla versione definitiva del testo, chiariva che la parola «trattamenti» doveva essere collegata solo ad azioni compiute dall'uomo e non a disastri naturali o a situazioni come le carestie[212]. L'assenza di riferimenti non esclude, comunque, che a livello potenziale qualsiasi altra violazione dei diritti umani possa essere compresa nell'art.15(b) e considerata alla stregua di «trattamento disumano o degradante». Il dibattito non è stato preso seriamente in considerazione, per via dei risvolti politici e sociali che un'interpretazione del genere avrebbe. Di fatto, l'allargamento di significato degli aggettivi «disumano e degradante» avrebbe l'effetto, giudicato controproducente, di includere la povertà e l'indigenza economica tra gli aspetti per cui

---

[211] European Parliament, *'Climate Refugees': legal and policy responses to environmentally induced* migration, op.cit., p 51.
[212] Jane McAdam, *Climate Change, Forced Migration and International Law*, op.cit., p. 104.

un migrante potrebbe chiedere tali forme di protezione. Se è vero che ci sono state alcune sentenze più orientate verso tale direzione, la giurisprudenza europea è tuttavia ancora tiepida nell'esprimersi positivamente a favore dell'equiparazione tra la fattispecie dell'art.15(b) e le privazioni dovute alle migrazioni ambientali e/o climatiche. La chiave di una lettura più estensiva andrebbe ricercata nella violazione dell'art.3 della *Convenzione Europea dei Diritti dell'Uomo* (ECHR) [213], ma questa potrebbe essere causata solo se lo Stato di provenienza sottraesse al migrante qualsiasi supporto socio-economico, ad esempio tagliando le risorse naturali necessarie al suo sostentamento[214]. Essenziali, dunque, sono il ruolo e la responsabilità da parte dello Stato.

Per quanto riguarda gli Stati membri, esistono degli esempi un po' più virtuosi, i cui parametri normativi potrebbero essere considerati come delle *best practices* da imitare anche in altri contesti nazionali. Ad esempio, vengono citate spesso Svezia e Finlandia[215], le quali, in linea con il tradizionale progressismo scandinavo, sembrano offrire meccanismi di protezione più avanzati per coloro che sono impossibilitati a far ritorno in patria a causa di danni gravi, tra cui anche quelli relativi a catastrofi improvvise (non ad insorgenza lenta).

---

[213] Ivi, pp. 65-68, in cui si discute della sentenza *D v United Kingdom* e della posizione da parte della Corte Europea dei Diritti dell'Uomo, che si espresse a favore di un'interpretazione più flessibile dell''art. 3 dell'ECHR. L'autrice tuttavia non ritiene che la sentenza possa essere un esempio valido.

[214] Ivi, p. 71.

[215] Emily Hush, *Developing a European Model of International Protection for Environmentally-Displaced Persons: Lessons from Finland and Sweden*, Columbia Law School, September 2017.

Entrambe le normative non sono ancora state sperimentate per una situazione di migrazione ambientale e/o climatica. L'emergenza migratoria del 2015, poi, ha condotto la Svezia a revocare per tre anni (2016-2019) il meccanismo di "protezione alternativa", mentre la Finlandia ha lasciato in vita solo la sez. 109 dell'Atto e la possibilità di ottenere una protezione temporanea.

In Italia, si sta cominciando a discutere di migrazioni ambientali e climatiche, non solo a livello mediatico ma anche in sede giurisprudenziale. Una recente sentenza del Tribunale di L'Aquila[216] del 18 Febbraio 2018 riconosce il diritto di un cittadino del Bangladesh alla protezione umanitaria in quanto vittima di disastro ambientale che gli avrebbero fatto perdere il terreno agricolo, ossia le alluvioni, un evento catastrofico improvviso che rappresenta nel contempo anche un effetto graduale del cambiamento climatico[217]. Il giudice Roberta Papa ha sottolineato che i danni sono stati acuiti sia da tali cambiamenti sia dalla deforestazione forzata degli ultimi 40 anni e dalle pratiche di *land grabbing*, attribuendo quindi la fattispecie a chiare cause antropogeniche[218]. La sentenza ha

---

[216] Tribunale di L'Aquila, *Ordinanza RG 1522/17*, 18 Febbraio 2018.

[217] Diversi studi hanno riscontato delle evidenze empiriche sull'innalzamento del livello del mare e sul pericolo crescente di inondazioni. Cfr. Jane McAdam, *Climate Change, Forced Migration and International Law*, op.cit., pp. 161-185.

[218] Peraltro, ella si è ispirata alla circolare del 30 luglio 2015 adottata dalla Commissione nazionale per il diritto di asilo del ministero dell'Interno, che menziona le "gravi calamità naturali o altri gravi fattori locali ostativi a un rimpatrio in dignità e sicurezza" tra le ragioni di concessione della protezione umanitaria. Ministero dell'Interno – Commissione Nazionale per il diritto dell'asilo, *Ottimizzazione delle procedure relative all'esame delle domande di protezione internazionale. Ipotesi in cui ricorrono i requisiti per il rilascio del permesso di soggiorno per motivi umanitari*, Circ. Prot. 00003716 del 30 luglio 2015.

segnato un passo in avanti storico nel contesto italiano, evocando per la prima volta un caso di migrazione climatica. Ciononostante, se n'è parlato solo tra gli esperti in materia e in pochi giornali che hanno interpretato l'episodio usando una retorica securitaria.

Questo è dunque il quadro europeo, caratterizzato da falle che potrebbero essere colmate solo in presenza di una forte e comune volontà politica di riforma degli strumenti giuridici adeguati. Al di là delle forme di protezione giuridica, le istituzioni si sono soffermate soprattutto sulla necessità di affrontare la questione in via preventiva tramite gli strumenti della cooperazione internazionale e degli aiuti allo sviluppo, al fine di aumentare la resilienza delle zone più vulnerabili[219].

4. Il Marocco come caso di studio nel Mediterraneo: flussi migratori climatici interni ed esterni

Questo paragrafo è incentrato su un caso di studio specifico, cioè il Marocco, scelto perché interessato contemporaneamente sia dal cambiamento climatico, sia dai flussi migratori diretti verso l'Europa. Anche se mancano solide dimostrazioni sul nesso causale tra cambiamento climatico e movimenti trans-frontalieri, alcuni studi hanno dimostrato che il Marocco sarà tra i paesi più colpiti dal peggioramento delle condizioni ambientali provocato dall'aumento delle temperature. Il Marocco è già diventato, peraltro, uno degli *hub* delle rotte migratorie provenienti dal Sahel, a loro volta condizionate da motivazioni ambientali[220]. Di

---

[219] European Parliament, *'Climate Refugees': legal and policy responses to environmentally induced migration,* op.cit., pp. 47-49.
[220] Ulrike Grote, Koko, Warner, *Environmental Change and Forced Migration. Evidence form Sub-Saharian Africa,* International Journal of

conseguenza, è opportuno che il governo di Rabat si prodighi per mitigare ed adattarsi agli impatti più deleteri legati al cambiamento climatico, tra cui anche i potenziali flussi migratori, e che i paesi della sponda Nord del Mediterraneo cooperino per supportare i vicini del Sud che più saranno colpiti da siccità, carestie e salinizzazione dell'acqua di mare.

All'interno del paragrafo verrà fatto ampio uso di approfondimenti sul campo che hanno indagato il legame tra disastri naturali improvvisi ed eventi *slow-onset*, da un lato, e le migrazioni che dal Marocco si sono dirette verso l'Europa, dall'altro. Sebbene per parlare di migrazioni occorra sempre considerare tre livelli di analisi (macro, meso e micro) e non dimenticare quanto pesi l'*agency* individuale, si può affermare che fenomeni quali l'aumento delle temperature, la desertificazione e la siccità abbiamo inciso sulla volontà di alcuni gruppi marocchini, spingendoli a emigrare verso la sponda Nord del Mediterraneo. L'analisi è rilevante non tanto per la portata attuale di tali spostamenti – che sono sì ingenti, ma che chiaramente vanno ricondotti *in primis* a ragioni economiche -, quanto per i futuri sviluppi legati alla capacità dei marocchini di adattarsi o meno ai cambiamenti climatici, che sembrano inesorabili e drammatici. I flussi al momento non riguardano direttamente l'Italia, meno investita rispetto al passato dall'arrivo dei migranti marocchini; non si può comunque escludere che in futuro le coste italiane vengano privilegiate rispetto alle altre mete del Mediterraneo – principalmente spagnole e francesi. Osservando gli arrivi, si può notare infatti che fino all'ottobre del 2018 sono arrivati in Italia 337 marocchini, a fronte dei 5.612 in Spagna. Tuttavia, nel 2017 l'Italia ha superato la Spagna, seppur di poco (6.000 contro 5.500;

Global Warming, January 2010.

altri 300 sono sbarcati in Grecia), mentre nel 2016 il divario è stato notevole (5.443 in Italia contro 674 in Spagna)[221].

Il Marocco è stato selezionato anche in quanto paese che sta vivendo un'interessante transizione migratoria, diventando gradualmente la meta di molti migranti dell'Africa sub-sahariana. Sia che venga scelto intenzionalmente, sia che si decida di rimanervi a causa dell'impossibilità di partire per l'Europa, il Marocco emerge come un insieme di esempi e di situazioni che testimoniano dell'eterogeneità dei flussi e della presenza della componente climatica. Quest'ultima, come si vedrà, è presente in una misura anche maggiore in molti paesi del Sahel, epicentro delle maggiori vulnerabilità del pianeta, *"ground zero"* del cambiamento climatico[222] e origine dei flussi che si muovono a fatica verso l'Europa. Proprio per questo motivo l'Unione Europea farebbe bene a tenere in considerazione la direttrice migratoria che conduce dalle zone più vulnerabili del Sahel alle coste del Nord Africa.

Prima di focalizzare il discorso sul nesso tra migrazione e clima in Marocco, sia dia uno sguardo quindi alle cifre che riguardano tali flussi migratori in generale. Contrariamente a quanto molti cittadini europei percepiscono, lo stock di migranti internazionali africano (pari a circa 14,1 milioni di individui) è inferiore rispetto a quello asiatico (41 milioni), europeo (23,7 milioni) e latinoamericano (14,6 milioni). Sebbene il numero di migranti

---

[221] Dati ottenuti da UNHCR, *Refugees and migrants sea arrivals in Europe. Monthly Update December 2016*; UNHCR, *Refugees and migrants sea arrivals in Europe. Monthly Update December 2017*; UNHCR, *Operation Portal. Refugee Situation. Mediterranean Situation*, 2018.
[222] Ammonimento di un funzionario ONU riportato in Sara Vigil, *Climate Change and Migration: Insights from the Sahel*, op.cit., p. 53.

originari dall'Africa superi i 36,2 milioni, quasi due terzi di questa cifra è emigrata all'interno del continente, mentre circa 9 milioni di individui di origine africana sarebbero stati stimati in Europa al 2017[223]. Le percezioni fuorvianti sono scaturite quasi sicuramente dai flussi di migranti, a tratti incontrollati, che si sono riversati dal 2014 al 2018 sulle coste europee del Mediterraneo[224], soprattutto in Italia (640.308) e in Grecia (1,126 milioni, a causa del picco di 856.723 del 2015). La Spagna, che fino ad ora fronteggiava degli arrivi meno consistenti, si è trovata di recente a dover gestire sbarchi di un numero crescente di migranti - circa 43.418, più dei 40.180 sbarcati nei 4 anni precedenti. Tra questi, 11.110 sono arrivati dal Marocco, ossia il 18,4% del totale[225].

Questi numeri vanno uniti a quelli del passato, che testimoniano di quanto l'emigrazione marocchina verso vari paesi dell'Unione Europea sia sempre stata molto nutrita. Ad esempio, l'IOM ha calcolato, fino al 2015, lo stock di migranti tra il Marocco e l'Italia (circa 400.000), la Spagna (quasi 750.000) e la Francia (tra gli 800.000 e i 900.000) tra i primi 20 "corridoi" originatisi da paesi africani verso altre destinazioni intra- ed extra-continentali[226]. Altre fonti forniscono dati (aggiornati al 2012) ugualmente significativi, stimando la popolazione di origine marocchina (quindi non solo i migranti, ma anche seconde e terze generazioni) in 487.000 per l'Italia, 672.000 per la Spagna, 363.000 per i Paesi Bassi, 298.000 per il Belgio e addirittura 1.147.000 per la Francia[227].

---

[223] UN/DESA, *The International Migration Report [Highlights]*, op.cit., pp. 9-11.

[224] UNHCR, *Operation Portal. Refugee Situation. Mediterranean Situation*, 2018.

[225] Ivi, nella sezione dedicata alla Spagna.

[226] IOM, *Word Migration Report 2018*. Geneva, 2018, p. 47.

Esiste per l'Europa una posta in gioco strategica molto rilevante nella gestione dei flussi e nel raggiungimento della piena integrazione dei migranti marocchini o di origine marocchina. Anche in vista di ciò, osservare le dinamiche relative al cambiamento climatico e agli effetti deleteri *in situ* diventa un'esigenza non prorogabile.

4.1. Le vulnerabilità del Marocco

Cambiamento climatico e disastri ambientali sono caratteristiche piuttosto comuni a tutti i paesi dell'area MENA[228] e a moltissime zone dell'Africa sub-sahariana. Nel corso della trattazione verranno citati alcuni esempi tratti dal Sahel occidentale, significativi poiché origine dei flussi diretti verso l'Europa e transitanti per il Marocco, ma non vi sarà spazio per altri casi di studio del mondo arabo-mediterraneo che pure meriterebbero attenzione. Di fatto, alcuni studi recenti ritengono che molti Stati saranno colpiti da aumento delle temperature medie, siccità, riduzione delle piogge, variabilità intensa delle temperature stagionali e innalzamento del livello delle acque del Mediterraneo: tutti fattori che influiranno negativamente sulla produzione agricola e sull'economia di paesi quali Algeria, Egitto, Yemen, Siria e Marocco[229]. Nelle zone desertiche del Nord Africa è stato

---

[227] Hein de Haas, *Morocco: Setting the Stage for Becoming a Migration Transition Country?*, Migration Policy Institute Profile, 2014.

[228] Dorte Verner (a cura di), *Adaptation to a changing climate in the Arab countries*, (Directions in development), Washington, DC: The World Bank, 2012.

[229] Quentin Wodon et al., *Climate Change, Extreme Weather Events, and Migration: Review of the Literature for Five Arab Countries*, in Laczko, Frank, Piguet, Étienne, *People on the move in a Changing*

osservato un trend verso un clima più secco e più caldo nel corso degli ultimi decenni, più pronunciato verso la Tunisia e l'Egitto che in Marocco. Infatti, la Banca Mondiale stima che la temperatura del Regno possa aumentare tra gli 1.1.e i 3.5 gradi entro il 2060[230]: cifre che, pur rappresentando un peggioramento significativo, si mantengono comunque al di sotto dei picchi previsti dall'IPCC – fino ai 6 gradi, entro la fine del secolo[231]. Tuttavia, la diminuzione di precipitazioni che in futuro colpirà il Nord Africa (dal 10% al 20% entro il 2050) dovrebbe abbattersi con più intensità soprattutto in Marocco, durante i periodi invernali[232]. La riduzione delle piogge ha acuito i danni da siccità nel corso degli ultimi decenni e a pagarne le conseguenze sarebbero state circa 275.000 persone dal 1990 al 2014[233].

Climate. The Regional Impact of Environmental Change on Migration, Springer International Publishing, Dordrecht, 2014, pp. 111-134. Sugli effetti del cambiamento climatico nel Mediterraneo si veda anche Dania Abdul Malak et al. , *Adapting to Climate Change. An assessment of vulnerability and risks to human security in the Western Mediterranean Basin*, Berlin, Springer, 2017, pp. 1-5.

[230] IOM, *Assessing the Evidence. Migration, environment and climate change in Morocco,* Geneva, 2016, p.21.

[231] Isabelle Niang et al., *Africa*, in *Climate Change 2014: Impacts, Adaptation, and Vulnerability. Part B: Regional Aspects. Contribution of Working Group II to the Fifth Assessment Report of the Intergovernmental Panel on Climate Change (IPCC).* Cambridge University Press. Cambridge. United Kingdom and New York, 2014, p. 1202.

[232] Janpeter Schilling et al., *Climate change, vulnerability, and adaptation in North Africa with focus on Morocco,* Agriculture, Ecosystems and Environment, 156, 2012, p. 14.

[233] Julian Tangermann, Mariam Traoré Chazalnoel, *Environmental migration in Morocco: Stocktaking, challenges and opportunities,* MECC Policy Brief Series, 3(2), 2016, p. 2, lavorando su dati World Bank e EM-DAT del 2015.

Oltre ai periodi di siccità, alla graduale desertificazione, al deterioramento delle terre e allo stress idrico – su ciascuno dei quali bisognerebbe condurre specifici studi, indagandone il nesso con i flussi migratori-, il Maghreb e il Marocco in particolare saranno interessati anche da disastri naturali estremi ed improvvisi: si pensi alle inondazioni e alle tempeste[234]. L'IOM riporta in aggiunta alcuni dati dell'IDMC, secondo i quali dal 2008 al 2014 ci sarebbero stati 22.271 sfollati interni a causa di disastri naturali. Nel 2014 le alluvioni avrebbero provocato almeno 32 morti e più di mille evacuati nelle provincie di Agadir-Ida-ou-Tanane e di Guelmim e altri 15 in diverse zone del paese, mentre gli uragani avrebbero colpito addirittura 117.000 persone, dimostrando l'aumento e il potenziale distruttivo degli eventi *sudden-onset*[235]. Alluvioni ed uragani devono essere associati anche all'innalzamento delle acque marine, che secondo l'IPCC sarà pari a 0,1 entro il 2030 e a 0,17 entro il 2050[236]. Ciò condurrà alla graduale erosione delle coste e a minacciare l'80% della popolazione marocchina, che vive per lo più in agglomerati urbani localizzati lungo la costa[237].

Osservando altri dati, si evince perché il paese è stato considerato come quello più sensibile agli effetti del cambiamento climatico e meno capace di elaborare strategie di adattamento, a causa sia della pressione demografica interna[238], sia dei livelli poco

---

[234] Ibidem.

[235] IOM, *Assessing the Evidence,* op.cit., p. 13.

[236] Ivi, p. 24.

[237] Ivi, p. 28.

[238] Dai quasi 35 milioni attuali, si stima che la popolazione supererà i 40 milioni entro il 2050. Si veda George Groenewold, Joop de Beer, Corina Huisman, *Population Scenarios and Policy Implications for Southern Mediterranean Countries, 2010-2050, MEDPRO Policy* Paper, No. 5, March 2016, p.18.

soddisfacenti di sviluppo economico e umano[239], nonostante il miglioramento costante degli ultimi anni non lo renda affatto uno stato fragile. L'aumento delle temperature, l'aridità del clima, il deterioramento del suolo e l'esigua disponibilità di acqua, specialmente nelle zone rurali, avranno esiti catastrofici sull'agricoltura marocchina, che rappresenta circa il 17% del PIL nazionale e che potrebbe subire un calo della produttività pari al 30%, visto che su circa il 90% del suolo arabile le coltivazioni agricole dipendono da acqua piovana[240]. Peraltro, si stima che l'erosione del suolo abbia già deteriorato il 75% dei terreni marocchini[241], provocando ingenti danni soprattutto nelle oasi meridionali. Altri settori di rilievo dell'economia marocchina subiranno le conseguenze negative del cambiamento climatico, come la pesca, per via della salinizzazione delle acque, e la pastorizia.

A proposito di quest'ultima attività si può cominciare a introdurre il discorso sulle migrazioni climatiche in Marocco, in relazione al dibattito in letteratura tra coloro[242] che credono che le attività di transumanza saranno gravemente acuite - spingendo i pastori alla sedentarietà, ad un maggiore stress sulle risorse naturali e a più probabili conflitti - e chi invece ritiene che i movimenti tradizionali e circolari dei pastori possa costituire una strategia di adattamento valida per ovviare alle criticità ambientali[243]. Si nota,

---

[239] 123esimo posto nel ranking dell' UNDP (United Nations Development Programme), *Human Development Reports*. Morocco, Human Development Indicators, 2018.
[240] Janpeter Schilling et al., *Climate change, vulnerability, and adaptation in North Africa with focus on Morocco*, op.cit., p. 16 e 20.
[241] Ivi, p. 21.
[242] Ivi, p. 23.
[243] Korbinian Freier, Finckh, Manfred Finckh, UweSchneider ,

pertanto, come nel caso di studio marocchino ritorni uno dei nodi principali che riguarda le migrazioni climatiche, relativamente alla validità degli spostamenti *in loco* come validi meccanismi di adattamento e di resilienza, riscontrati inoltre in molte indagini sul campo in Africa sub-sahariana[244]. Tali soluzioni manifestano una natura soprattutto temporanea e circolare[245], ma potrebbero anche prevedere l'attraversamento dei confini, in virtù della porosità che è una cifra distintiva della fascia saheliana.

Se, dunque, esiste già un minimo di evidenza empirica sulle migrazioni oltre confine al Sud del Sahara, caratterizzato anche da politiche regionali incoraggianti verso la mobilità transnazionale (es. il Protocollo dell'ECOWAS del 1979), mancano ancora dati in abbondanza sul Marocco, su cui urgono più ricerche[246]. Ciò potrebbe far affermare che le vere migrazioni climatiche di cui fino ad ora si potrebbe parlare nel contesto marocchino riguardano l'immigrazione dagli Stati del Sahel, più che l'emigrazione verso l'Europa. Al netto di queste considerazioni, non è opportuno comunque escludere che i migranti marocchini che si sono diretti e continuano a dirigersi verso l'Europa siano spinti anche dai problemi che sono stati elencati in precedenza, in primis siccità, carestie, degradazione e desertificazione del suolo. È su questi flussi che in futuro dovranno concentrarsi gli approfondimenti,

---

Adaptation to new climate by an old strategy? Modeling sedentary and mobile pastoralism in semi-arid Morocco. Land. 3, 2014, p. 936.
[244] Gunvar Jonsson, *The environmental factor in migration dynamics – a review of African case studies.* International Migration Institute (IMI), Working Paper n. 21, 2010.
[245] Sally E. Findley, *Does Drought Increase Migration? A Study of Migration from Rural Mali during the 1983–1985 Drought,* International Migration Review, 28 (3), 1994, pp. 539–53
[246] IOM, *Assessing the Evidence,* op.cit., p. 30.

facendo uso sia di metodi quantitativi che qualitativi e cercando di rintracciare possibili nessi tra la decisione di emigrare e una possibile forzatura legata all'ambiente o al clima.

Con la premessa che ogni migrante è un "imprenditore di sé stesso", che non agisce solo sulla base di eventuali costrizioni strutturali, e che le migrazioni possono anche avvenire all'interno del paese, dalle aree rurali verso quelle urbane. Su quest'ultimo aspetto al momento esistono delle conferme[247]: l'urbanizzazione sregolata a sua volta potrebbe essere causa di criticità e danni ambientali, o subirne le peggiori conseguenze, in una relazione di mutuo svantaggio. Ma secondo alcuni, il trend problematico della crescita demografica eccessiva in Africa sub-sahariana si verificherà a prescindere dalla migrazione proveniente dalle campagne. Si stima che a partire dal 2030 la popolazione urbana pareggerà quella rurale – entrambe di poco al di sotto degli 800 milioni -, mentre entro il 2050 la componente urbana supererà gli 1.2 miliardi, a fronte di quella rurale che si stabilizzerà tra i 750 e gli 800 milioni (vedi fig.3)[248].

In che modo il Marocco sta cercando di prevenire gli effetti più infausti del cambiamento climatico? Esiste una ponderata strategia nazionale? In linea di massima, la risposta è positiva, ma nelle politiche nazionali non viene mai menzionato il nesso tra i suddetti cambiamenti e le migrazioni[249]. Esistono, invece, diversi strumenti

---

[247] Ambika Chawla, *Climate-induced migration and instability. The role of city governments,* OEF Research Discussion Paper, 2017, pp. 4-5.
[248] Susan Parnell, Ruwani Walawerge, *Sub-Saharian African urbanisation and global environmental change.* Global Environmental Change, N.21, 2011, pp. 15-16.
[249] Julian Tangermann, Mariam Traoré Chazalnoel, *Environmental migration in Morocco: Stocktaking, challenges and opportunities,* op.cit., p. 4.

che regolano separatamente le migrazioni e la prevenzione dei danni causati dal cambiamento climatico.

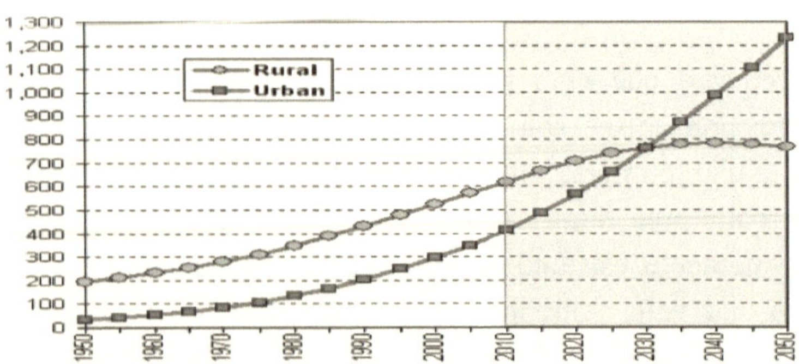

Fig.2 Popolazione urbana e rurale in Africa dal 1950 al 2050 (Parnell, Walawerge, 2011, p.15)

Per quanto riguarda il primo aspetto, dagli anni Novanta si è cercato progressivamente di liberalizzare le politiche migratorie, per favorire il consistente ritorno economico rappresentato dalla rimesse della diaspora marocchina. A questo proposito, di centrale importanza è stato il *Mobility Partnership* firmato con nove Stati membri dell'Unione Europea nel 2013, che, per quanto non vincolante, cerca comunque di regolamentare i flussi, facilitando il rilascio di visti per certe categorie della società marocchina (studenti, lavoratori) e il rimpatrio dei migranti non autorizzati. Un'altra politica del Regno che può essere menzionata è l'elaborazione della *National Initiative for Human Development 2005-2010*, che è orientata a ridurre la povertà. Pur cercando di combattere alla radice una delle cause delle migrazioni, anche in questo caso mancano dei riferimenti al cambiamento climatico e ai suoi effetti sulla società. Le criticità potrebbero farsi sentire tanto nelle aree rurali quanto in quelle urbane, considerando che l'urbanizzazione procede a ritmi molto rapidi – il 60,2% della popolazione vive in città[250].

Analizzando nello specifico i provvedimenti rivolti a mitigare il cambiamento climatico, l'impegno del Marocco negli ultimi anni è stato lodevole, tanto da ospitare la 22esima Conferenza delle Parti a Marrakesh nel 2016. Già dal 2001 Rabat ha creato un *Comitato Nazionale per il Cambiamento Climatico*, dimostrando un'elevata sensibilità in materia. Al 2009 risalgono altri due strumenti chiave che auspicalmente consentiranno al paese di sviluppare una maggiore capacità di resilienza:

- il *Piano Nazionale contro il Surriscaldamento Climatico* (PNRC), per promuovere la ricerca e l'implementazione di risorse rinnovabili e per favorire una serie di misure di adattamento nel settore agricolo, nelle zone costiere e in tutte le aree del paese che saranno maggiormente colpite dalla scarsità di risorse idriche[251]. I riferimenti alle migrazioni non sono del tutto assenti, nella misura in cui il PNRC menziona la necessità di programmare il ricollocamento delle persone colpite da disastri naturali acuiti dai cambiamenti climatici, come le alluvioni.
- la *Strategia Nazionale dell'Acqua* (SNE), che ha previsto investimenti pari a 7.5 miliardi di euro fino al 2030 per fare in modo che il paese supplisca alla domanda idrica da parte dei cittadini e delle imprese[252]. Inoltre, già dal 2002 è stato concepito un Piano Nazionale per la Protezione dalle Alluvioni, dotato di un sistema di allerta precoce, che al momento però non è riuscito ad evitare alcune tragedie come quelle del 2014 citate in precedenza.

---

[250] IOM, *Assessing the Evidence,* op.cit., p. 37.

[251] Ivi, p. 39.

[252] Dania Abdul Malak et al., *Adapting to Climate Change*, op.cit., pp. 47-48.

Da ricordare, infine, la *Carta Nazionale dell'Ambiente e dello Sviluppo Sostenibile* del 2012 e i contributi del Marocco alla *UN Framework Convention on Climate Change* del 2015, in cui è stato sottolineato l'impegno del paese nordafricano sia per gli investimenti portati a termine di recente – 9% della spesa nazionale tra il 2010 e il 2015 per misure di adattamento al cambiamento climatico – sia per la futura intenzione di ridurre del 32% le emissioni di gas serra[253].

5. Cenni sull'emigrazione climatica dal Sahel: il Marocco come destinazione finale e paese di transito

Dopo aver preso in considerazione le mutazioni climatiche graduali e i disastri naturali improvvisi che hanno potenzialmente spinto, o che potrebbero spingere, molti marocchini a emigrare in Europa, nonostante la penuria di studi empirici disponibili al momento, nella prossima sezione verranno discusse in breve le possibilità ben più evidenti e approfondite in letteratura che le migrazioni climatiche partano da alcune zone del Sahel e dell'Africa Sub-sahariana per dirigersi verso Nord. Il Marocco rappresenta una tappa percorsa da molti, sia come paese di transito, sia come meta finale, considerando pure che le esenzioni sui visti concesse tramite gli accordi con alcuni Stati come Mali e Senegal rendono il viaggio meno ostico. Il Regno inoltre sta vivendo un'interessante transizione migratoria[254], confermata dall'aumento dei migranti regolari residenti nel decennio 2004-2014, superiore al 60%: da 51.535 a 86.206, di cui circa il 40%

---

[253] IOM, *Assessing the Evidence,* op.cit., p. 40.
[254] Hein de Haas, *Morocco: Setting the Stage for Becoming a Migration Transition Country?* op.cit.

proveniente da paesi europei[255]. La percentuale è pari allo 0,26% su una popolazione di 33.8 milioni e di certo non comparabile a quella dei paesi europei. Eppure, la crescita costante potrebbe continuare nel corso dei prossimi anni e le cifre ufficiali non riportano il numero di migranti irregolari. La maggiore sensibilità verso gli arrivi dai paesi sub-sahariani ha spinto il re e il governo verso la formulazione di riforme in materia di diritto d'asilo, traffico di esseri umani e altri aspetti correlati alle migrazioni, come evidente nella *Strategia Nazionale sulla Migrazione e l'Asilo* e nella campagna di regolarizzazione dei migranti del 2014, in cui 17.916 domande su 27.332 sono state accettate. Tra l'altro, nel marzo del 2016 l'UNHCR registrava 4.277 rifugiati (in gran parte siriani) e 1.910 richiedenti asilo (quasi tutti dall'Africa sub-sahariana).

Le statistiche decostruiscono le paure europee riguardo alla possibilità che in futuro migliaia di migranti sub-sahariani presenti in Maghreb finiranno per bussare alle porte del continente al momento non sono giustificate, tanto più che in Europa la maggior parte dei migranti africani proviene dai paesi arabi del Nord. Già una decina di anni fa Hein de Haas stimava che solo dal 20% al 38% dei flussi sub-sahariani diretti in Maghreb continuava il percorso verso l'Europa[256]. È indubbio però che questa percentuale è in aumento. Nel Mediterraneo centrale, ciò è scaturito dalla fragilità della Libia post-2011, per cui molti migranti africani che oggi arrivano in Libia lo fanno con il solo obiettivo di imbarcarsi per l'Europa. Nella parte occidentale, il Marocco, nonostante la

---

[255] Françoise De Bel-Air, *Migration Profile: Morocco*, Migration Policy Institute, Policy Brief, EUI, Fiesole (FI), Issue 5/2016, pp. 2-3.
[256] Hein de Haas, *Irregular Migration from West Africa to the Maghreb and the European Union: An Overview of Recent Trends*, IOM Migration Research Series, 2009, p. 9.

stabilità del Regno, è diventato terra di partenza per i migranti sub-sahariani che vi emigrano sempre più numerosamente. Per questo, se è vero che i numeri non sono ancora così alti da suscitare allarmismi, non bisogna affatto sottovalutare l'ipotesi che costoro tenteranno di emigrare in Europa, come successo di recente sia via terra, a Ceuta e a Melilla, sia via mare, come dimostrano i dati dell'UNHCR: su 48.807 arrivi nel 2018, solo il 16,6% è marocchino, mentre quasi il 57% viene da 4 paesi sub-sahariani (in prevalenza Guinea, poi Mali, Costa d'Avorio e Gambia)[257].

Queste breve introduzione aiuta a capire la rilevanza che il Sahel riveste nei discorsi dell'Unione Europea sulla gestione dei flussi migratori diretti a Nord, che in futuro potrebbero subire degli aumenti provocati dal cambiamento climatico. Com'è stato già detto, la portata, la tipologia e le conseguenze di tali mutazioni danno luogo a scenari eterogenei, che si manifestano in modo cangiante in base al luogo considerato, alle caratteristiche meso e micro associate alle catene migratorie e alle strategie dei singoli individui. In generale, si possono comunque segnalare delle criticità che colpiranno negativamente molti paesi del Sahel, già affetti da povertà, indici di sviluppo umano molto bassi, accesso insufficiente alle risorse, percentuali preoccupanti di episodi di violenza e terrorismo e altri fattori di instabilità sociale e politica. Il cambiamento climatico provocherà un aumento degli eventi climatici estremi, tra cui siccità e graduale desertificazione nelle aree interne[258] (*slow-onset*) e alluvioni e tempeste sulle coste

---

257 UNHCR, *Operation Portal. Refugee Situation. Mediterranean Situation*, 2018.
258 Si veda Bruno Barbier et al., *Human Vulnerability to Climate Variability in the Sahel. Farmers' Adaptation Strategies in Northern Burkina Faso*. Environmental Management, vol. 43, no. 5, 2009, pp. 790-803.

(*sudden-onset*). Ciò acuirà l'insicurezza alimentare, diminuendo la produzione agricola dal 2% al 4% in Africa centrale e occidentale[259]. Peraltro, l'innalzamento del livello dell'acqua determinerà non solo catastrofi improvvise, ma anche la contaminazione della qualità dell'acqua utilizzabile dalle società locali. L'inquinamento delle falde acquifere, l'intensità variabile delle piogge e la percentuale crescente di eventi estremi sono tutti fattori che si accompagneranno a temperature più calde, causando un aumento dell'esposizione alla malaria, fatta eccezione per le zone meno umide, in cui si registrerà un calo[260].

Detto dei principali mali scaturiti dal cambiamento climatico, una delle tesi più condivise dai ricercatori esperti dell'area saheliana sostiene che la scelta di migrare può esserne una conseguenza molto probabile, costituendo una flessibile strategia di adattamento e di sopravvivenza a breve e medio termine sperimentata da decenni. La migrazione chiaramente avviene anche in risposta ad altre variabili riconducibili allo stress ambientale, segue rotte e network già conosciuti e non implica, di solito, l'attraversamento di confini internazionali distanti. Non essendo la sede per indagare tutti i contesti specifici, vale la pena dedicare qualche battuta almeno al Mali e al Senegal, che sono stati studiati a fondo per via della fragilità ambientale e che pesano tra le componenti dei flussi trans-mediterranei. Di fatto, negli ultimi 3 anni sono stati stimati nel Mediterraneo:

- arrivi dal Mali pari a 10.010 nel 2016 (solo in Italia), 7.700 nel 2017 (7.100 in Italia, 600 in Spagna) e 6.799 all'ottobre del 2018 (di cui 5.924 in Spagna);

---

[259] James Morrissey, *Environmental Change and Human Migration in Sub-Saharian Africa*, op.cit.,p.86.
[260] Ivi, p. 87.

- arrivi dal Senegal pari a 10.327 nel 2016 e 6.000 nel 2017 (in entrambi i casi solo in Italia), mentre all'ottobre del 2016 si registra una diminuzione netta (1.437 in totale, di cui 1.016 in Spagna)[261].

Per quanto riguarda il Mali, si tratta di uno degli Stati più poveri del pianeta, in cui la crescita demografica (stimata al 3.6% nel 2012, su una popolazione che ha superato i 17 milioni nel 2018) si accompagna alla progressiva urbanizzazione[262]. Considerando che il paese è ancora rurale per il 66%, si prevede che nei prossimi anni l'aumento delle città e delle migrazioni dalle campagne segnerà un trend da non sottovalutare. Questi fattori, uniti alle vulnerabilità ambientali e all'instabilità politica, hanno spinto numerosi maliani all'emigrazione, principalmente diretta verso gli altri Stati africani – l'84% ne 2007 – più che verso l'Europa. Eppure, come accennato in precedenza, migliaia di maliani sono sbarcati sulle coste europee nel corso degli ultimi anni e circa 200.000 vivono in Francia, essendo parte integrante della *Françafrique*[263]. Di certo la *ratio* emigrazione può essere ricercata sia nei motivi economici sia soprattutto per l'instabilità politica di un paese che a fatica riesce a uscire dalla guerra civile scoppiata nel 2012. Il cambiamento climatico, in questo caso, andrebbe probabilmente solo ad inasprire delle criticità già esistenti. Ma tanto per il passato, quanto per il futuro, non è da escludere che

---

[261] UNHCR, *Refugees and migrants sea arrivals in Europe. Monthly Update December 2016*; UNHCR, *Refugees and migrants sea arrivals in Europe. Monthly Update December 2017*; UNHCR, *Operation Portal. Refugee Situation. Mediterranean Situation*, 2018.
[262] Diana Hummel, Martin Doevenspeck, Cyrus Samimi (a cura di), *Climate change, Environment and Migration in the Sahel. Selected issues with a focus on Senegal and Mali*, MICLE Working Paper no.1, Frankfurt/Main, 2012, p. 44.
[263] Ivi, p. 47.

alcuni fattori quali siccità e desertificazione (nel 57% del territorio arido e semi-arido del Nord del paese), le alluvioni (che nel 2007 hanno colpito circa 50.000 persone) e l'erosione del suolo (che riguarda quasi il 20% della popolazione) saranno decisivi nella scelta della migrazione[264]. Di fatto, uno degli studi pionieristici dimostrò che nel corso delle severe carestie provocate dalla siccità tra il 1983 e il 1985 vi fu un aumento delle migrazioni circolari, scelta soprattutto da parte di donne e bambini come strategia di adattamento, ma non dell'emigrazione dei lavoratori verso la Francia, che invece diminuì[265].

Per quanto concerne il Senegal, paese di 16,6 milioni di abitanti con crescita stimata al 2,5% nel 2012, a differenza del Mali mancano i conflitti e l'instabilità interna che garantirebbero ai migranti lo status di rifugiato. Per cui, oltre alle cause strutturali di un'economia anch'essa tra le meno floride del pianeta, le motivazioni legate allo stress ambientale, ai disastri e ai cambiamenti climatici potrebbero avere un peso rilevante nei trend migratori. I quali, storicamente, sono stati piuttosto frequenti in direzione dell'Europa: un sondaggio per abitazioni del 2004 condotto dal Ministero dell'Economia riportava che il 70% delle famiglie aveva almeno un parente emigrato all'estero, di cui il 46% in Europa, specialmente in Italia, Francia o Spagna[266]. Dunque, in un contesto del genere, già caratterizzato da storici network migratori e da un'evidente vulnerabilità economica, le

---

[264] Ivi, p. 34.

[265] Sally E. Findley, *Does Drought Increase Migration?*, op.cit., p. 539 e ss..

[266] Ulrike Grote, Koko, Warner, *Environmental Change and Forced Migration. Evidence form Sub-Saharian* Africa, op.cit., p. 18. Si veda anche OCSE (2015), *Connecting with emigrants. A global profile of diasporas,* Opinion Survey conducted by Gallup, Paris.

variabili ambientali e climatiche dovranno essere esaminate con cura. Di fatto, esiste il pericolo che le forti alluvioni e le tempeste colpiscano centinaia di migliaia di persone, come accaduto tra il 1977 e il 1982 e nel decennio tra il 1998 e il 2007, in un paese in cui peraltro, circa il 50% della popolazione vive su un suolo fortemente degradato[267]. Meno frequenti che in altri paesi sono i periodi di siccità, ma anch'essa in passato ha provocato seri danni alla vegetazione, mentre la scarsità d'acqua è un elemento potenzialmente foriero di conflitti al confine con la Mauritania, nelle zone contestate del bacino del fiume Senegal[268]. Considerando che circa il 70% degli abitanti è dipendente dall'agricoltura, e che il *land-grabbing* da parte degli investitori privati nazionali e stranieri ha sottratto almeno il 17% della terra arabile alla popolazione dal 2008[269], la variabilità del clima e l'alternanza delle stagioni di pioggia e di secca è un elemento cruciale per determinare il successo dei raccolti. Ciò spiega il motivo per cui, come dimostrato da alcuni studi empirici qualitativi recenti, non è tanto l'evento climatico in sé, quanto la percezione di un cambiamento – ad esempio, della quantità di pioggia che ci sarà in un determinato periodo - ad indurre le persone alla migrazione, che non risulta mai come la prima scelta, ma viene tenuta in considerazione man mano che la percezione di un peggioramento si intensifica[270]. Inoltre, uno studio degli anni

---

[267] Diana Hummel, Martin Doevenspeck, Cyrus Samimi (a cura di), *Climate change, Environment and Migration in the Sahel. Selected issues with a focus on Senegal and Mali*, op.cit., p. 33.

[268] Ulrike Grote, Koko Warner, *Environmental Change and Forced Migration. Evidence form Sub-Saharian* Africa, op.cit., p. 18.

[269] Caroline Zickgraf et al., *The impact of Vulnerability and Resilience to Environmental Changes on Mobility Patterns in West Africa*, op.cit., p. 12.

[270] Ivi, pp. 5-8.

Novanta ha dimostrato che nel periodo di siccità più drammatico, nella regione di Tambacounda, l'emigrazione trans-frontaliera aumentò, sia verso altri Stati africani, sia verso la Francia, seguendo catene migratorie preesistenti[271].

In sintesi, osservare le dinamiche climatiche e ambientali di alcuni paesi del Sahel risulta di granitica importanza per la consapevolezza anticipata di eventuali flussi che potrebbero essere collegati ad eventi disastrosi improvvisi o a fenomeni di degradazione a lungo termine. Per l'Unione Europea diventa necessario capire a fondo queste correnti migratorie, al fine di prevenire le cause strutturali che sono più associabili agli spostamenti, al netto della *agency* individuale di ogni migrante. Tuttavia, è necessario adottare punti di vista che evitino di "securitizzare" le migrazioni potenzialmente addebitabili al cambiamento climatico. L'unico rischio alla sicurezza nazionale, di ogni paese sulla Terra, è quella relativa ai cambiamenti del clima che colpiscono le presenti e le future generazioni: da cui, se proprio ci fosse il bisogno di parlare di sicurezza, sarebbe in primis quella *umana* delle vittime delle catastrofi a dover sollevare interrogativi e suscitare delle risposte adeguate.

6. Conclusioni

Il focus geopolitico sull'area del Mediterraneo è stato preso in considerazione da parte della letteratura[272], che ha dedicato pagine

---

[271] Emmanuel S. Seck, *Désertification: effets, lutte et convention. Environnement et Développement du Tiers Monde*, ENDA-TM, Dakar, 1996.

[272] Quentin Wodon et al., *Climate Change, Extreme Weather Events, and Migration: Review of the Literature for Five Arab Countries*, op.cit.

interessanti alla possibilità che il nesso tra migrazioni e cambiamenti climatici prenda forma nell'enorme area compresa tra Nord Africa[273], Sahel, Vicino e Medio oriente, estesa potenzialmente fino al Corno d'Africa[274] e a vasti tratti dell'Africa sub-sahariana. Nel saggio, ci si è concentrati solo su uno Stato Nordafricano, il Marocco, e su una porzione della fascia saheliana da cui sono partiti numerosi flussi migratori diretti verso l'Europa – in particolare dal Mali e dal Senegal. I casi paese sono stati selezionati quindi non solo per la disponibilità di studi, ma anche per ragioni che potremmo definire securitarie, dal momento che una buona percentuale dell'emigrazione trans-mediterranea ha cominciato il proprio viaggio da lì. In futuro, sembra ugualmente importate concentrare gli approfondimenti sulla rotta del Mediterraneo centrale e su quei paesi come Libia e Tunisia che potrebbero presentare caratteristiche idonee allo studio: esposizione al cambiamento climatico, vulnerabilità sociale, fragilità politica, tendenza all'emigrazione, luogo di transito per le migrazioni sub-sahariane.

L'Unione Europea sembrerebbe paralizzata di fronte alle migrazioni indotte da disastri naturali, ambientali o climatici. Eppure, il ruolo di leadership assunto col tempo nella lotta al cambiamento climatico è un segnale positivo che potrebbe generare nel medio-lungo termine dei provvedimenti idonei a riguardo. In termini giuridici, e in presenza di una volontà politica al momento assente, l'azione più realistica consisterebbe nell'adozione della TPS e nell'inclusione nell'art.2(C) di coloro

---

[273] Oli Brown, Alec Crawford, *Changements climatiques et sécurité en Afrique. Une etude realisé pour le forum des ministres étrangères d'Afrique du Nord en 2009,* Institut International du développement durable, Winnipeg, Canada, Mars 2009, pp. 1-29.
[274] Vikram Kolmannskog, *Driven out by drought,* Cairo Review, 9/2013.

che sono stati costretti ad emigrare per via di disastri improvvisi. Premettendo che la TPS non è mai stata seriamente presa in considerazione per i flussi in arrivo negli ultimi anni, si potrebbe ammettere l'ipotesi di una protezione temporanea a livello individuale. Bisognerebbe avere ben chiaro il grado di coercizione che spinge il migrante alla fuga. Affinché questo sia evidente, i rischi del cambiamento climatico devono avere effetti dannosi ed empiricamente misurabili nel loro legame con le migrazioni Gli eventi *slow-onset*, di conseguenza, sarebbero momentaneamente messi da parte: non perché la desertificazione graduale o l'innalzamento del livello delle acque siano meno legate al cambiamento climatico rispetto ad un periodo di siccità improvvisa o ad un'alluvione, ma per via della dimostrazione empirica più intuitiva del peso dell'evento sulla richiesta di protezione internazionale da parte del migrante.

La decisione di agire solo sul rischio concreto servirebbe, in un certo senso, a trovare un bilanciamento tra la definizione di nuove forme di tutela giuridica e la ricerca di compromessi con politici e opinione pubblica tendenti alla securitizzazione dei flussi. In altre parole, a rassicurare che non ci saranno migliaia di migranti in fuga per via della percezione dell'aumento delle temperature. Allo stesso tempo, l'idea di prendere in considerazione gli eventi della categoria del "rischio" escludono quelli che si configurano come "pericoli". Se questi ultimi, infatti, sono esogeni, poiché provengono dall'esterno della società ed hanno un'origine del tutto non-intenzionale (es. terremoti, eruzioni vulcaniche etc.), i "rischi" vanno ricondotti ad un insieme endogeno, in quanto "frutto di decisioni di singoli o gruppi che appartengono alla società" che possono scatenare conseguenze inattese, nonostante le intenzioni positive[275].. Sarebbe quindi eticamente più giustificato caldeggiare forme di protezione temporanea per chi è stato colpito da un evento climatico causato direttamente o indirettamente dalle attività umane. A patto di riscontrare nessi empirici evidenti nel presente – mentre le conseguenze peggiori del cambiamento climatico sono attese per le future generazioni –, e di colpevolizzare le società di certi paesi più industrializzati di tali esiti catastrofici.

Considerando quanto lontano e irto di ostacoli è il percorso verso tali soluzioni giuridiche, non resterebbe che cominciare ad agire tramite gli strumenti di *policy* accennati in precedenza, ossia:

- cercare di combattere le cause strutturali che acutizzano le vulnerabilità dei paesi colpiti dagli eventi *sudden* e *slow-onset*, soprattutto a livello istituzionale
- puntare sulle strategie di adattamento e di resilienza *in loco*, destinando gli aiuti della cooperazione allo sviluppo europei non solo alla classe politica, ma anche alla società civile delle zone che potenzialmente saranno più colpite. Sarebbe importante canalizzare in fondi soprattutto verso le aree rurali e fare in modo che quante più persone possibili abbiano il diritto alla terra;
- elaborare sistemi efficaci di monitoraggio delle crisi e di *early-warning* e selezionare delle aree di destinazione in cui gli sfollati potranno dirigersi dopo un eventuale disastro causato dal cambiamento climatico, sia all'interno del paese, sia oltre confine. La previsione di canali migratori legali e di "corridoi umanitari" organizzati da ONG potrebbe fornire dei contributi notevoli alla causa.

---

[275] Fabrizio Battistelli, *La sicurezza e la sua ombra. Terrorismo, panico, costruzione della minaccia*, Donzelli, Roma, 2016, pp. 34-35, riprendendo il tema della "modernità riflessiva" di Ulrich Beck.

Sarà dunque il secolo dei migranti (rifugiati, richiedenti asilo o protezione, economici, ambientali, climatici), ma i suoi primi decenni non hanno prodotto risposte adeguate ad un fenomeno ormai strutturale. Comunque, rispondendo alla domanda del titolo, si può affermare che non esiste l'evidenza empirica di consistenti flussi migratori che si sono diretti verso l'UE per ragioni legate al cambiamento climatico, per cui bisognerebbe evitare di securitizzare la questione[276]. Peraltro, alcune cifre pensate in passato - addirittura 200 milioni entro il 2050[277] - sono state criticate per l'assenza di metodi rigorosi e di un'opportuna distinzione tra i diversi *driver* che conducono alla migrazione[278].

Una soluzione più realistica e lungimirante considera invece come prioritarie le azioni preventive contro l'innalzamento della temperatura globale, nonché la promozione della resilienza delle aree che saranno più interessate dai cambiamenti del clima. Nonostante alcune criticità, tra cui la mancanza di politiche chiare riguardo alle migrazioni climatiche, è inopinabile che l'UE sia l'attore globale che più si sta impegnando nella lotta all'innalzamento delle temperature. Questo grazie alla strategia energetica continentale, agli obiettivi di riduzione delle emissioni (la strategia "20-20-20" entro il 2020) e ad azioni di politica estera multilaterali volte a ridurre i rischi moltiplicati dal cambiamento climatico[279].

---

[276] Barry Buzan, Ole Waever, Jaap de Wilde, *Security. A new framework for analysis*, Lynen Rienner, London, 1998.

[277] Suddivisi regionalmente in 5 milioni nel Sahel, 7 nella parte restante dell'Africa, 6 milioni nella Cina, 2 per il Messico ed 1 milione di sfollati a causa di lavori pubblici. In Norman Myers, *Environmental refugees: a growing phenomenon of the 21st century*, op.cit.

[278] François Gemenne, *Why numbers don't add up: A review of estimates and predictions of people displaced by climate change*, Global Environmental Change, 21, 2011, p. 43.

Bibliografia

Abdul Malak, Dania et al., *Adapting to Climate Change. An assessment of vulnerability and risks to human security in the Western Mediterranean Basin*, Berlin, Springer, 2017.

Adger, W.Neil et al., *Human security.* In: *Climate Change 2014: Impacts, Adaptation, and Vulnerability. Part A: Global and Sectoral Aspects. Contribution of Working Group II to the Fifth Assessment Report of the Intergovernmental Panel on Climate Change (IPCC)*, Cambridge University Press, Cambridge, United Kingdom and New York, 755-791, 2014.

Ammer, Margit et al., *Time to Act. How the EU can lead on climate change and migration*, Heinrich Böll Stiftung – European Union, Brussels, June, 2014.

Barbier, Bruno et al., *Human Vulnerability to Climate Variability in the Sahel. Farmers' Adaptation Strategies in Northern Burkina Faso*, Environmental Management, vol. 43, no. 5, 2009, pp. 790-803.

Battistelli, Fabrizio, *La sicurezza e la sua ombra. Terrorismo, panico, costruzione della minaccia*, Donzelli, Roma, 2016.

Biermann, Frank, Boas, Ingrid, *Preparing for a warmer world. Towards a global governance system to protect climate* refugees, Global Environmental Politics, Vol. 10, 2010, pp. 60-88.

---

[279] Richard Youngs, *Climate change and EU security policy. An Unmet challenge*, Carnegie Europe paper, 2014, p. 7 e 11.

Brown, Oli, Crawford, Alec, *Changements climatiques et sécurité en Afrique. Une etude realisé pour le forum des ministres étrangères d'Afrique du Nord en 2009*, Institut International du développement durable, Winnipeg, Canada, Mars, 2009.

Buzan Barry, Waever, Ole, de Wilde, Jaap, *Security. A new framework for analysis*, Lynen Rienner, London, 1998.

Chawla, Ambika, *Climate-induced migration and instability. The role of city governments,* OEF Research Discussion Paper, 2017.

Council of the European Union, European Parliament, *Directive 2011/95/EU of the European Parliament and of the Council of 13 December 2011 on standards for the qualification of third-country nationals or stateless persons as beneficiaries of international protection, for a uniform status for refugees or for persons eligible for subsidiary protection, and for the content of the protection granted (recast)*, OJ L 337/9, Brussels, 2011.

CRIDEAU, CRDP, *Draft Convention on the International Status of Environmentally-Displaced Persons*, Faculty of Law and Economic Science, University of Limoges, 2013, https://cidce.org/wp-content/uploads/2016/08/Draft-Convention-on-the-International-Status-on-environmentally-displaced-persons-third-version.pdf (ultimo accesso 12 ottobre 2018).

De Bel-Air, Françoise, *Migration Profile: Morocco*, Migration Policy Institute, Policy Brief, EUI, Fiesole (FI), Issue 5/2016.

Di Paola, Marcello, *Cambiamento climatico. Una piccola introduzione*, LUISS University Press, Roma, 2015.

El-Hinnawi, Hassam, *Environmental Refugees*, UNEP, Nairobi, 1985.

European Parliament, *'Climate Refugees': legal and policy responses to environmentally induced migration*, Study requested by the European Parliament's Committee on Civil Liberties, Justice and Home Affairs, Brussels, 2011.

Foresight, *Migration and Global Environment Change. Future Challenges and Opportunity*, Final Project Report, The Government Office for Science, London, 2011.

Findley, Sally E., *Does Drought Increase Migration? A Study of Migration from Rural Mali during the 1983–1985 Drought*, International Migration Review, 28 (3), 1994, pp. 539–53.

Freier, Korbinian, Finckh, Manfred, Schneider Uwe, *Adaptation to new climate by an old strategy? Modeling sedentary and mobile pastoralism in semi-arid Morocco*, Land, 3, 2014, 917–940.

Gemenne, François, *Why numbers don't add up: A review of estimates and predictions of people displaced by climate change*, Global Environmental Change, 21, 2011, 41-49.

Groenewold, George, de Beer, Joop, Huisman, Corina, *Population Scenarios and Policy Implications for Southern Mediterranean Countries, 2010-2050, MEDPRO Policy Papers*, No. 5, March 2013.

Grote, Ulrike, Warner, Koko, *Environmental Change and Forced Migration. Evidence form Sub-Saharian Africa*, International Journal of Global Warming, January 2010.

de Haas, Hein, *Irregular Migration from West Africa to the Maghreb and the European Union: An Overview of Recent Trends*, IOM Migration Research Series, 2009.

de Haas, Hein, *Morocco: Setting the Stage for Becoming a Migration Transition Country?*, Migration Policy Institute Profile, 2014, https://www.migrationpolicy.org/article/morocco-setting-stage-becoming-migration-transition-country (ultimo accesso 19 ottobre 2018).

Hilhorst, Dorothea, Özerdem, Alpaslam, Crocetti, Erin Michelle, *Human security and Natural Disasters*, in Martin, Mary, Owen, Taylor (a cura di), *The Routledge Handbook of Human Security*, Routledge, Oxford, 2014.

Hummel, Diana, Doevenspeck, Martin, Samimi, Cyrus (a cura di), *Climate change, Environment and Migration in the Sahel. Selected issues with a focus on Senegal and Mali*, MICLE Working Paper no.1, Frankfurt/Main, 2012.

Hush, Emily, *Developing a European Model of International Protection for Environmentally-Displaced Persons: Lessons from Finland and Sweden*, Columbia Law School, September 2017, http://cjel.law.columbia.edu/preliminary-reference/2017/developing-a-european-model-of-international-protection-for-environmentally-displaced-persons-lessons-from-finland-and-sweden/?cn-reloaded=1 (ultimo accesso 9 ottobre 2018).

Internal Displacement Monitoring Centre (IDMC), Norwegian Refugee Council (NRC), *Global Report on Internal Displacement 2018*, May 2018.

IOM (International Organization for Migrations), *Migration, Environment and Climate change. Assessing the Evidence*, Geneva, 2009.

IOM, *Assessing the Evidence. Migration, environment and climate change in Morocco*, Geneva, 2016.

IOM, *IOM Contributions to Global Climate Negotiations.22nd Conference of Parties to the United Nations Framework Convention on Climate Change (UNFCCC)*, Marrakesh, 2016.

IOM, *Word Migration Report* 2018, Geneva, 2018.

IPCC (Intergovernmental Panel on Climate Change), *Climate Change: The IPCC Scientific Assessment: Final Report of Working Group* I, Cambridge University Press. Cambridge, 1990.

IPCC, *Climate Change 2014: Synthesis Report. Contribution of Working Groups I, II and III to the Fifth Assessment Report of the Intergovernmental Panel on Climate Change* [Core Writing Team, R.K. Pachauri and L.A. Meyer (eds.)], IPCC, Geneva, Switzerland, 2014.

Jonsson, Gunvar, *The environmental factor in migration dynamics – a review of African case studies*, International Migration Institute (IMI), Working Paper n. 21, 2010.

Kolmannskog, Vikram, *Driven out by drought*, Cairo Review, 9/2013.

Legoux, Luc, *Les migrants climatiques et l'accueil des réfugiés en France et en Europe*, Revue Tiers Monde, 4. n.204, 2010, pp. 55-67.

McAdam, Jane, *Climate Change, Forced Migration and International Law*, Oxford, Oxford University Press, 2012.

Morrissey, James, *Environmental Change and Human Migration in Sub-Saharian Africa*, in Laczko, Frank, Piguet, Étienne. *People* on the move in a Changing Climate. The Regional Impact of Environmental Change on Migration*, Springer International Publishing, Dordrecht, 2014, pp. 81-109.

Myers, Norman, *Environmental refugees: a growing phenomenon of the 21st century*, Philosophical Transactions of the Royal Society, B 357 (1420), 2002, pp. 609–613.

Niang, Isabelle et al., *Africa. In: Climate Change 2014: Impacts, Adaptation, and Vulnerability. Part B: Regional Aspects. Contribution of Working Group II to the Fifth Assessment Report of the Intergovernmental Panel on Climate Change (IPCC)*, Cambridge University Press, Cambridge, United Kingdom and New York, 2014, pp. 1199-1265.

Parnell, Susan, Walawerge, Ruwani, *Sub-Saharian African urbanisation and global environmental* change, Global Environmental Change, N.21. pp. 12-20, 2011.

Petrillo, Enza Roberta, *Environmental Migrations from Conflict-Affected Countries: Focus on EU policy response*, The Hague Institute for Global Justice, Working Paper 6, March 2015.

Raleigh, Clionadh et al., *Assessing the impact of climate change on migration and conflict*, World Bank, Washington, DC, 2008.

Schilling, Janpeter et al., *Climate change, vulnerability, and adaptation in North Africa with focus on Morocco*, Agriculture, Ecosystems and Environment, 156. pp. 12-26, 2012.

Seck, Emmanuel, *Désertification: effets, lutte et convention. Environnement et Développement du Tiers* Monde, ENDA-TM, Dakar, 1996.

Simonelli, Andrea, *Governing Climate Induced Migration and Displacement. IGO Expansion and Global Policy Implications*, Palgrave Macmillan, New York, 2016.

Tangermann, Julian, Chazalnoel, Mariam Traoré, *Environmental migration in Morocco: Stocktaking, challenges and* opportunities, MECC Policy Brief Series, 3(2), 2016.

The Nansen Initiative, *Agenda for the Protection of Cross-border displaced persons in the context of disasters and climate change*, Vol. I, December, 2015.

Tribunale di L'Aquila, *Ordinanza RG 1522/17*, 18 Febbraio 2018. https://www.meltingpot.org/IMG/pdf/ordinanza_umanitaria_bangladesh.pdf (ultimo accesso 9 ottobre 2018).

UN/DESA (United Nations Department of Economic and Social Affairs), *The International Migration Report [Highlights]*, New York, United Nations, 2017.

UNDP (United Nations Development Programme), *Human Development Reports*. Morocco, Human Development Indicators, 2018.

UNHCR, *Refugees and migrants sea arrivals in Europe. Monthly Update December 2016.*

UNHCR, *Refugees and migrants sea arrivals in Europe. Monthly Update December 2017.*

UNHCR, *Global Trends: Forced Discplacement in 2017*, New York, United Nations, 2018.

UNHCR, *Operation Portal. Refugee Situation. Mediterranean Situation*, 2018.

https://data2.unhcr.org/en/situations/mediterranean (ultimo accesso 15 ottobre 2018)

Verner, Dorte (a cura di), *Adaptation to a changing climate in the Arab countries*, Directions in development, Washington, DC, The World Bank, 2012.

Vigil, Sara, *Climate Change and Migration: Insights from the Sahel*. In: Carbone, Giovanni (a cura di) *Out of Africa. Why People Migrate*, ISPI, Ledizioni Ledi Publishing, Milano, 2017.

Wodon, Quentin et al., *Climate Change, Extreme Weather Events, and Migration: Review of the Literature for Five Arab Countries*, in Laczko, Frank, Piguet, Étienne. *People on the move in a Changing Climate. The Regional Impact of Environmental Change on Migration*, Springer International Publishing, Dordrecht, 2014, pp. 111-134.

World Bank, *Turn down the heat. Why a 4°C warmer world must be avoided*, Washington, DC, 2012.

World Bank, *Climate Change Action Plan 2016-2020*, Washington, DC, 2016.

Youngs, Richard, *Climate change and EU security policy. An Unmet challenge*, Carnegie Europe Paper, May 2014.

Zickgraf, Caroline et al., *The impact of Vulnerability and Resilience to Environmental Changes on Mobility Patterns in West Africa*, Global Knowledge Partnership on Migration and Development, World Bank, Washington DC, 2016.

CLIMATE CHANGE. MARITIME STRATEGIC IMPLICATIONS - *Amm. Sq. Ferdinando SANFELICE di MONTEFORTE – November 2018*

Introduction

Many years ago, Lieutenant Colonel Ferdinand FOCH, the future Marshal of France, taught his students at the Army War College that the essential question to be posed in Strategy, whenever someone is tackling a problem, was "What is it all about?".

In order to deal with the strategic implications of "Climate Change" in the maritime domain, therefore, we should always bear in mind this question. To start, the need exists to consider the implications of the term "Change": those who are not affected will take, in the best of cases, a mild cultural interest to the subject, and will consider all related data and information as they appear, bare statistics; they will seldom understand how much "blood and tears" they contain. Only if, among the casualties, there will be a personal acquaintance, the statistics will be considered as they often are, a tragedy, and they will feel affected and really interested in the issue!

The same applies to Climate Change: those who feel affected by the change will either join the party of those willing to take remedial action, as they feel being damaged by the change, or – sometimes – will rejoice, due to the improvement change procures to their living conditions.

The first strategic aspect to be considered, therefore, is that any action aiming at containing, mitigating or offsetting the consequences of climate change will encounter an opposition by those who are favored by the change itself, and fear any action aimed at reducing their "positional advantage" thus gained. Any set of actions related to climate change will therefore need to be considered as a "Strategic Approach" – not simply a plan – in order to consider that some opponents will counter us.

The second strategic aspect of climate change is that it is a process developing very much at "slow motion", as compared to other catastrophes, like earthquakes, tsunamis or even bradyseism, even if the latter events produce the same kind of effects and induce similar collective reactions, and are therefore useful as examples in any study on climate change.

It will be difficult, therefore, to understand when populations affected by these slow developing changes will find their condition unbearable and will act, by migrating or devoting themselves to criminal or adversarial activities, to find a way to survive. History, on this subject, might be most useful.

There is, though, a problem: while scientists have been able to know all about previous catastrophic changes of climate, going back many millennia, and have more recently become able to spot also minor, albeit still significant, similar events – as the so-called "mini-glaciations" – the correlation between these phenomena and single socio-political feats is still incomplete and has been done, so far, only for very recent upheavals.

In fact, it takes some effort, but it is possible to note that there are already in history some indications of what these phenomena, when they occurred in the past, have caused to mankind. But why we have not gone in depth to correlate events and climate changes? The main reason is, probably, that people tend to forget tragedies and avoids analyzing them; this has prevented many historian from correlating some events which plagued Europe in the past with all possible root causes, including, among them, also past climate changes.

The most striking instance is the large amount of mass migrations from the North, as well as from the East, which have deeply transformed our societies, throughout the centuries. Albeit common wisdom tends to consider that mass migrations took place by land, several among them used the sea: old accounts about the so-called "People of the Sea", invading Europe, as well as the Viking saga show us that mass migration was not limited to crossing continents by land.

Of course, every historian agrees on the fact that these populations had grown beyond the capacity of their homeland to feed and support them, and that they were compelled to seek new territories to ensure themselves a more prosperous future; it is also well on record that these populations were in such a deep mood of despair that they did not care about the fact that, in many cases, the territories they were invading were already inhabited by other populations.

There is no direct evidence, however, whether these past invasions were prompted by climate changes, by an unusual demographic growth or, more probably, by a mix of both effects. When dealing with past human actions of "Climate Engineering", producing effects on other neighboring areas of the world, some correlation appears to be possible.

One suspicion, in fact, exist, when dealing with the end of the Roman Empire: Rome had transformed North Africa into the "Garden of Europe", by cultivating large extensions of territory, as Sicily was not able to supply the empire with enough grain any more. Descriptions of German climate, available through history, are indeed explicit on the fact that life in Northern Europe was most uncomfortable at that time, due to the cold climate.

The effect of the intensive cultivation of Northern African lands might have been a reduction of temperature in Northern Europe, thus forcing German tribes to migrate South and to cause the crumbling of the Roman empire. This is, of course, an assumption, which is – nonetheless – indirectly confirmed by the present reluctance, by some European Nations, to financially support ambitious projects aiming at increasing the cultivable land in that region, especially in Egypt: the projects of the Aswan Dam, as well as those attempting to fill with water the Depression of Al Qattara have been met, so far, with diffidence by European financers.

Some scholars, too, affirm having seen a correspondence at Heads of State level asking the Italian government to stop its program of re-forestation, precisely to avoid a significant drop of temperature in Germany. Only a hint, though, is available on the fact that our government was aware of the consequences of such a measure, and it can be drawn from a statement by MUSSOLINI, who said that "the main aim of the reforestation of the Apennines mountains was to make the Italian climate colder". This statement has recently found a scientific demonstration: as some scholars have recently noted, in fact, "forest preservation efforts and reforestation in the tropics is more effective in cooling the planet".

Considering more generally the situation of our continent, if you look at the climate of Northern Europe and you compare it to what happens in North America and Asia at the same latitude, you might note that the former is much milder than the latter: Washington and Palermo are almost on the same parallel, and, while the American capital town suffers a snowfall in winter and a tropical heat wave in summer almost every year, in Palermo many houses have no heating plant at all, due to the mild climate of this part of Sicily, while in summer the heat is seldom extreme.

This sharp difference is due – as scientists have told us – to the beneficial effect of the Sahara desert, which has caused the "Thermal Equator" to move northward significantly. Should it return closer to its geographical position, climate in Northern Europe would become more similar to the Canadian climate, with much lower temperatures, as the first French colonists, who left Bretagne and landed there in the XV century, quickly discovered, much to their distress.

Another interesting instance, more directly related to the maritime environment, is the account on the Chinese naval expedition between 1421 and 1423: according to one study, at that time "Greenland was circum-navigable, for not only was the maximum limit of the polar ice well to the north of its present position, the climate of Greenland was far warmer than it is today" , and the "Vinland Map", providing an accurate layout of the island, is its proof.

Even more striking is the "Waldseemüller Map", published in 1507, showing the northern coast of Siberia; this has led some researchers to consider the possibility that a part of the Chinese fleet, during this expedition, "made its way back to China through the Bering Strait".

Going to more recent events, as an American environmentalist has noted, "scholars have made it clear that one contributing factor to the onset of war in Syria was a record drought that drove millions of people off farms and into cities" . If we are aware of climate change consequences on recent events, we should also be capable of pointing out similar connections between climate and history, and assess the future strategic consequences of present climate trends.

Summing up, the geopolitical consequences of climate changes, which have apparently taken place in the past, have been swept away from the collective memory, as mankind hates changes, and prefers oblivion, thus being caught by surprise, when they occur. The study of the influence of climate on foreign relations attracts little interest among public opinions.

But decision-makers have always been interested in climate, due to the fact that it can either disrupt or facilitate operations. NAPOLEON III said that "if the great French astronomer U. LEVERRIER had been able to discover the planet Uranus, he could have certainly been capable to forecast also climatic conditions in Crimea, where France was engaged militarily" . This interest on "Climate Forecasting" is shown by the most recent strategic documents, most concerned on this subject.

Climate Change and Declaratory Strategies

It is interesting to note that climate change has been mainly seen as a threat by the most relevant strategic documents, while only recently some thoughts are available on the other side of the coin, i.e. the opportunities it offers. This approach is shared by many international Institutions, as, for instance, the World Bank, whose November 22, 2014, report depicts "Climate Change" as a threat multiplier.

Let's start with one among the most profound strategic documents, the European Security Strategy of 2003, where it is stated: "Competition for natural resources – notably water – which will be aggravated by global warming over the next decades, is likely to create further turbulence and migratory movements in various regions".

The subsequent Report of 2008 is even more explicit and detailed, when it says: "In 2003, the ESS already identified the security implications of climate change. Five years on, this has taken on a new urgency. In March 2008, the High Representative and Commission presented a report to the European Council which described climate change is a "threat multiplier". Natural disasters, environmental degradation and competition for resources exacerbate conflict, especially in situations of poverty and population growth, with humanitarian, health, political and security consequences, including greater migration. Climate change can also lead to disputes over trade routes, maritime zones and resources previously inaccessible".

In 2014, though, the European Maritime Security Strategy looked into climate change from a slightly different perspective, when it stated that: "The opening of possible transport routes through the Arctic and the exploitation of its natural and mineral resources will pose particular environmental challenges which must be managed with the utmost care, and cooperation with partners will be paramount" and called for measures by Member States aimed at preventing excesses and disputes.

More recently, in 2016, the EU Global Strategy stated that "Climate change and environmental degradation exacerbate potential conflict, in light of their impact on desertification, land degradation, and water and food scarcity". The grand strategic effects of climate change could not be highlighted more explicitly.

NATO, in the most recent Strategic Concept, appears to be rather pessimistic, when it mentions Climate Change, albeit briefly, by saying: "Key environmental and resource constraints, including health risks, climate change, water scarcity and increasing energy needs will further shape the future security environment in areas of concern to NATO and have the potential to significantly affect NATO planning and operations".

It is worth asking ourselves why the prevailing attitude expressed by most among these documents is a widespread fear of climate change consequences. The reply is that the common feeling is that these changes might run against pursuance of the key aims of Western Countries, most careful to preserve their populations' welfare.

This fear is therefore related to our strategic aims. On this subject, the European Union Council was most explicit in defining them, when it issued in December 2013 a document saying: "An effective Common Security and Defense Policy helps to enhance the security of European citizens and contributes to peace and stability in our neighborhood and in the broader world" .

It is indicative that the first aim set by the European Council deals with the fear that our present status of welfare and security might deteriorate; only once this aim is fulfilled, EU will take interest in improving the situation of others, less fortunate than our citizens.

Self-interest has always plagued our continent, in international relations, and this is nothing but the most recent instance. In Italy, a phrase of our Prime Minister in 1914, who spoke about the "Holy self-interest of the Country" is in every history book, and other Nations are not thinking differently! We tend to forget that humanity is like the crew of a ship: "all hands" survive, win and thrive together, or they all die, should the ship founder.

Strategic Consequences of Climate Change

From what has been said, so far, it should be clear that climate change is like globalization: it favors some areas of the world, whose opportunities of improving their condition increase, while in others it causes tragedies, famine, diseases and death. As we are on the side of those who might lose our status, it is logical that we take, more or less a pessimistic approach. Big disparities, indeed, exist even now, and they are not only due to human and governments' misfits.

Those who are damaged by climate have always attempted to offset their unfavorable situation, either by migrating in masse or by trying to find out other ways of living – mostly devoting their attention to criminal or adversarial activities, as piracy, smuggling or to warfighting. In fact, it should be understood that these populations have few alternatives to such kind of conduct.

Any change will, therefore, lead to other instabilities and wars, even if other regions might enjoy previously unknown benefits.

It is clear that, as always, defense, containment, mitigation and aid to development are the eternal remedies, in order to contain and offset the dire effects of these disparities. What needs to be highlighted, though, is which are the strategic consequences of climate change in the maritime domain.

In his "Commentary of MAHAN", Herbert ROSINSKY notes that "the original character of naval strategy, as opposed to strategy on land, is the juxtaposition of two aspects, one military and the other economic".

More specifically, a French strategist, COUTAU BÉGARIE, identified three key functions of the sea: source of riches, avenue of communications, and mean to project power. He mentions also a fourth, the sea as environment of leisure. But the most important aspect, as another French strategist, Patrick HEBRARD, pointed out, is that "sea is a common good for mankind, due to its influence on our planet, on climate, and – to say it in short – on its survival, with the consequent need to protect it".

Having said that, the first and less evident effect of climate change on the maritime environment is the possibility of a significant variation in sea trade patterns, due to the new opportunities offered by the reduction of the polar ice cap. This is somehow similar to what has been recently caused by piracy in the Horn of Africa: merchant vessels followed in increasing numbers the "Route of the Cape" and transits through the Suez Canal dwindled, thus impoverishing Egypt.

Even if a recent study assessed that: "The Arab Spring can be at least partly credited to climate change. Rising food prices and efforts by authoritarian regimes to crush political protests were linked first to food and then to political repression—two important motivators in the Arab makeover this past year", this was not the only cause: the loss of State incomes was indeed another cause.

In fact, the fateful decision by the Egyptian government of MUBARAK to increase the price of essential commodities, as grains and fuel, due to the sharp decrease of incomes, prompted the revolt which, once repressed, became the second episode of what we know as the "Arab Spring".

Trade, in fact, has always followed the "Lines of Least Resistance", in order to minimize costs and risks. This happened already in the past, after the Ottomans seized Constantinople, promptly renamed Istanbul. The high taxes and severe limitations imposed on trade following the "Silk Road" were one among the motivations of the search for another road to connect Europe and Asia.

COLUMBUS said precisely this, when he declared his intent to "Seek the Levant through the Ponent", even if the new "Road to India" was found only later, by the Portuguese Vasco DA GAMA, who circumnavigated Africa and reached the Indian subcontinent for the first time, through the new route, in 1498.

The result was the impoverishment of the Mediterranean region, bypassed by this new flow of trade, at the advantage of the Atlantic coast of our continent. Based on this experience, MAHAN, said: "Except as a system of highways joining country to country, the sea is an unfruitful possession. The sea, or water, is the great medium of circulation established by nature, just as money has been evolved by man for the exchanges of products. Change the flow of either in direction or amount, and you modify the political and industrial relations of mankind".

It is easy to conclude that an extensive use of the North Sea Road (NSR) would cause a decrease of Mediterranean trade, with dire consequences for all littoral States, and the increased use by vessels of the "Route of the Cape" is causing a similar effect, even if we have not noticed it yet.

The other, not less striking effect of climate change in the maritime domain, is connected to an increase of the sea level. Any significant change in geography causes disputes: this situation is similar to what happened in history any time a volcanic island surfaced from the sea: disputes arose among Nations, willing to exploit this significant change to geography, in abeyance of the international rule involving any *"insula ex mare nata"*.

Just south of Sicily, for instance, a volcano started erupting in 1831 and the lava piled up in such a way that a small island, only 4 square miles wide, appeared on the surface of the sea. Immediately, a British warship landed on the island, in spite of the hot temperature of the soil, named it "Graham island" and claimed its possession, notwithstanding that it was rather close to the Sicilian coast. It is not by chance that, in British Admiralty charts, the shallow waters area where the island appeared is still named as "Graham Bank".

Also France sent a ship, having on board many scientists and a famous artist, Edmond de JOINVILLE, whose paintings have brought the memory of this island to us; however, as it was already evident that the islet, named by the French captain LA PIERRE "Julia", was quickly crumbling, the government in Paris lost interest in it.

Even if the same decrease in size of the island had been notified to the government of Naples, the Prime Minister sent a warship too; the captain, CORRAO, planted a pole with the flag of the Bourbons and renamed it "Isola Ferdinandea", in honor of king FERDINAND II. Of course, rising sea levels produce a different effect, but this does not exempt us from considering what disputes might arise from the disappearance of previously existing lands.

But what happens when this kind of phenomena takes place at a much lower speed, as it happens due to a rising sea level caused by climate change? And when a territory is abandoned by its population, which kind of disputes arise? It is difficult to predict what could happen, but one thing is certain: the geographic area affected will become very different, as compared to the past, carrying with it deep economic changes.

In Italy, a similar phenomenon occurs quite often, due to the rise or the foundering of coastal land, known as "bradyseism". In 1983, this happened near Naples, in the area of Pozzuoli, and the harbor of this town became impracticable for some years, until the land level went down again. Also, in various parts of our Nation, in Baja and along the Adriatic coast, where the coastal town of Egnatia once existed, it is possible to note, well underwater, what remains of once thriving ports and towns.

Going back to our times, as a scholar has pointed rightly pointed out, "75% of all people living in areas vulnerable to sea level rises are in Asia, with the poorer nations most at risk": indeed, the Maldive islands are already affected by the rise of sea level. Loss of coastal land, in a densely populated area, as most areas in Asia are, leads to impoverishment, loss of infrastructures, and to mass migrations inland.

If you consider that Asia is now one among the most powerful engines of world economy, and trade between this continent and Europe is such that the maritime trade route connecting them is named the "new Silk Road", you might easily understand the economic consequences for Europe of the rise of sea level in Asia.

The only positive effect of rising sea levels would be a reduction of the present disputes, among Nations in Asia, on the possession of the numerous small islands, especially the Spratly, Paracel, Pescadores and Ryu Kiu, as many among them are barely emerging from water.

Inside Europe, too, the economic consequences for the Netherlands cannot be underplayed; even if it would be sufficient to raise the existing dams, protecting much of the territory, it cannot be forgotten that some ports of this Nation are the most active terminals of Northern European sea trade. This, in turn, might favor the Mediterranean region, at the expenses of the Atlantic coast of our continent.

Summing up, every change is a trauma, and we should not forget the amount of hard feelings deriving from it, when dealing with the consequences of climate change in the international domain.

Conclusions

The maritime domain is not exempted by consequences of climate change, whose effects on world economy might become relevant. It will be, though, a slow, incremental phenomenon, but it requires capabilities to cope with this new situation. Apart from instability, disputes, wars, migrations and hostile acts, climate change will profoundly affect world economy, also in ways we have not fully identified yet. This will be most pronounced at sea, as this environment is full of riches, and many Nations are increasingly devoting efforts to exploit them.

As "sooner or later, climate changes history" , it is better to think about it now, and take all measures aimed at containing and preventing the expected effects, rather than being surprised when they become apparent. These measures should include capability developments, in order to put them into effect: Navies have definitely a role in managing problems posed by climate change, beyond their participation to joint warfighting activities.

Their tradition in the domain of "Deep Water Policing" is well established by history, and goes back many centuries. It should only be revived, lest Western Nations might find out that others are more effective and powerful than we are.

Last but not least, when dealing with mitigation of climate change effects, Navies have also a role in setting a good behavioral example: among others, warships should not be a source of pollution, when they operate. The "Green Fleet" project, started by the Italian Navy, is a most relevant instance of how Nations keen to limit climate change effects should behave.

La logica strategica del ruolo delle donne nella jihad: tradizione e trasformazione all'interno dello Stato Islamico - *Greta Modula – Dicembre 2018*

L'autoproclamatosi Califfo e leader dello Stato Islamico, Abu Bakr al-Baghdadi, il 30 giugno 2014 annunciò la nascita dello Stato Islamico e richiamò a sé tutti i musulmani affinché si unissero a lui nei nuovi territori conquistati, sottolineando come la *hijra* [migrazione verso i territori islamici] fosse un obbligo ed un dovere di ogni musulmano. Alla chiamata risposero in molti e da tutto il mondo. Sorprendentemente, alla *hijra* ha preso parte anche un numero mai visto prima di donne occidentali che hanno raggiunto lo Stato Islamico. Qui, il loro ruolo è stato prettamente non-combattente. Ciononostante, la violenza è una parte essenziale dell'ideologia che hanno abbracciato e i recenti sviluppi (cioè la perdita di territorio e la conseguente riduzione del gruppo terrorista in piccole cellule di ribelli ancora attivi su diversi fronti in Medio Oriente ed Africa) potrebbero comportare la transizione verso un ruolo più militante nel gruppo, soprattutto nel momento in cui la loro marginalizzazione sociale – indispensabile per il mantenimento del Califfato – venisse meno. Tale situazione potrebbe avere serie ripercussioni anche in Occidente e nell'area nord africana con il ritorno delle *muhajirah* (termine con il quale si identificano tra di loro le donne trasferitesi nello Stato Islamico) oppure grazie all'odio represso di tutte quelle donne che non hanno mai potuto compiere la *hijra* e che, quindi, sono in ansiosa attesa di prendere parte ad azioni violente contro gli apostati occidentali.

Questo articolo cercherà di analizzare i possibili sviluppi futuri del ruolo delle donne nei ranghi dello Stato Islamico e delineare le possibili minacce derivanti per l'Occidente ed in particolar modo per l'area del Mediterraneo. Per fare ciò, è indispensabile un'analisi della storia e delle tradizioni musulmane sul tema del ruolo della donna nella *jihad*. Seguirà una breve analisi delle motivazioni che hanno spinto le donne dello Stato Islamico ad abbracciare la violenza ed un approfondimento su come il gruppo terrorista è riuscito ad attrarre un simile numero di donne nel corso degli anni. Dopodiché, vi sarà un'analisi approfondita di quello che è il ruolo effettivo delle donne all'interno di IS con un cenno alle scelte che differenziano questo gruppo da Al Qaeda. Infine, dopo l'analisi dei vantaggi strategici e tattici per lo Stato Islamico nell'utilizzare operativamente le donne, si parlerà dei possibili scenari futuri.

1. Donne e jihad nella storia e dottrina islamica

Sul tema delle donne impegnate nella *jihad*[280], la letteratura classica e contemporanea nonché la dottrina della religione

---

[280] Sebbene il termine *jihad* abbia generalmente una connotazione positiva e moderata in quanto si riferisce alla lotta interna ad ogni credente musulmano durante la propria permanenza mortale sulla Terra per ottenere la benevolenza

Musulmana sono sempre state controverse ed in alcuni casi esigue. Diverse sono anche state le argomentazioni e reazioni sul tema; in genere, le autorità classiciste musulmane non hanno mai affermato e sostenuto il ruolo della donna guerriera impegnata nella *jihad*, eccetto in casi eccezionali e di estrema necessità. Al contempo, essi non hanno nemmeno espressamente proibito tale pratica. Anche tra i terroristi vi è una netta divisione di opinioni differenti a seconda che essi siano conservatori o liberali: i terroristi più conservatori si oppongono fermamente al coinvolgimento delle donne in guerra, mentre i più liberali valutano favorevolmente i benefici tattici e strategici che il loro coinvolgimento operativo produce e, quindi, ne incoraggiano l'arruolamento[281]. Tuttavia, spesso il dibattito sull'inclusione delle donne nella *jihad* si riduce a quelli che sono i valori, i bisogni e le necessità immediate dei singoli gruppi radicali, nonché del grado di complessità del conflitto e del nemico che devono affrontare nel breve e nel lungo periodo. Ad esempio, gruppi islamici radicali, in particolar modo gruppi nazionalisti come quelli palestinesi e ceceni, hanno fatto crescente uso di donne musulmane (prevalentemente operative in

---

di Dio in questa vita e nella prossima, in questo contesto con il termine *jihad* si intende l'interpretazione belligerante attribuitagli dagli estremisti religiosi per indicare la lotta violenta ed armata contro infedeli, apostati ed oppressori.

[281] I benefici tattici e strategici consistono ad esempio nella possibilità che hanno le donne di nascondere la propria identità, ma anche armi e cinture esplosive sotto i propri lunghi abiti. Esse possono portare oppure intercettare informazioni utili senza destare sospetti. Le donne hanno il vantaggio di essere meno sospette degli uomini in quanto nella società musulmana patriarcale esse sono viste come protettrici del nucleo familiare nonché dell'ambiente domestico, sono mogli e madri. A loro viene chiesto di emulare le azioni, gli atteggiamenti e le pratiche delle donne musulmane più pure (quelle dell'Arabia del settimo secolo), cioè di essere madri, sorelle, figlie e mogli di uomini musulmani. Tale associazione delle donne con la maternità ed il pacifismo in generale le rende meno sospette e quindi meno soggette a controlli approfonditi da parte del nemico.

missioni suicide) nella lotta contro i propri nemici. Risulta quindi utile ed interessante analizzare le diverse tendenze dottrinali (religiose, legali ed autoritarie) esistenti per tracciare e valutare i possibili sviluppi futuri di gruppi terroristici quali lo Stato Islamico.

Secondo la tradizione musulmana, per ottenere legittimità agli occhi della legge e della popolazione musulmana un determinato dettame deve avere radici nella storia, deve cioè essere riconducibile a qualcosa che ha detto o fatto il Profeta o qualche appartenente alla sua cerchia più ristretta. Anche nel caso delle donne guerriere vi sono diversi resoconti e racconti di donne vicine a Maometto che hanno preso parte alla *jihad*. Secondo quanto riportato dal ricercatore David Cook, la femminista musulmana Aliyya Mustafa Mubarak, ad esempio, ne ha identificate ben 67 che, secondo lei, hanno combattuto nelle guerre del Profeta Maometto o nelle grandi guerre di conquista islamiche[282]. Tuttavia, nella maggior parte dei casi elencati vi è una mancanza di informazioni riguardanti la natura della loro partecipazione e solamente una manciata delle donne menzionate risulta aver preso attivamente parte ai combattimenti, mentre la gran parte delle altre donne ha rivestito per lo più ruoli di supporto (come incoraggiare gli uomini a combattere oppure prestare loro soccorso curandoli in caso di ferite riportate in battaglia). Lo stesso Profeta, secondo una serie di scritti della tradizione musulmana, sembra sottolineare come le donne debbano essere escluse dal campo di battaglia per dare priorità alle "donne del Paradiso" (cioè le vergini promesse), capaci ad incentivare gli uomini al combattimento e ridurre la paura della morte. Infatti, le "donne della Terra" vengono viste

---

[282] David Cook, *Women fighting in jihad?*, in 'Studies in Conflict & Terrorism', vol. 28, pp. 375-384, 2005.

come un impedimento per gli uomini, come legami che distraggono gli uomini dal combattimento, li legano al mondo materiale e li trattengono dall'essere intrepidi e di realizzare così gli scopi divini[283].

Ciò non significa, tuttavia, che le donne del primo Islam non abbiano mai combattuto. Ad esempio, secondo quanto riportato dalla ricercatrice Deborah Scolart, il caso di Nusayba b. ka'ab al-Ansariyya, che nella battaglia di Uhud (625) morì mentre combatteva con la sua spada. Anche Zaynab b. 'Ali, nipote del Profeta e figlia di Fatima, ebbe un ruolo cruciale negli scontri che portarono al massacro di Kerbala, nonché fu lei a guidare i membri della casa del Profeta[284]. Come mai allora i musulmani conservatori negano alle donne l'accesso alla *jihad*?

I giuristi hanno deciso di ignorare tali fatti per promuovere piuttosto l'immagine di un Islam patriarcale dove la donna è relegata alla sfera domestica. Le ragioni di tale scelta erano sia pratiche che fisiologiche: nel primo caso, vista la ridotta dimensione della umma, si rendeva inopportuno rischiare di investire tutte le risorse umane nella guerra, mentre, nel secondo caso, si facevano comparazioni sulla diversa forza fisica nonché sull'inevitabile distrazione che comportava la presenza di una donna tra i guerrieri maschi di un esercito[285].

La stessa letteratura islamica presenta un ampio numero di trattati sul tema della *jihad* in cui le donne non rivestono alcun ruolo importante. Infatti, se *jihad* sta agli uomini come

---

[283] Anita Peresin, Alberto Cervone, *The Western muhajirat of ISIS*, in 'Studies in Conflict & Terrorism', vol. 38, pp. 495–509, 2015.
[284] Deborah Scolart, *Le donne e la guerra nella prospettiva islamica*, in 'Gnosis - Rivista italiana di intelligence', vol. 3, pp. 61-67, 2017.
[285] *Ibid.*

combattimento e sacrificio per entrare in Paradiso e ricevere come ricompensa 72 vergini, per le donne *jihad* sembra piuttosto fare riferimento al loro ruolo di donne e mogli ubbidienti che tengono in ordine il nido familiare. Lo stesso concetto di donna guerriera viene descritto come fosse un impedimento per gli uomini a portare avanti la loro missione, in quanto esse rappresentano un legame fortissimo con il mondo terreno, una tentazione quasi diabolica che impedisce all'uomo di concentrarsi sulla *jihad* e, quindi, sul mondo che li aspetta nell'aldilà. Inoltre, un'altra ragione importante dell'esclusione della donna dalla *jihad* sta nel volerla proteggere dalle situazioni violente che potrebbero compromettere la sua innocenza ed i suoi obblighi, per non parlare dell'assoluto tabù nella religione musulmana di mescolare i sessi o di permettere la libera circolazione delle donne senza alcuna scorta (ovvero *mahram*[286]).

Da un punto di vista legale i giuristi fanno spesso riferimento anche al linguaggio presente nel Corano, dove per indicare i doveri dei credenti il linguaggio è esplicito da un punto di vista di genere (distingue cioè nettamente tra i doveri degli uomini e quelli delle donne), mentre nei versetti sulla guerra si parla solo di *mu'minun* (cioè i credenti al maschile) e mai di *mu'minat* (credenti al femminile). Da ciò i giuristi sostengono le donne debbano stare dietro le linee ed aiutare curando i feriti, occupandosi dell'approvvigionamento ed incoraggiando i combattenti[287].

---

[286] Il *mahram* è ogni uomo col quale una donna ha un legame di sangue che esclude il matrimonio (ad esempio, padri, fratelli).
[287] Deborah Scolart, Le donne e la guerra nella prospettiva islamica, *op. cit.*, p. 2.

Per quanto riguarda invece la letteratura legale contemporanea (anche se particolarmente scarna dato che i principali studiosi hanno cominciato a dedicarsi al tema solamente dagli inizi degli anni Novanta), la maggior parte sostiene che la donna non dovrebbe prendere parte ai combattimenti a meno che non vi siano circostanze estreme che minacciano l'intera comunità islamica, cioè quando la *jihad* è considerata *fard ayn*, difensiva, cioè come obbligo per l'intera comunità musulmana – uomini, donne, bambini e schiavi – di combattere in difesa del territorio e del loro credo, e non *fard kifaya*, cioè *jihad* offensiva riservata solo ai musulmani di sesso maschile[288]. Anche in questo caso, la maggior parte degli studiosi sostiene che per la donna si tratti di un'opzione più che di un obbligo vero e proprio. Su questo argomento, sia la tradizione giuridica sunnita che quella sciita sono riluttanti nel riconoscere un ruolo attivo alle donne nella *jihad*.

Anche le *fatwa* (cioè dispense emanate da autorità accademiche e religiose) rilasciate che dovrebbero legittimare il loro coinvolgimento durante la *jihad* difensiva sono spesso volutamente ambigue. Infine, è interessante come tra gli studiosi che trattano la partecipazione delle donne in operazioni suicide il tema venga affrontato prevalentemente dai musulmani più progressisti mentre i leader religiosi più conservatori (ad esempio i giordani, siriani e sauditi) si astengono dal fornire il loro supporto[289].

Anche i gruppi terroristici come Al-Qaeda dibattono largamente sulla figura delle *mujahidaat* (letteralmente, donne

---

[288] Farhana Qazi, *The Mujahidaat: Tracing the early female warriors of Islam*, in "Women, gender, and terrorism", The University of Georgia Press, Londra 2011; Nelly Lahoud, *The neglected sex: The jihadis' exclusion of women from jihad*, in 'Terrorism and Political Violence', vol. 26, pp. 780-802, 2014; Deborah Scolart, Le donne e la guerra nella prospettiva islamica, *op. cit.*, p. 2.
[289] David Cook, Women fighting in jihad?, *op. cit.*, p. 2.

guerriere)[290] e del loro uso in operazioni suicide. Alcuni massimi clerici e studiosi musulmani offrono differenti opinioni legali, diverse interpretazioni degli antichi testi e spesso proclamano delle *fatwa* sull'ammissibilità di far svolgere operazioni suicide alle donne. Questi dibattiti regnano anche sui siti internet islamici, dove gli autori cercano di definire quali siano i diversi modi in cui le donne possono sostenere la *jihad* e quali i compensi in Paradiso.

Le principali opinioni online sostengono che le donne debbano sostenere la *jihad* educando i loro figli ad amarla e realizzarla, facendo proselitismo, pregando per i combattenti maschi e fornendo supporto attraverso attività che la possono favorire e facilitare. Tuttavia, da nessuna parte compare l'incoraggiamento alle donne di combattere attivamente al fianco degli uomini, anche se il sito web www.islamweb.net sostiene che "le donne possono partecipare in guerra se vi è un disperato bisogno e solo se il loro intervento non comporta il loro imprigionamento"[291]. Anche alcuni leader musulmani hanno negli ultimi anni proclamato *fatwa* incoraggiando le donne a supportare i

---

[290] Il termine *mujahidaat* fu coniato dai primi storici musulmani per rendere onore alle donne che protessero il Profeta durante le prime battaglie islamiche nel settimo secolo. Molte storie furono scritte e trasmesse oralmente di generazione in generazione per rendere onore all'eroismo di queste gloriose donne disposte anche a sacrificarsi pur di proteggere Maometto. Alcune di loro vengono anche menzionate nel Corano. Inoltre, anche dopo la morte di Maometto le donne continuarono a prendere parte alla guerra, difendendo e conquistando i territori musulmani. Molte di loro, tuttavia, ricoprirono principalmente un ruolo di supporto dalle retrovie piuttosto che prendere attivamente parte alla battaglia. Oggi con il termine *mujahidaat* si vuole descrivere le donne impegnate in operazioni suicide, riflettendo così la trasformazione del ruolo (prima passivo ed ora attivo) della donna all'interno del movimento jihadista. Farhana Qazi, The Mujahidaat: Tracing the early female warriors of Islam, *op. cit.*, p. 3.
[291] F. Qazi, The Mujahidaat: Tracing the early female warriors of Islam, *op. cit.*, p. 3, *cit.* p. 44.

propri uomini. Altri sostengono le donne possano prendere parte alla *jihad* anche senza alcun protettore al proprio fianco, supportando la tesi che in casi di estremo pericolo per la comunità musulmana la donna debba essere in grado di operare indipendentemente[292]. Altri ancora vedono in un simile atto il più alto segno di lode al Profeta.

I testi sacri riportati online sottolineano come le donne possano e debbano ricorrere alla *jihad* solamente in tre casi estremi: se il nemico invade le terre dei musulmani, se i leader musulmani si appellano all'intera comunità musulmana affinché essa adotti la *jihad*, e nel caso i cui i leader musulmani conferiscano un preciso compito alle donne (ad esempio raccogliere dati sensibili sul nemico). Allo stesso modo, le donne del giornale propagandistico noto come *Al-Khansaa* offrono con le loro pubblicazioni alle donne musulmane una piattaforma in cui le incoraggiano ad unirsi alla lotta jihadista. Già nell'agosto del 2004 pubblicarono un articolo intitolato *"Che ruolo possono ricoprire le Sorelle nella Jihad?"* in cui l'autrice sottolineava come le donne musulmane debbano avere tre ruoli nella *jihad*: partecipare al combattimento vero e proprio, supportare i compagni uomini sul fronte di guerra, oppure agire come guardie e protettrici dei jihadisti uomini.

In tempi più recenti, invece, il primo ad aver sostenuto che le donne possono partecipare nella *jihad* fu il veterano afghano Abdallah 'Azzam (considerato ancora ad oggi uno dei padri fondatori dell'ideologia di Al-Qaeda), che nel 1984 pubblicò una *fatwa* in cui sosteneva che la *"jihad* è un'azione dovuta da ogni musulmano, indipendentemente dal sesso"[293]. Ancora, in un'altra

---

[292] È importante sottolineare come la legge musulmana prevede che le donne possano avere contatti solamente con i propri mariti oppure i *mahram*.

fatwa Azzam sostenne la *jihad* fosse *fard ayn*, cioè un obbligo religioso che tutti i musulmani devono adempiere contro gli infedeli, senza la necessità quindi per le donne di chiedere il permesso al padre, al marito, o a qualsivoglia suo protettore (*mahram*)[294]. Tuttavia, nel 2004 Azzam sostenne che "la partecipazione delle donne nella *jihad* è prevista dalla *Sharia* ma... aprire la porta [alle donne alla *jihad*] implica un gran male"[295].

Le affermazioni di Azzam sono solamente uno dei tanti esempi di come le operazioni suicide da parte delle donne sono sempre state argomento controverso nel modo della *jihad*. Un altro esempio è quello di Aminah, moglie di Anwar al'Awlaqi (un famoso predicatore radicale che pubblicava i propri messaggi ed insegnamenti online), che volle vendicarsi della morte del marito (ucciso nel 2011 da un drone americano) con un attacco suicida. Il leader di Al-Qaeda nella Penisola Araba (AQAP), Abu Basir, disse "le sorelle non condurranno simili operazioni perché porterebbero un sacco di problemi [ai jihadisti di AQAP]"[296].

Similmente, anche il leader terrorista Ayman Zawahiri e sua moglie Umayma supportarono il ruolo delle donne nella *jihad* in modo controverso. Ad esempio, egli citò spesso vari esempi di donne jihadiste della storia islamica, probabilmente per incoraggiare altre donne a combattere per la causa del gruppo[297].

---

[293] F. Qazi, The Mujahidaat: Tracing the early female warriors of Islam, *op. cit.*, p. 3, *cit.* p. 46.

[294] Abdallah Azzam, *Defence of the Muslim lands*.

[295] N. Lahoud, The neglected sex: The jihadis' exclusion of women from jihad, *op. cit.*, p. 3, *cit.* p. 780.

[296] N. Lahoud, The neglected sex: The jihadis' exclusion of women from jihad, *op. cit.*, p. 3, *cit.* p. 784.

[297] N. Lahoud, The neglected sex: The jihadis' exclusion of women from jihad, *op. cit.*, p. 3.

Tuttavia, in un suo discorso sottolineò più volte come non ci fossero donne all'interno di Al-Qaeda. Anche sua moglie non ha mai esortato apertamente il terrorismo femminile, ma ha piuttosto sostenuto in una sua pubblicazione del 2009 (intitolata *"Lettera alle mie Sorelle musulmane"*) che la *"jihad* oggi è un dovere individuale che incombe su ogni musulmano, donne e uomini, ma la strada del combattimento non è facile per le donne, in quanto esse necessitano di un compagno/protettore [*mahram*] con cui sia legittimo e legale stare... Rimettiamo noi stesse al servizio dei jihadisti, portiamo a termine ciò che ci chiedono, che sia supportarli finanziariamente, soddisfare i loro bisogni quotidiani, fornirli con informazioni, opinioni, prendendo parte al combattimento oppure come volontarie per portare a termine un'operazione di martirio... Il nostro ruolo principale... è di proteggere i jihadisti facendo crescere i loro figli, accudendo le loro case, e mantenendo i loro segreti"[298].

Probabilmente, l'unico ad aver esplicitamente richiesto l'intervento femminile nella *jihad* fu il leader di Al Qaeda in Iraq, Abu Mus'ab al-Zarqawi, prima che fosse ucciso nel 2006. In un suo proclama, infatti, al-Zarqawi dichiarò che "la guerra è scoppiata...se voi [uomini musulmani] non sarete dei galanti cavalieri in questa guerra, lasciate che siano le donne ad intraprenderla...Sì, per Dio, gli uomini hanno ormai perso la loro mascolinità"[299]. Tuttavia, anche in questo caso si può notare come al-Zarqawi non chiede l'intervento delle donne come previsto dalla dottrina in caso di *jihad* difensiva, bensì lo fa per prendersi gioco degli uomini che ancora non hanno preso parte alla battaglia.

---

[298] Umayma Zawahiri, *Letters to my Muslim sisters*, 2009.
[299] N. Lahoud, The neglected sex: The jihadis' exclusion of women from jihad, *op. cit.*, p. 3, *cit.* p. 788.

Per quanto riguarda il supporto delle donne verso il loro coinvolgimento nella *jihad* anche in questo caso la situazione sembra essere particolarmente inconsistente e controversa. Innanzitutto, non essendovi un leader ed estimato predicatore di sesso femminile, risulta difficile reperire dati rappresentativi in merito. Online, molte donne sostengono la *jihad* attraverso la loro penna, scrivendo cioè lettere e pensieri, sostenendo gli ideali della *jihad*, del sacrificio in nome della religione, facendo propaganda ed invitando le altre "sorelle" a fare lo stesso, magari donando denaro ai gruppi terroristici "per una giusta causa". Ad esempio, la stessa moglie di al-Zawahiri nella sua lettera alle sorelle sottolineò come anche le donne rivestono un ruolo fondamentale accanto agli uomini "in difesa della loro religione, territorio e persona. Se essa non riesce [donando] il suo denaro o attraverso attività missionarie nelle moschee, scuole, università e case a raggiungere le proprie sorelle, dovrebbe fare ciò attraverso internet, dove ella potrà scrivere la propria missione religiosa, disseminarla e spargere così la missione dei jihadisti"[300].

È importante sottolineare anche che, ad oggi, non vi sono donne musulmane che hanno raggiunto posizioni di leadership. Infatti, sebbene alcuni uomini potrebbero accettare e spronare le donne a prendere parte attiva alle attività operative del gruppo, questo non si traduce necessariamente nel riconoscimento e nell'applicazione di diritti uguali tra ambo i sessi e di certo non comporterebbe un cambiamento dello status sociale delle donne all'interno della società islamica. L'*audience* religiosa conservativa alla quale fanno generalmente appello i jihadisti difficilmente sarebbe ricettiva verso l'arruolamento delle donne sul

---

[300] Nelly Lahoud, *Umayma al-Zawahiri on women's role in jihad*, in 'Jihadica', 26 febbraio 2010, http://www.jihadica.com/umayma-al-zawahiri-on-women%E2%80%99s-role-in-jihad/.

campo di battaglia. Piuttosto, i musulmani vedono le donne come la chiave per mantenere salda la struttura familiare. Soprattutto, essi sostengono che il lavoro che più dà potere ad una donna musulmana è crescere ed insegnare ai propri figli ad abbracciare ed amare completamente la *jihad*. Tuttavia, anche nel caso delle generazioni più progressiste apparentemente disposte ad accettare il coinvolgimento delle donne nella *jihad* non si arriverebbe al cambiamento sociale. Infatti, anche in questo caso il ruolo principale rivestito dalle donne è di operare in missioni suicide, dove a missione terminata la loro morte e scomparsa dalle scene sono inevitabili. Una soluzione che può rivelarsi comoda per i leader dell'organizzazione terrorista.

Certamente, nonostante il dibattito sull'accettabilità o meno delle donne in ruoli operativi sia altamente variabile in relazione all'area e alla tipologia di conflitto, nonché a seconda delle caratteristiche del gruppo estremista, il ruolo principale dei diversi dettami religiosi rilasciati da differenti personaggi accademici e religiosi non fanno che garantire alle donne che simpatizzano con le cause degli estremisti una giustificazione religiosa a partecipare (attivamente o meno) alla *jihad*.

2. Donne e jihad: quali le motivazioni? E perché proprio lo Stato Islamico?

La credenza che le donne siano per loro natura materne, pacifiste e sostenitrici della filosofia della non violenza, è inesatta e può portare facilmente in errore. Infatti, secondo diversi studi, le donne che si uniscono a gruppi militanti si trovano nella maggior parte dei casi in condizioni sociali, culturali e religiose simili. Tali condizioni le motivano e spronano al supporto e al ricorso della violenza, allo stesso modo degli uomini. Le ragioni per cui prendono parte agli scontri, invece, variano, anche se vi possono essere delle sofferenze passate comuni. Ciò che motiva ognuna è differente per ciascuna di loro; infatti, non ci sono due terroristi che si assomiglino, indipendentemente dal loro sesso. Allo stesso modo, per quanto i conflitti possano assomigliarsi tra di loro, nessuno è perfettamente uguale all'altro[301]. È fondamentale quindi non fare l'errore di trarre conclusioni affrettate e del tutto prive di obiettività. Soprattutto, sebbene sia importante confrontare vari scenari e situazioni per trovare similitudini che possano aiutare a meglio comprendere il pericolo e come contrastarlo, allo stesso tempo è importante analizzare ogni singolo caso a sé.

Le donne quindi non hanno meno motivi degli uomini ad abbracciare la violenza e la *jihad*. Esse nutrono gli stessi motivi personali degli uomini, di cui due sono particolarmente accentuati ed importanti: la perdita dei propri cari e la violazione del loro onore. Inoltre, tali motivi personali spesso convergono con i vantaggi offerti loro dalle organizzazioni terroriste che sfruttano il dolore delle reclute a loro vantaggio.

Nel caso dello Stato Islamico, secondo la studiosa Anita Peresin, le ragioni delle donne musulmane occidentali ad unirsi al gruppo terrorista in questione vanno ricondotte a motivazioni religiose, ideologiche, politiche ma anche personali[302]. In particolar modo, le principali motivazioni delle seconde generazioni di immigrati musulmani e degli occidentali recentemente convertiti risiedono nello scontento e nella

---

[301] Laura Sjoberg, Caron E. Gentry (a cura di), *Women, gender, and terrorism*, The University of Georgia Press, Londra, 2011.
[302] Anita Peresin, *Fatal attraction: Western Muslimas and ISIS*, in 'Perspectives on Terrorism', vol. 9, n. 3, pp. 21 – 38, 2015.

frustrazione della vita che conducono in Occidente nonché dell'ambiente in cui vivono. Il loro è un "doppio senso di non appartenenza"[303]: essi combattono una battaglia interiore tra l'entità e l'etnia ereditate, e la loro assimilata identità occidentale. La mancata integrazione nella società e l'incapacità di rispettarne le norme portano questi individui a cercare una nuova identità, una nuova comunità di cui fare parte. Infatti, la percezione di una mancata accettazione da parte della società e comunità occidentali li ha portati a sentirsi umiliati e discriminati. Di conseguenza, essi cercano un modo per ristabilire e ricostruire il loro valore, la loro identità, andando contro all'Occidente secolare e globalizzato in cui sono nati e/o cresciuti. Da ciò quindi deriva il bisogno di trasferirsi in un luogo percepito come ideale e perfetto (in questo caso il Califfato), dove vivere diversamente e secondo i precetti della *Sharia*, raggiungere il cambiamento ed abbracciare l'ideologia della violenza per opporsi al passato e all'Occidente oppressore.

Anche le donne sono generalmente motivate da ragioni politiche e personali. Perciò, il loro desiderio di portare a termine un atto politico non dovrebbe essere sottostimato. Bisogna sottolineare anche (come vedremo nei prossimi paragrafi) come vi sia una grande differenza tra ciò che motiva le donne ad unirsi ad un gruppo terrorista e ciò che incoraggia un gruppo a reclutare anche le donne. D'altronde, indipendentemente dalle ragioni che spingono una donna ad unirsi ad un gruppo terrorista, tali organizzazioni sono pur sempre attori estremamente razionali e calcolatori capaci di sfruttare e manipolare le debolezze e credenze altrui a proprio favore[304].

---

[303] Olivier Roy, *Globalized Islam: The search for a new ummah*, Columbia Press University, New York, 2004, *cit.* p. 193.
[304] Katharina Von Knop, *The female jihad: Al Qaeda's women*, in 'Studies in

Di certo uno dei fenomeni più interessanti legati allo Stato Islamico è l'incredibile numero di donne che dall'Occidente - ma anche il resto del mondo - hanno deciso di impegnarsi nella *hijra* e raggiungere il Califfato islamico per unirsi al gruppo terrorista. Infatti, nonostante la mancanza di dati ufficiali rilasciati dai governi, secondo l'*International Centre for the Study of Radicalisation*, dei 41.490 cittadini internazionali provenienti da più di 80 Paesi che tra l'aprile 2013 ed il giugno 2018 hanno raggiunto lo Stato Islamico, 4.761 (il 13%) erano donne. L'Asia Orientale ha visto la maggiore proporzione di donne e minori affiliati ad IS (ben il 70%), seguita a ruota dall'Europa Orientale (44%), l'Europa Occidentale (42%), le Americhe, Australia e Nuova Zelanda (36%), Asia Centrale (30%), Asia sud-orientale (35%), sud asiatico (27%), il Medio Oriente e nord Africa (MENA, 8%), e l'area sub-Sahariana (<1%)[305]. La maggior parte delle ragazze occidentali, giovani con un'età compresa tra i 16 e 24 anni, proverrebbero prevalentemente da Francia, Gran Bretagna, Germania, Austria e Belgio[306]. Molte sono state reclutate dai loro stessi parenti, fratelli o mariti, oppure spesso la loro è una vera e propria fuga "d'amore" per la *jihad*, che le ha spinte a scappare di casa senza dire nulla ai propri cari. Nella maggior parte dei casi le

---

Conflict & Terrorism', vol. 30, pp. 397 – 414, 2007.

[305] Joana Cook e Gina Vale, *From Daesh to 'Diaspora': Tracing the women and minors of Islamic State*, in 'International Centre for the Study of Radicalisation', 2018, https://icsr.info/wp-content/uploads/2018/07/ICSR-Report-From-Daesh-to-'Diaspora'-Tracing-the-Women-and-Minors-of-Islamic-State.pdf; Nadia Khomami, *Number of women and children who joined Isis 'significantly underestimated'*, in 'The Guardian', 23 luglio 2018, https://www.theguardian.com/world/2018/jul/23/number-of-women-and-children-joining-isis-significantly-underestimated.

[306] Anita Peresin & Alberto Cervone, *The Western muhajirat of ISIS, op. cit.*, p. 2.

ragazze appartengono a famiglie di origine musulmana, anche se non mancano casi di giovani da poco convertite all'Islam[307].

Le ragioni della loro *hijra* variano. Innanzitutto, la loro è una risposta alla chiamata di Abu Bakr al-Baghdadi, il leader dello Stato Islamico, il quale nel 2014 sollecitò le giovani donne ad unirsi al Califfato per aiutare a costruire una nuova entità territoriale che necessita di figure femminili da inserire nei ruoli di mogli, madri, ma anche lavoratrici, dottoresse, infermiere, ingegneri ecc. Inizialmente, molte avevano semplicemente seguito il proprio marito jihadista oppure desideravano vendicare la morte dei propri cari ed hanno quindi preso la decisione di raggiungere lo Stato Islamico[308]. Nella maggior parte dei casi, tuttavia, le giovani donne hanno lasciato le proprie case per andare in Siria e sposare giovani jihadisti (spesso incontrati su siti internet), profondamente convinte di avere la missione di contribuire alla creazione di una società islamica stabile all'interno del Califfato, come mogli e come madri, e di aiutare la umma, secondo loro sotto attacco dall'Occidente.

L'ideologia assieme all'empatia verso la umma considerata sotto attacco, quindi, sono fattori importanti che spingono le donne ad unirsi allo Stato Islamico. Come spiegano Carolyn Hoyle, Alexandra Bradford e Ross Frenett nel loro studio *"Becoming Mulan?"*, ma anche Olivier Roy nel suo libro *"Jihad and death: The global appeal of Islamic State"*, si tratta nella maggior parte dei casi di donne immigrate (di prima ma anche seconda e terza generazione) residenti in Occidente[309]. Queste hanno sofferto di un

---

[307] Anita Peresin, *Fatal attraction: Western Muslimas and ISIS, op. cit.*, p. 7.
[308] Katharina Von Knop, The female jihad: Al Qaeda's women, *op. cit.*, p. 7; Carolyn Hoyle, Alexandra Bradford, Ross Frenett, *Becoming Mulan?*, Institute for Strategic Dialogue, Londra, 2015.

profondo senso di alienazione nei confronti della società ospitante e delle comunità di appartenenza. Inoltre, anche il crescente tasso di xenofobia e di razzismo nei confronti degli immigrati musulmani in Occidente hanno spronato queste giovani donne a cercare un ambiente che le accettasse e che permettesse loro di vivere la propria religione senza giudizi esterni, promessa che proprio lo Stato Islamico fa. La soluzione che esse trovano all'oppressione xenofoba occidentale risiede in una società islamica costruita su una severa e rigida interpretazione della legge della *Sharia*. Esse condividono la visione di una società ideale che vogliono aiutare a costruire nei territori conquistati dal gruppo terrorista Stato Islamico. Soprattutto, queste donne credono fermamente sia un loro dovere religioso (*fard al-ayn*) migrare, in quanto credono la migrazione le avvicini a Dio e assicuri loro un posto in Paradiso. Allo stesso tempo, la migrazione dà loro un senso di appartenenza e sorellanza sulla terra. Questi fattori assieme sono cruciali nel motivare le donne a migrare verso lo Stato Islamico[310].

Ciò non toglie, tuttavia, che molte ragazze ancora molto giovani si siano unite a IS perché ingenue e facilmente manipolate dalla propaganda jihadista ad abbracciare una causa che magari non comprendono a fondo: una propaganda che promette loro la possibilità di prendere in mano le loro vite, liberarle dal controllo opprimente dei genitori e da società che le marginalizzano a causa del loro credo, società che non fanno che alienarle socialmente e culturalmente.

---

[309] Carolyn Hoyle, Alexandra Bradford, Ross Frenett, *Becoming Mulan?, op. cit.*, p. 8; Olivier Roy, *Jihad and death: The global appeal of Islamic State*, Hurst & Company, Londra, 2017.
[310] *Ibid.*

Non sembrano esserci, invece, motivazioni finanziarie, in quanto molte di queste donne provengono da famiglie agiate e benestanti, hanno un'ottima istruzione e quindi anche brillanti prospettive lavorative. Anche questo fatto dimostra come le donne abbiano un'idea molto romantica ed ideale del loro ruolo nella *jihad*, come si può vedere dal loro crescente desiderio di sposare dei guerrieri "santi" e di vivere in uno stato musulmano ideale[311]. Tuttavia, ciò non significa assolutamente che la loro motivazione sia più debole o inferiore a quella degli uomini che hanno preso parte allo Stato Islamico.

Altre motivazioni risiedono nella voglia di avventura, nella ricerca di una vita più avvincente che si discosti dall'insoddisfazione in cui si ritrovano. Possono esserci anche casi di donne con eventuali problemi psicologici. Ancora, alcune donne credono di essere in una vera e propria missione umanitaria per aiutare i siriani senza prendere parte a nessuna azione violenta, mentre altre sperano proprio di prendere parte a missioni e

[311] È estremamente interessante come un gruppo apparentemente così conservatore come lo Stato Islamico accetti l'arrivo di giovani donne non accompagnate per poi dar loro subito in sposa ad un combattente islamico. Questa tattica, che fa interamente parte della strategia di radicalizzazione online del gruppo, è un *escamotage* al crescente rifiuto delle donne locali a sposare dei *foreign fighters*. Infatti, una simile costrizione costerebbe caro al gruppo terrorista che paventa costantemente la necessità di creare uno stato conservatore. Allo stesso modo, se le donne locali non sposano i combattenti, allora il gruppo terrorista non può arrivare a costringerle a collaborare con il Califfato o, quantomeno, reclutarle. È qui che entrano in gioco le donne occidentali: esse non solamente sono disposte a sposarsi in tempi brevi, ma, soprattutto, le donne occidentali che adottano la *hijra* dimostrano di riconoscere come superiore l'ideologia dello Stato Islamico all'ideologia del mondo Occidentale, dando così maggiore lustro ed importanza ai jihadisti e alla loro missione.

combattimenti. Si può di certo dire che la motivazione delle donne ad unirsi allo Stato Islamico è una combinazione di ragioni politiche e personali, assieme ad un pizzico di ingenuo romanticismo[312]. Di certo però, le loro aspettative si discostano dai veri progetti del gruppo terrorista.

Ad essere di estrema importanza in questo processo di radicalizzazione è certamente la propaganda del gruppo, il quale pubblica online immagini, video e report di condizioni di vita apparentemente ideali ed un trattamento esclusivo per le donne dei combattenti islamici. Tali immagini spesso rappresentano donne armate impegnate nella vita di ogni giorno: amichevoli incontri nei caffè, pranzi e cene nei ristoranti, cucinare in allegria, fare le pulizie, fare *selfie* con i propri mariti combattenti e così via.

Secondo Peresin e Cervone, uno dei documenti più validi che sembra (sempre in termini propagandistici) bene rappresentare la concezione del ruolo della donna all'interno dello Stato Islamico è il documento *"Donne nello Stato Islamico: Manifesto e Studio"* pubblicato dalla brigata Al-Khanssaa[313] su un forum jihadista il 23 gennaio 2015[314]. Tale documento, redatto esclusivamente in arabo ed indirizzato prettamente alle donne arabe (in quanto il gruppo

---

[312] Katherine Brown, *Analysis: Why are Western women joining Islamic State?*, in 'BBC News', 6 ottobre 2014, https://www.bbc.com/news/uk-29507410.

[313] La brigata Al-Khanssaa fu creata da una donna britannica nel febbraio del 2014 con l'intento di dare vita ad una "polizia morale" tutta al femminile, la quale sarebbe stata responsabile del rispetto e dell'adesione delle donne alla legge islamica e alle sue leggi di condotta e decoro. Essa, da allora, si occupa di applicare il rigido rispetto della legge della *Sharia* ed è famosa per i suoi atti di pura crudeltà e brutalità da parte dei suoi componenti. Taylor Wofford, *ISIS is using an all-women brigade to enforce Sharia law in Syria*, in 'Newsweek', 30 luglio 2014, https://www.newsweek.com/isis-using-all-women-brigade-enforce-sharia-law-syria-262074.

[314] Anita Peresin & Alberto Cervone, The Western muhajirat of ISIS, *op. cit.*, p. 2.

crede che una sua traduzione porterebbe ad un calo di affluenza delle donne occidentali), si divide in tre parti: nella prima vi è una condanna alla civiltà occidentale ed in particolar modo al femminismo. La seconda parte illustra la vita idealizzata delle donne nei territori del Califfato, concetto rappresentato come il più completo raggiungimento e realizzazione dei precetti islamici. La terza sezione offre una comparazione della vita delle donne residenti nella Penisola Araba e nei territori del gruppo terrorista, con la chiara intenzione di spronare le prime ad emigrare nei territori dei secondi. In sostanza, il documento glorifica la vita sedentaria delle donne risaltandone ed elogiandone i doveri e responsabilità in qualità di madri e mogli. Le donne perciò devono essere protette in quanto responsabili delle future generazioni jihadiste. Anche il matrimonio (che deve avvenire tra i nove e diciassette anni di età) viene rappresentato come istituzione obbligatoria per ogni donna che voglia mantenere la propria essenza di purezza. È proprio dal matrimonio che le loro responsabilità iniziano a prendere forma assieme alla devozione verso il proprio ruolo di detentrici e conservatrici della società stessa[315].

L'aspetto più importante di tale documento è che lo stile di vita della perfetta *muhajirat* che emerge si discosta notevolmente dalla vita avventurosa ed eccitante che al contrario si aspettano le donne e reclute occidentali, ma si avvicina invece alle aspettative delle donne nord-africane e medio-orientali rigidamente rispettose ed osservanti della legge della *Sharia*. Inoltre, questo manifesto non preclude alle donne di entrare in combattimento in casi estremi quali: territorio sotto attacco, insufficienza di uomini,

---

[315] Debangana Chatterjee, *Gendering ISIS and mapping the role of women*, in 'Contemporary Review of the Middle East', vol. 3, n. 2, pp. 201-208, 2016.

presenza di una *fatwa* emanata da un *imam* che ne detti la necessità di intervento[316].

Come abbiamo potuto notare, quindi, uno degli strumenti che più incanalano ed indirizzano le motivazioni delle donne ad unirsi allo Stato Islamico, è l'efficiente uso che quest'ultimo fa dei vari mezzi di comunicazione a propria disposizione per diffondere la propria propaganda ed incantare persone per lo più insoddisfatte dalla società occidentale; in particolar modo, il loro estensivo uso dei social media, creato *ad hoc* per 'imbambolare' le donne di tutto il mondo. Tale metodologia implica tre funzioni: radicalizzare, reclutare e formare una nuova identità. Inoltre, tale metodologia è stata particolarmente pensata ed intensificata per plasmare ed indottrinare quante più donne possibile, offrendo cioè loro quante più motivazioni possibili per compiere la *hijra*, dando loro tutte le informazioni ed il supporto utili per compiere il viaggio, consigliandole su come trovare un marito appropriato non appena raggiunti i territori di IS, informandole su quella che è la vita all'interno del Califfato e su quelli che sono i contatti loro concessi con i propri cari rimasti in Occidente. In tutto ciò, il Califfato viene rappresentato come un vero e proprio Paradiso musulmano, un territorio ideale e prospero dove vivere serenamente.

3. Il vero ruolo delle donne all'interno dello Stato Islamico

---

[316] Per molte donne musulmane provenienti dall'Africa e dal Medio Oriente è proprio la possibilità di prendere attivamente parte alla violenza e agli attacchi prospettati da IS ad essere particolarmente attraente, in quanto è una filosofia che si discosta nettamente dai dettami di non-intervento riservati alle donne da parte di Al Qaeda.

Tra propaganda e realtà, qual è allora il vero ruolo delle donne all'interno dello Stato Islamico?

La crescente tendenza da parte dello Stato Islamico di reclutare ed incorporare sempre più donne all'interno del proprio Stato ed organizzazione è certamente qualcosa di nuovo nella recente storia dello jihadismo ed in comparazione con l'attività di qualsiasi altra organizzazione jihadista. Risulta essere sorprendente ed allo stesso tempo incredibilmente curioso come un gruppo terrorista così ultraconservatore sia in grado di attirare a sé ed incorporare un numero così ampio e crescente di reclute di sesso femminile provenienti da tutto il mondo.

In realtà, le donne per lo Stato Islamico sono delle vere e proprie pietre miliari su cui fondare e far crescere il Califfato, soprattutto in funzione dei loro obiettivi politici ed ideologici[317]. Lo Stato Islamico vede veramente la partecipazione delle donne all'attività dell'organizzazione come un'immacolata risorsa ed è perciò disposto a fare delle concessioni alla propria ideologia pur di sfruttarla al massimo. Come vedremo in seguito, la presenza delle donne si rivela un vero e proprio vantaggio strategico per il gruppo terrorista[318].

---

[317] Da notare come in questo contesto con il termine 'donne' ci riferiamo a coloro che sono nate musulmane o si sono convertite all'Islam e sostengono lo Stato Islamico. Il loro ruolo è ben diverso da quello riservato alle donne di religione Yazidi oppure a tutte quelle donne definite come *kafir,* cioè apostate. Queste, infatti, vengono catturate ed imprigionate, maltrattate, violentate e vendute sul mercato nero come schiave per soddisfare qualsiasi desiderio dei militanti.

[318] Marne L. Sutten, *The rise of the importance of women in terrorism and the need to reform counterterrorism strategy,* in 'United States Army Command and General Staff College', vol. 17, pp. 1-54, 2009.

Inoltre, secondo quanto riportato da un ex membro di al-Qaeda, Aimen Deen, lo Stato Islamico (al contrario di Al Qaeda, che ha un'opinione vaga e contraddittoria sul ruolo e contributo delle donne nella costruzione dello Stato) ha sempre cercato di fondare una società permanente con radici profonde e solide. Perciò, esso cerca in tutti i modi di attirare quante più famiglie musulmane provenienti da tutto il mondo verso il Califfato, per fornire allo Stato Islamico le famiglie di cui ha bisogno. Qui, le donne hanno un ruolo molto più attivo rispetto a quello permesso alle donne talebane o alle donne di Al Qaeda. Infatti, secondo Aimen Deen, le donne dello Stato Islamico sono "metà della società. Esse rivestono un ruolo importante in molte aree: l'area medica, l'area educativa, nella riscossione delle tasse; esse sono essenziali alla sopravvivenza dello Stato Islamico stesso"[319]. Le donne, in sintesi, sono parte integrante ed ingranaggio fondamentale del Califfato. Ciò significa che viene loro richiesto di rivestire ruoli organizzativi importanti, in quanto il loro ruolo per la formazione, crescita, sostentamento e sopravvivenza dello Stato è fondamentale, ed il gruppo terrorista lo sa benissimo, tanto da investirci notevolmente[320].

All'interno dello Stato Islamico le donne non hanno solo l'obbligo di essere buone mogli e madri delle future generazioni di jihadisti (comunque ruolo essenziale per la crescita e prosperità del Paese, in quanto dà vita ai prossimi uomini combattenti ed alle donne che lo amministreranno. La figura della donna rafforza

---

[319] Frank Gardner, *The crucial role of women within Islamic State*, in 'BBC', 20 agosto 2015, https://www.bbc.com/news/world-middle-east-33985441.

[320] Lydia Smith, *ISIS: The 'central' role of women in forming the next jihadist generation*, in 'International Business Times', 18 febbraio 2016, https://www.ibtimes.co.uk/isis-central-role-women-forming-next-jihadist-generation-1521058.

anche l'identità collettiva della umma, cioè della comunità), ma esse sono anche fondamentali per molte altre ragioni: possono trasformarsi in agenti operativi utilizzati in prima linea, possono essere dei veri e propri strumenti di reclutamento che spingono donne e uomini ad arruolarsi nei ranghi dello Stato Islamico, possono operare come polizia morale, possono diventare incentivi al combattimento, strumenti finanziari (quando vendute come schiave sul mercato nero) ma anche come strumenti di propaganda[321].

La propaganda dello Stato Islamico suggerisce che la volontà di Allah per le donne musulmane 'pure' sia che esse supportino la comunità essendo buone mogli e madri amorevoli delle future generazioni di jihadisti. Perciò, all'interno del Califfato le principali responsabilità di una donna sono nei confronti del marito e della famiglia. Tale visione largamente romanticizzata da parte del gruppo ha attirato un sacco di donne verso il Califfato. Tuttavia, lo Stato Islamico ha comunque affidato dei ruoli alle donne che sono ben al di fuori del loro nucleo famigliare e del loro matrimonio. Infatti, secondo l'analisi svolta da Amanda Spencer sul ruolo delle donne all'interno dello Stato Islamico, esse hanno crescenti responsabilità nella costruzione del Califfato, in particolar modo esse ricoprono una miriade di ruoli diversi: mogli adeguate per i soldati di IS, genitrici delle nuove

[321] Tale utilizzo delle donne da parte dello Stato Islamico è certamente tattico in quanto donne e bambini sono meno sospetti e quindi soggetti a controlli minori (per non parlare del tabù culturale di perquisire le donne nei paesi musulmani). Il loro uso fa anche parte di una strategia volta a sorprendere e sconvolgere il più possibile i nemici quali l'Occidente. Tuttavia, ci sono limitazioni (dettate dalla legge della *Sharia*) per quanto riguarda il loro coinvolgimento in atti violenti ed estremisti, anche se ciò non toglie che in futuro le cose possano cambiare in caso di estrema necessità.

generazioni di jihadisti, promotrici della propaganda del gruppo terrorista attraverso il reclutamento online, responsabili di mansioni logistiche, mantenitrici dell'ordine tra le donne della comunità dello Stato Islamico, studiose della religione, dottoresse e maestre, fino ad essere esecutrici della *jihad* violenta[322]. Questi sono tutti ruoli fondamentali per avanzare la causa del gruppo. È importante ricordare come una donna possa rivestire più di un singolo ruolo e come essi possano variare nel tempo. Perciò, capire il funzionamento e l'importanza del loro ruolo all'interno del gruppo è essenziale per carpire maggiori informazioni sul gruppo stesso e valutare quindi i possibili sviluppi futuri e, perciò, i modi per contrastarli il più efficacemente possibile.

Tra i ruoli domestici individuati dalla Spencer vi sono quelli della moglie e della madre. Essi vengono rappresentati come ruoli fondamentali ed incredibilmente onorevoli, che danno purezza alla donna e si contrappongono al caos generato dall'Occidente, dove le donne possono ricoprire mansioni maschili ed abbandonano perciò (agli occhi del gruppo terrorista) le responsabilità familiari. Inoltre, il gruppo rappresenta tali figure tradizionali come custodi dei valori culturali, sociali e religiosi che verranno trasmessi alle generazioni future. Come mogli, è loro richiesto di svolgere diverse mansioni, tra cui le due più importanti donare la vita alle future generazioni e prendersi cura del proprio marito; come compagna deve essergli di conforto durante la sua lotta nella guerra ma deve anche rimanere in casa, nascosta e velata, e deve occuparsi dei sui pasti quotidiani, di pulirgli l'uniforme, e mantenere una casa pulita. Inoltre, esse sono responsabili di comprendere e soddisfare i bisogni sessuali dei

---

[322] Amanda Spencer, *The hidden face of terrorism: An analysis of the women in Islamic State*, in 'Journal of Strategic Security', vol. 9, n. 3, pp. 74 – 98, 2016.

propri mariti[323]. In quanto madri, invece, esse devono crescere, educare, e proteggere i propri figli dalle influenze degli infedeli. La loro più grande responsabilità è di crescere la futura generazione di jihadisti secondo il volere di Allah[324].

Tra i ruoli operativi (assegnati per lo più alle vedove o alle donne non sposate) le donne possono scegliere due strade: entrare a far parte della brigata al-Khansaa o diventare reclutatrici. Nel primo caso, la brigata (composta principalmente da donne tra i 18 e 25 anni di età) ha come scopo principale il rinforzare ed applicare con ogni metodo e mezzo a propria disposizione la rigida concezione della moralità islamica secondo IS. L'unità si occupa di effettuare perquisizioni, raccogliere informazioni sensibili, supervisionare gli schiavi, far rispettare la legge. Si tratta di un'unità operativa tutta al femminile, una vera e propria milizia oppressiva che operava nelle città principali quali Raqqa e Mosul. Le donne che ne hanno fatto parte sono state addestrate a caricare, pulire e sparare con le pistole. Inoltre, per portare a termine il loro compito di protettrici dell'ordine pubblico in termini di rispetto delle leggi della *Sharia* (quali l'abbigliamento consono, il divieto di consumare alcolici, atteggiamenti non accettabili in pubblico quali l'allattamento al seno, punire possibili nemici del Califfato, ecc.) e della severa moralità dettata dallo Stato Islamico, esse hanno a loro disposizione anche degli AK-47 nonché la possibilità

---

[323] Vivienne Walt, Margny-lès-Compiègne, *Marriage and martyrdom: How ISIS is winning women*, in 'Time', 18 novembre 2014, http://time.com/3591943/isis-syria-women-brides-france/; Tiffany Ap, *What ISIS wants from women*, in 'CNN', 20 novembre 2015, https://edition.cnn.com/2015/11/20/europe/isis-role-of-women/index.html.
[324] Quillam Foundation, *Women of the Islamic State: A manifesto on women by the al-Khansaa brigade*, febbraio 2015, https://therinjfoundation.files.wordpress.com/2015/01/women-of-the-islamic-state3.pdf.

di indagare nella vita delle donne all'interno del Califfato ed invadere le loro case ogni volta che desiderano per qualsivoglia motivo[325]. Il ruolo della brigata ha visto nel corso degli anni delle continue evoluzioni, tanto da arrivare a sovraintendere i campi di detenzione dei prigionieri Yazidi, cristiani ed apostati. Qui, la brigata si è più volte macchiata di abusi fisici e verbali sui prigionieri, arrivando spesso anche alle violenze sessuali, alle torture e alle esecuzioni[326].

Le reclutatrici, invece, sono donne responsabili della propaganda online del gruppo, che ha portato un incredibile numero di persone provenienti da tutto il mondo ad unirsi al gruppo terrorista. Secondo diversi studi, il gruppo assegna tale ruolo principalmente alle donne occidentali, le quali operano su diversi siti e piattaforme di social media quali Twitter, Facebook, Tumblr, WhatsApp, ecc[327]. Il loro ruolo, appunto, è di attrarre

---

[325] Lydia Smith, *ISIS:* The 'central' role of women in forming the next jihadist generation, *op. cit.*, p. 11.

[326] Amanda Spencer, The hidden face of terrorism: An analysis of the women in Islamic State, *op. cit.*, p. 12.

[327] Secondo alcuni autori la piattaforma preferita per il reclutamento ed il coordinamento degli attacchi terroristici di IS in Europa è Telegram. Si tratta di un'applicazione gratuita che offre la possibilità di scambiarsi messaggi gratuitamente ed in modo sicuro. È un servizio di condivisione diretta (*peer-to-peer*) multifunzionale e multidirezionale in cui gli utenti devono essere invitati ad unirsi alle chat affinché possano accedere ai loro contenuti. I link di collegamento quindi sono la chiave per accedervi ed essi possono anche essere temporanei: IS spesso offre un tempo limitato agli invitati di rispondere e, se il tempo loro concesso termina, allora il link diventa inattivo. Inoltre, la piattaforma permette di condividere foto, documenti, video ecc. con un gruppo oppure con un unico individuo. Ma, soprattutto, Telegram viene prediletto alle altre piattaforme per via del suo incredibile sistema di sicurezza e di criptaggio. Infatti, anche quando i messaggi vengono cancellati da un utente, questi scompaiono per tutti gli altri collegati ad esso. Anche i messaggi possono avere un termine di scadenza e sparire non appena il destinatario li ha

quante più persone alla causa del gruppo terrorista e di spingerle a trasferirsi nel Califfato offrendo loro parole dolci, soluzioni e benefit attraenti alle maggiori frustrazioni personali nonché all'insoddisfazione del proprio stile di vita che molti musulmani occidentali (e non) vivono quotidianamente sulla loro pelle. Esse, inoltre, forniscono ai loro contatti informazioni organizzative, mezzi e raccomandazioni su come portare a termine la loro *hijra* verso il Califfato, ma sono anche responsabili di fornire al loro contatto il supporto emotivo, informativo e logistico necessari[328]. Secondo Erin Saltman "la propaganda che inviano si basa sull'idea dell'alienazione e dell'appartenenza. Ma la retorica mirata al reclutamento delle donne si basa soprattutto sulla sorellanza ed il trovare amici migliori, oppure la realizzazione spirituale – che per gli uomini si traduce in un possibile martirio. Per le donne (invece) si traduce nella realizzazione del ruolo spirituale e divino, cioè essere la moglie di un jihadista forte e la madre della prossima generazione"[329]. Infine, anche se il ruolo principale delle reclutatrici donne è di persuadere le persone a migrare verso il Califfato, esse spesso spingono e spronano con i loro messaggi e *tweet* a supportare lo Stato Islamico anche nelle città e Paesi di

---

letti. Infine, secondo alcuni ricercatori, "nel mondo di Telegram, la chat room è considerata come un 'Califfato virtuale' in cui i *veri* Musulmani dimostrano la loro devozione ad ISIS ed esprimono la loro opposizione ai nemici vicini e lontani". Mia Bloom, Hicham Tiflati, John Horgan, *Navigating ISIS preferred platform: Telegram*, in 'Terrorism and Political Violence', pp. 1-13, 2017, *cit.* p. 4.

[328] Anita Peresin, Fatal attraction: Western Muslimas and ISIS, *op. cit.*, p. 7; Laura Huey, Rachel Inch, Hilary Peladeau, *"@ me if you need shoutout": Exploring women's roles in Islamic State Twitter networks*, Department of Sociology, University of Western Ontario, 2017.

[329] Lydia Smith, ISIS: The 'central' role of women in forming the next jihadist generation, *op. cit.*, p. 11.

residenza dei singoli individui incapacitati a migrare e raggiungere il Califfato[330].

Infine, dai ruoli individuati da Spencer quali fondamentali per la costruzione dello Stato (ruoli cioè responsabili della manutenzione, del mantenimento e dell'espansione dello Stato), vi sono diverse mansioni che prevedono le donne possano lasciare la casa per servire la comunità o per raggiungere i luoghi di lavoro. Esse sono donne specializzate in mansioni professionali e con specifiche competenze e capacità: dottoresse e maestre, ma anche donne impegnate in attività amministrative, pubbliche, e di polizia, infermiere ed addette agli ospizi ed ai centri benessere nonché agli orfanotrofi[331]. Le maestre ed educatrici sono fondamentali nel creare e crescere una nuova generazione di jihadiste fedeli (insegnano infatti alle bambine tra i 7 e 15 anni di età la religione, le loro responsabilità e doveri futuri come mogli e madri, nonché le leggi della *Sharia*, ma anche a ricamare e a cucinare[332]). Esse sono anche responsabili dell'organizzazione dei matrimoni combinati tra le proprie studentesse e i *foreign fighters*. Inoltre, esse spiano per conto di IS le vite dei propri studenti e delle loro famiglie, e chiedono loro per conto di IS di denunciare le possibili violazioni delle leggi della *Sharia* da parte dei loro genitori. Gli insegnamenti delle maestre, quindi, sono un'arma fondamentale per l'istruzione mirata delle nuove generazioni, per insegnare alle ragazze come occupare posizioni importanti ed, in caso, gestire gli

---

[330] Laura Huey, Rachel Inch, Hilary Peladeau, "@ me if you need shoutout": Exploring women's roles in Islamic State Twitter networks, *op. cit.*, p. 13.

[331] Tiffany Ap, What ISIS wants from women, *op. cit.*, p. 12; Lydia Smith, ISIS: The 'central' role of women in forming the next jihadist generation, *op. cit.*, p. 11.

[332] Quillam Foundation, Women of the Islamic State: A manifesto on women by the al-Khansaa brigade, *op. cit.*, p. 12.

affari statali. Ideologicamente convinte ed equipaggiate con la conoscenza pratica, queste donne possono provvedere a tutti i servizi necessari alla popolazione femminile del Califfato[333].

Tutto questo è possibile in quanto, se da una parte IS ha imposto una segregazione basata sul genere nei luoghi pubblici del Califfato, dall'altro lato ha anche creato delle istituzioni parallele per il genere solitamente segregato. Ciò significa che all'interno di ogni istituzione pubblica esistente sul territorio dello Stato Islamico deve esserci la sua corrispettiva sezione femminile. Quest'ultime sono interamente gestite da donne per gli interessi ed affari delle donne, con un'interazione con gli uomini ridotta al minimo necessario. Tale sistema comprende tutte le istituzioni statali dello Stato Islamico, come l'istruzione, la sanità, l'amministrazione, la polizia, la finanza (ad esempio la riscossione delle tasse), ed i servizi (ad esempio servizi quali l'ospitalità, la carità, aiutare gli immigrati, ecc.)[334]. Così facendo IS ha fatto sì che le donne venissero incorporate nella costruzione dello Stato e della comunità del Califfato senza compromettere la propria ideologia conservatrice. Inoltre, attraverso l'applicazione di istituzioni parallele, lo Stato Islamico sfida l'Occidente secolare e l'emancipazione della donna occidentale, offrendo la sua versione di Stato e di emancipazione, includendo tra l'altro la redenzione divina[335].

Le donne dello Stato Islamico, quindi, ricoprono ruoli ed attività nell'ambito logistico e di supporto, della costruzione dello

---

[333] Hamoon Khelghat-Doost, *The strategic logic of women in jihadi organizations*, in 'Studies in Conflict & Terrorism', pp. 1-25, 2018.
[334] Hamoon Khelghat-Doost, *Women of the Caliphate: The mechanism for women's incorporation into the Islamic State (IS)*, in 'Perspectives on Terrorism', vol. 11, n. 1, 2017.
[335] *Ibid.*

Stato e nelle operazioni tattiche. Esse non sono tutte vittime della violenza maschile, piuttosto esse sono coscienti delle scelte fatte e del ruolo che rivestono. Esse sono membri volenterosi.

Bisogna sottolineare come vi sia poi una differenza di ruoli rivestiti dalle donne arabe (locali e non) e dalle donne provenienti dal resto del mondo. Secondo Youssef e Harris, infatti, la nazionalità ha un ruolo importante: se le donne occidentali si occupano prevalentemente della propaganda del gruppo, le donne arabe rivestono ruoli esecutivi importanti data la loro capacità di meglio comunicare con la popolazione locale nonché la loro profonda conoscenza della comunità, delle persone, e della cultura Islamica (un esempio è il pattugliamento sulle strade del Califfato da parte della brigata al-Khansaa, costituita principalmente da donne arabe) [336].

Infine, secondo Spencer, bisogna anche notare come le donne sotto IS non sono in grado di rivestire ruoli di comando di grado elevato, ma, possono – grazie al loro status di mogli di combattenti di grado elevato – prendere parte a riunioni riservate o ad operazioni importanti; possono cioè gestire un *network* tutto al femminile per dare sostegno ed informazioni ai veri operativi, gli uomini[337]. Nel caso di Umm Sayyaf (moglie di un importante esponente e capo finanziario dello Stato Islamico, Abu Sayyaf), la sua cattura ed interrogatorio hanno rivelato la presenza di un *network* femminile responsabile del reclutamento, spionaggio e

---

[336] Nancy A. Youssef, Shane Harris, *The women who secretly keep ISIS running*, in 'The Daily Beast', 5 luglio 2015, https://www.thedailybeast.com/the-women-who-secretly-keep-isis-running; Hamoon Khelghat-Doost, Women of the Caliphate: The mechanism for women's incorporation into the Islamic State (IS), *op. cit.*, p. 14.
[337] Amanda Spencer, The hidden face of terrorism: An analysis of the women in Islamic State, *op. cit.*, p. 12.

gestione della schiavitù sessuale all'interno del Califfato. Questo dimostra come anche donne in posizioni importanti (posizioni determinate anche dal grado elevato del marito) possano prendere parte ad operazioni di intelligence rimanendo allo stesso tempo a casa ed adempiendo ai propri doveri di mogli e madri[338].

4. Vantaggi strategici e tattici

Come abbiamo visto nei paragrafi precedenti, lo Stato Islamico ha attirato a sé un numero sorprendente di donne ed il loro coinvolgimento spazia tra una vasta serie di ruoli non combattenti tra cui il patrocinio, la radicalizzazione, il finanziamento ed il riciclaggio di denaro, ma anche ruoli combattenti difensivi, quali lo spionaggio e l'istituzione di una polizia interna volta a regolare il rispetto della legge della *Sharia*.

La scelta rivoluzionaria per un gruppo jihadista che si considera essere rispettoso delle tradizioni musulmane di includere un numero sempre crescente di donne, nonché di dare loro la possibilità di ricoprire una vasta gamma di ruoli, riflette una logica strategica: l'integrazione delle donne non è altro che un modo per incrementare il successo organizzativo del gruppo jihadista.

Infatti, secondo lo studio condotto da Hamoon Khelghat-Doost[339], se un gruppo terrorista ha come obiettivo primario far cambiare politica ad un governo o far ritirare le forze degli Stati democratici dai territori percepiti come propri, esso può arrivare ad

---

[338] Debangana Chatterjee, Gendering ISIS and mapping the role of women, *op. cit.*, p. 10.
[339] Hamoon Khelghat-Doost, The strategic logic of women in jihadi organizations, *op. cit.*, p. 14.

utilizzare le donne nella logica strategica di avere un vantaggio tattico contro il nemico (ad esempio, l'utilizzo delle donne porta spesso una maggiore attenzione da parte dei media ed un tasso maggiore di nemici morti, in quanto tendenzialmente si crede improbabile il coinvolgimento delle donne in operazioni violente). Tuttavia, quando il gruppo jihadista mira alla costruzione di uno Stato vero e proprio, e quindi gli obiettivi del gruppo variano, lo stesso utilizzo delle donne cambia a seconda delle necessità strategiche del gruppo. Da ciò ne deriva che dal vantaggio tattico delle donne in combattimento (ad esempio attraverso attacchi suicidi), esse cominciano a rivestire un ruolo amministrativo fondamentale per la creazione e crescita dello Stato. La morte della donna non è più necessaria al gruppo per vincere contro i nemici e raggiungere i propri obiettivi. In un gruppo jihadista come quello dello Stato Islamico, quindi, le donne sono le fondamenta dello Stato e ricoprono perciò ruoli non-combattenti nella sfera pubblica e privata. Comunque, bisogna tenere ben presente come questa progressione non sia solamente binaria ma può essere soggetta ad inversione: come il gruppo jihadista che passa da una struttura operativa a quella di Stato, allo stesso modo può passare da Stato debole[340] in gruppo operativo che adotta nuovamente una strategia logica in cui il sacrificio delle donne diventa necessario per raggiungere l'obiettivo finale del gruppo.

Perciò, Khelghat-Doost distingue tra organizzazioni jihadiste prettamente operative e quelle che mirano alla costruzione di uno Stato. Egli identifica come organizzazioni jihadiste basate sull'operatività tutti i gruppi terroristici islamici la

---

[340] Uno Stato si definisce debole quando esso non riesce più a soddisfare i bisogni primari dei propri cittadini e non è in grado di fornire loro alcun servizio. Lo Stato è sommerso dalla violenza (interna ed esterna) ed è incapace di controllare i propri affari interni.

cui ideologia Salafita porta ad atti di violenza estrema in nome di dio e della *jihad* per raggiungere obbiettivi politici. Il principale obiettivo politico di tali organizzazioni generalmente sta nel rimuovere le potenze occidentali dalle terre musulmane e di togliere dal potere le autorità locali considerate corrotte dall'Occidente affinché vi possano restaurare la legge islamica. Ai loro occhi l'unico modo di realizzare tale obiettivo è attraverso la lotta armata contro le forze occidentali e gli apostati. Anche questi gruppi credono nella necessità di creare uno Stato islamico in grado di raggruppare e rappresentare tutte le società musulmane ma nemmeno loro sanno bene come fondarlo, strutturarlo e come farlo funzionare. Inoltre, data la struttura frammentata di tali gruppi ed organizzazioni (la maggior parte è organizzata in cellule clandestine dello stesso *network* sparse in diversi Paesi) la creazione di uno stato risulterebbe essere molto difficile. Infine, in termini di approccio operativo, tali organizzazioni conducono contro i loro nemici ben armati una guerra asimmetrica incentrata prevalentemente su azioni di guerriglia. Essi usano cioè le cosiddette armi dei più deboli: attacchi bomba, autobombe, assassinii, rapimenti, pirateria, dirottamenti aerei ed attacchi suicidi. Un esempio di gruppo jihadista focalizzato sull'aspetto prettamente operativo è Al Quaeda.

Al contrario, le organizzazioni jihadiste che mirano alla costruzione di uno Stato/califfato, sostengono una visione più o meno chiara di uno Stato basato sulla tradizionale struttura dei califfati risalenti all'età d'oro dell'Islam ed in grado di contrastare i loro nemici e mandarli via dai propri territori. Questi gruppi sono passati alla concretizzazione della loro visione attraverso la proclamazione dello Stato/califfato e la creazione di istituzioni statali in grado di amministrare e regolare la società che lo Stato governa. Essi sostengono che il loro Stato/califfato è in grado di governare su tutta la comunità musulmana attraverso la legge della *Sharia* ed il potere del supremo leader, il Califfo. Perciò, in questo caso, non abbiamo più un'organizzazione strutturata in diverse cellule, bensì un'organizzazione incentrata in una data area geografica con all'interno un modello gerarchico ben preciso comprensivo di diversi dipartimenti (ad esempio amministrativi, militari, consultativi, difensivi, di intelligence, e giudiziari). In termini di tattiche militari e strategie, questa tipologia di organizzazioni utilizza una combinazione di metodi convenzionali ed asimmetrici grazie alle armi pesanti in loro possesso. Tuttavia, di fronte ad un nemico più forte non rinunciano all'utilizzo di metodi asimmetrici quali gli attacchi suicidi. Lo Stato Islamico è uno di questi.

Il ruolo delle donne all'interno di queste due tipologie di organizzazioni varia a seconda di quello che è il fine ultimo dell'organizzazione stessa. Nel primo caso, ad esempio, le donne vengono integrate all'interno dell'organizzazione come agenti tattici: la loro integrazione permette ai gruppi jihadisti di soddisfare la loro domanda logistica in quanto le donne possono più facilmente essere 'sotto copertura', operare clandestinamente e non essere soggette a controlli. Tuttavia, bisogna sottolineare come la maggior parte delle organizzazioni jihadiste sono restie ad utilizzare ed incorporare tra i loro ranghi le donne, perché non vogliono creare situazioni peccaminose in cui le donne sono sole in mezzo ad altri uomini senza il loro *mahram*. Al Qaeda ad esempio, normalmente assegna alle donne compiti di mero supporto e/o copertura per i jihadisti uomini[341]. In questo contesto,

---

[341] Molte donne rivestono il ruolo di copertura per i jihadisti uomini: accompagnando gli uomini pronti ad un attacco suicida e dando l'impressione di essere una coppia felice ed innocente rende più difficile ed improbabile un controllo da parte delle forze armate. Inoltre, nei paesi musulmani è più

Khelghat-Doost divide i ruoli delle donne all'interno delle organizzazioni jihadiste operative in ruoli tattici di combattimento e non. Nel primo caso le donne prendono parte all'operatività del gruppo come copertura per i combattenti maschi, oppure prendendo direttamente parte ad attacchi suicidi. Nel caso dei ruoli non-combattenti, le donne possono essere utilizzate come messaggeri, supporto logistico, reclutatrici, oppure in azioni volte al finanziamento dell'organizzazione (immagine 1).

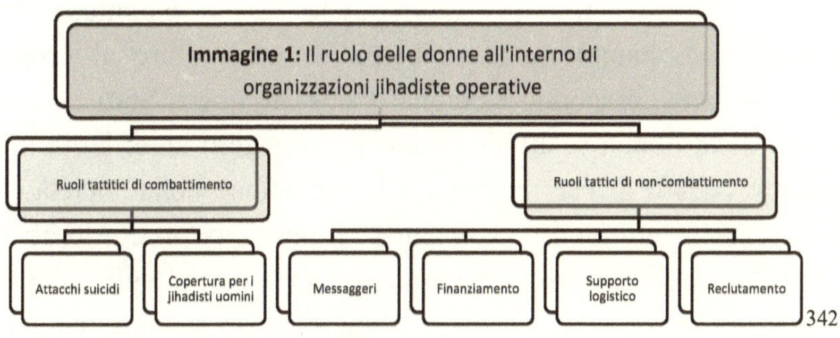

342

All'interno delle organizzazioni jihadiste che mirano alla costruzione di uno Stato/califfato, invece, le donne rivestono ruoli diversi che spaziano da ruoli secondari ai ruoli tattici di combattimento. Infatti, questi gruppi non sono più delle semplici organizzazioni militanti bensì gruppi che controllano e governano uno Stato. La loro logica strategica e il ruolo che lasciano alle

---

difficile le donne possano essere soggette ad attenti controlli, come succede invece agli uomini.

342 Classificazione del ruolo della donna all'interno dell'organizzazione jihadista operativa secondo il ricercatore H. Khelghat-Doost. Hamoon Khelghat-Doost, The strategic logic of women in jihadi organizations, *op. cit.*, p. 14*., cit.* p. 8.

donne sono diversi e sono strettamente legati al loro bisogno di indirizzare le sfide per mantenere uno Stato funzionante: ottenere e mantenere legittimità, essere in grado di fornire servizi e beni su scala nazionale, aiutare ad aumentare le possibilità di sopravvivenza dello Stato stesso. Qui, le donne sono fondamentali per realizzare e rafforzare la visione del califfato che il gruppo jihadista ha. Le donne, cioè, sono necessarie alla crescita e sostenibilità dello Stato-califfato in quanto esse definiscono la collettività ed i confini dello Stato stesso[343]. Inoltre, attraverso l'organizzazione dello Stato in dipartimenti e servizi suddivisi in base al sesso (come nel caso dello Stato Islamico), tali organizzazioni hanno meno problemi di incorporare al proprio interno le donne. Secondo Khelghat-Doost, in questi Stati/califfato il ruolo della donna si divide perciò in tre macro aree: legittimità (cioè il processo di partecipazione ed inclusione nella società che dà un senso di unità ed appartenenza; i modi cioè in cui le donne aiutano l'organizzazione ad ottenere e mantenere la legittimità del neo-stato), fornitura di servizi e beni pubblici (in uffici divisi per il solo genere femminile), e sicurezza (dove le donne vengono incluse nei ranghi per colmare il divario esistente nell'ambito della sicurezza). Nel primo troviamo i doveri di compiere la *hijra*, essere madre e prendersi cura della famiglia, ed infine impegnarsi nel reclutamento e nel fare propaganda. Nel secondo caso, le donne ricoprono ruoli di maestre ed educatrici, dottoresse ed infermiere, riscuotono le tasse e sono responsabili dei servizi d'immigrazione. Infine, nell'ambito della sicurezza, esse possono far parte delle forze di polizia e delle forze militari (immagine 2).

---

[343] Lydia Smith, ISIS: The 'central' role of women in forming the next jihadist generation, *op. cit.*, p. 11.

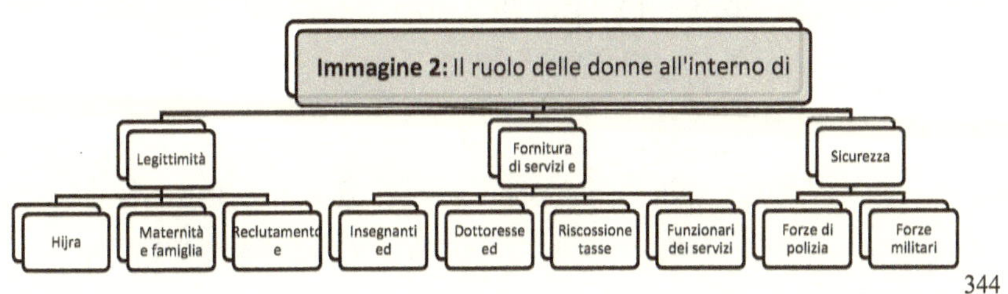

344

Tuttavia, l'uso delle donne in operazioni militari risulta essere alquanto nuovo e raro anche per lo Stato Islamico. Anche se i dati ufficiali sembrano confermare la mancanza di tracce di combattenti donne all'interno di questo tipo di organizzazione fino a maggio 2016, vi sono degli attacchi avvenuti nelle terre a nord in Iraq nel 2014 ed un attacco a Baghdad nel maggio del 2016 che sembrerebbero essere stati portati a termine da donne suicide[345]. Questo, secondo Khelghat-Doost, potrebbe essere un indicatore del cambiamento all'interno dell'organizzazione jihadista verso un indirizzo più operativo. Infatti, fintanto che i neo-stati/califfati sono in grado di combattere il nemico ed espandere i loro territori, essi possono mantenere alto il loro livello di legittimità tra i propri sostenitori. Ma, nel momento in cui le basi dell'organizzazione nonché dello Stato/califfato sono in serio pericolo di sopravvivenza, allora il gruppo fa un passo indietro ed adotta nuovamente le tattiche proprie dell'organizzazione operativa. Si tratta di una vera strategia di sopravvivenza che il gruppo adotta

---

[344] Classificazione del ruolo della donna all'interno dell'organizzazione jihadista che mira alla creazione dello stato/califfato secondo il ricercatore H. Khelghat-Doost. Hamoon Khelghat-Doost, *The strategic logic of women in jihadi organizations*, *op. cit.*, p. 14., *cit.* p. 12.

[345] Lizzie Dearden, *Baghdad attacks: At least 69 killed in suicide attacks and car bombings in Iraq capital*, in 'Independent', 2016, https://www.independent.co.uk/news/world/middle-east/baghdad-attacks-market-blast-car-suicide-bombing-in-iraq-capital-isis-victims-a7033436.html.

per mantenere l'immagine di rilevanza e potere, in quanto pur sempre organizzazione jihadista[346].

È quello che è accaduto nel caso dello Stato Islamico: il gruppo stava allargando i propri territori durante tutto il 2014 e l'inizio del 2015. Tuttavia, non appena esso ha cominciato ad essere in pericolo di vita, cioè dopo aver sofferto diverse sconfitte militari ed aver perso diversi territori, lo Stato Islamico ha cominciato a condurre – proprio come un'organizzazione prettamente operativa – tutta una serie di attacchi in Occidente (in particolar modo Francia, Belgio, Inghilterra e Germania) ed in Africa. Inoltre, IS ha ufficialmente chiesto ai propri sostenitori nel mondo di non fare più la *hijra* verso la Siria e l'Iraq, ma piuttosto di rimanere nascosti nei loro Paesi d'origine fino a quando il leader dello Stato Islamico non darà loro il segnale di attaccare[347].

Un attacco terroristico sgominato a Parigi nel settembre del 2016 fu ideato da una cellula di IS tutta al femminile[348], ed il mese seguente dieci donne furono arrestate in Morocco per aver progettato un attacco suicida durante le elezioni parlamentari (quattro di esse sembrerebbe abbiano sposato dei membri di IS impegnati nei combattimenti in Iraq e Siria via internet). In Francia, Morocco, Kenya, Indonesia e negli Stati Uniti ci sono stati diversi casi di donne attive nella creazione di attacchi per conto dello Stato Islamico (diretti o ispirati dal gruppo terrorista)[349].

---

[346] Khelghat-Doost. Hamoon Khelghat-Doost, The strategic logic of women in jihadi organizations, *op. cit.*, p. 14.

[347] Rukmini Callimachi, *Not 'lone wolves' after all: How ISIS guides world's terror plots from afar*, in 'The New York Times', 2017, https://www.nytimes.com/2017/02/04/world/asia/isis-messaging-app-terror-plot.html.

[348] Tale attacco provocò dure critiche da parte di Al-Qaeda, contrario al coinvolgimento delle donne negli attacchi terroristici.

Questi esempi dovrebbero far pensare all'importante ruolo che le donne hanno acquisito all'interno della nuova dottrina militare del gruppo, del loro possibile utilizzo tattico, ma soprattutto di come la logica strategica del gruppo IS sia nuovamente cambiata. Infatti, osservando IS vediamo come il gruppo sia in un momento di transizione (se non addirittura degenerazione) da un gruppo organizzato con una sede centrale fissa ad un *network* terrorista clandestino e sparso in tutta la regione e nel mondo[350]. Non bisogna quindi sottostimare il pericolo posto da questo gruppo terrorista, come non si può semplicemente pensare che il gruppo dopo la perdita di territori collasserà. Infatti, anche se il gruppo può soffrire di periodi di declino, esso è sicuramente incredibilmente resiliente e si adatta facilmente alle circostanze. La maggior parte dei gruppi terroristici vive una specie di resurrezione. Diventa quindi pericoloso per l'Occidente sottovalutare una simile minaccia, in quanto, nonostante la perdita di risorse e territorio, il gruppo continua ad usare strategicamente la propaganda a suo favore, cercando di ispirare attacchi anche al di fuori dello Stato Islamico[351].

Già nel 2006, quando Muriel Degauque portò a buon fine il primo attacco suicida da parte di una donna europea convertita all'Islam (ella era di origine belga e cresciuta secondo il Cattolicesimo) in Iraq, molti esponenti delle forze dell'ordine nonché accademici espressero la preoccupazione che i convertiti

---

[349] Nadia Khomami, Number of women and children who joined Isis 'significantly underestimated', *op. cit.*, p. 8.

[350] Colin P. Clarke, *How ISIS is transforming*, in 'Rand', 25 settembre 2017, https://www.rand.org/blog/2017/09/how-isis-is-transforming.html.

[351] Antonia Ward, *Do terrorist groups really die? A warning*, in 'Rand', 9 aprile 2018, https://www.rand.org/blog/2018/04/do-terrorist-groups-really-die-a-warning.html.

europei all'Islam avrebbero potuto portare un aspetto nuovo e molto preoccupante nella cosiddetta Guerra al terrore. Soprattutto, un rinnovato pericolo per l'Europa e tutto l'Occidente[352].

Oggi, il terrorismo al femminile sta aumentando perché le donne sono sempre più motivate a prendere parte alla violenza politica e perché le organizzazioni terroriste hanno sempre più incentivi nel reclutare operativi di sesso femminile. In particolar modo, le donne vengono spesso arruolate operativamente quando la stessa sopravvivenza del gruppo terrorista è messa in pericolo e vi è dunque la necessità di avere un maggior numero di fedeli combattenti pronti a continuare la battaglia dell'organizzazione terrorista[353].

---

[352] Katharina Von Knop, The female jihad: Al Qaeda's women, *op. cit.*, p. 7.

[353] Un esempio è quello del gruppo terrorista sunnita salafita Boko Haram, operativo prevalentemente nel nord-est della Nigeria ed affiliato allo Stato Islamico (il leader, Abubakar Shekau, promise il suo sostegno e dichiarò ufficialmente l'alleanza del gruppo allo Stato Islamico nel 2015). Questo gruppo ha largamente sfruttato donne e bambini per i suoi scopi strategici, il più delle volte rapendoli, indottrinandoli, facendo loro il lavaggio del cervello e convincendoli – anche con la violenza – ad indossare vesti e cinture esplosive e portare a termine attacchi suicidi in zone con un'alta concentrazione di vittime innocenti (come mercati, stazioni degli autobus, scuole, strade affollate). Da giugno 2014 alla fine di febbraio del 2018 il gruppo ha usato 469 donne come *kamikaze*, uccidendo più di 1200 persone e ferendone 3000. Il più delle volte le donne portano a termine tali missioni suicide perché non conoscono alternative ad una società prettamente maschilista e patriarcale: portano a termine gli ordini, convinte che così facendo raggiungeranno il Paradiso, promesso loro dai combattenti. Spesso, quando non è il marito ad ordinare alla moglie di compiere simili azioni, i combattenti drogano le donne e fanno loro false promesse attraverso un'indottrinazione estrema e manipolazioni che risultano in un vero e proprio lavaggio del cervello. Tale uso delle donne e dei bambini in missioni suicide da parte di Boko Haram è dettato dalla convinzione che loro siano più facilmente spendibili rispetto agli uomini, necessari nei combattimenti e nel portare alto il nome del gruppo terrorista. Allo stesso tempo, donne e bambini sono un vero e proprio *asset*, in quanto difficilmente

L'uso di donne, soprattutto in campo operativo in un ambiente prevalentemente maschile, non è altro che un cambio della strategia e della tattica del gruppo, il quale si adatta a seconda del grado e del mutare delle minacce e pericoli alla sua sopravvivenza. Se l'uso delle donne quindi va a vantaggio del gruppo terrorista, esso ne incoraggerà la partecipazione in ogni modo possibile. Anche nel caso della religione islamica, che come abbiamo visto si è sempre opposta e ha attivamente condannato la partecipazione delle donne in atti/scontri violenti, essa può facilmente cambiare la propria posizione a seconda di quella che è la volontà e le necessità dell'organizzazione in quel momento storico. Infatti, pur di raggiungere i propri fini, il gruppo può *ex post facto* provvedere a giustificare il coinvolgimento delle donne nel terrore[354].

Tuttavia, anche se il mondo tende a percepire nelle donne impegnate in missioni suicide il pericolo maggiore, bisogna sottolineare come il ruolo di un supporter ideologico nonché facilitatore operativo sia molto più importante per il mantenimento delle capacità operative e per la stessa sopravvivenza e motivazione ideologica del gruppo terrorista. Il supporto che le

---

perquisiti dalle forze armate e per lo più insospettabili di simili azioni. Infine, l'attenzione mediatica che procurano al gruppo ed il terrore che inducono nella popolazione sono di notevole impatto. In questo caso, le donne sono anch'esse vittime inermi e spesso inconsapevoli delle loro azioni. Maltrattate, stuprate e manipolate dagli uomini, esse trovano nella morte la liberazione da ogni sofferenza. Joshua Meservey e Andrew Vadyak, *Boko Haram's sick ploy to turn girls into suicide bombers*, in 'The Heritage Foundation', 20 giugno 2018, https://www.heritage.org/terrorism/commentary/boko-harams-sick-ploy-turn-girls-suicide-bombers; Macpherson U. Nnam, Mercy Chioma Arua e Mary Sorochi Otu, *The use of women and children in suicide bombing by the Boko Haram terrorist group in Nigeria*, in 'Aggression and Violent Behavior', vol. 42, pp. 35 - 42, 2018.
[354] *Ibid.*

donne forniscono agli uomini e l'educazione che danno ai propri figli fanno tutti parte di un determinato atto politico[355]. Infatti, anche quando le donne sono invisibili per l'*audience* mondiale, esse continuano a giocare un ruolo importante nel breve e lungo periodo per la stessa sopravvivenza dell'organizzazione terrorista.

5. Possibili minacce e scenari futuri

Cosa aspettarsi dalla sconfitta militare dello Stato Islamico in Siria ed Iraq per le donne del gruppo?

Di certo il gruppo ha cominciato a cambiare la propria attitudine verso il ruolo delle donne. Ad esempio, nel numero 10 di *Dar al-Islam*, l'ultimo numero prima che la rivista dello Stato Islamico venisse sostituita dal nuovo giornale *Rumiya*, le parole rivolte alle donne musulmane cambiano drasticamente e vi è una chiarissima chiamata ad unirsi alla battaglia fisica, sia in Medio Oriente che in Occidente[356]. Dopodiché, l'autore dell'articolo ricorda che anche se esse non dovessero sentirsi a loro agio nei combattimenti fisici o ad adottare altre strategie più subdole volte ad uccidere i nemici, vi siano molti altri modi con cui le donne possono essere attive nella lotta contro gli oppressori (ad esempio prestando soccorso ai feriti come infermiere o dottoresse, ma anche attraverso la scrittura per diffondere il messaggio musulmano, come anche donne di carriera o contadine che sfamano la comunità).

---

[355] *Ibid.*

[356] Fernanda Buril, *Changing God's expectations and women's consequent behaviors – How ISIS manipulates "Divine Commandments" to influence women's role in jihad*, in 'Journal of Terrorism Research', vol. 8, issue 3, 2017.

Similmente, in un articolo contenuto nel numero 100 del settimanale *Naba*[357] ed intitolato *"Il dovere delle donne nel perpetrare la jihad contro i nemici"*, vi era un vero e proprio appello alle donne di prepararsi quali *mujahidat*, sante donne guerriere, "affinché portino a termine il loro dovere sotto ogni punto di vista nel supportare i *mujahideen* in questa guerra, preparandosi come *mujahidat* nella causa di Allah, e preparandosi a sacrificarsi per difendere la religione di Allah il più Alto e Possente…"[358]. Per le donne musulmane che vivono sotto la giurisdizione dello Stato Islamico il messaggio è chiaro: è tempo di combattere. Allo stesso tempo l'articolo invita tutte le donne simpatizzanti con lo Stato Islamico impossibilitate a migrare dall'Occidente verso il Califfato di portare a termine attacchi come lupi solitari con l'invito, presente anche nella rivista *Rumiyah,* ad aumentare gli attacchi contro i nemici[359].

---

[357] Naba è un organo importante dello Stato Islamico e contiene articoli redatti da leader ed ufficiali per comunicare politiche ufficiali del gruppo terrorista. Perciò, la chiamata alle donne a diventare a tutti gli effetti riservisti combattenti può essere letta come una direttiva ufficiale dello Stato Islamico.

[358] Rita Katz, *How do we know ISIS is losing? Now it's asking women to fight*, in 'The Washington Post', 2 novembre 2017, https://www.washingtonpost.com/news/posteverything/wp/2017/11/02/how-do-we-know-isis-is-losing-now-its-asking-women-to-fight-for-it/?noredirect=on&utm_term=.89241307ea64.

[359] È importante considerare come un appello ai credenti non si traduce automaticamente in una concessione ed accettazione dell'inclusione delle donne nei combattimenti. Infatti, se la donna compie attacchi suicidi in autonomia o tramite l'aiuto di un *mahram*, essa non va contro l'ideologia conservatrice musulmana, in quanto essa non ha alcun contatto con altri uomini. Si tratta piuttosto di un modo per portare avanti l'obiettivo strategico del gruppo terrorista osservandone allo stesso tempo l'ideologia conservatrice. N. Lahoud, The neglected sex: The jihadis' exclusion of women from jihad, *op. cit.*, p. 3.

In realtà, ancora prima di perdere territorio le donne erano impegnate quotidianamente con la violenza. Esse celebravano le vittorie degli uomini e le loro battaglie, incitavano online all'odio verso gli infedeli e verso l'Occidente. Sembravano essere completamente desensibilizzate dai terribili crimini e violenze commesse dal gruppo terrorista; piuttosto, lo sostenevano giustificando le loro azioni attraverso le letture ed interpretazioni della legge Islamica. Il loro sostegno online e la loro giustificazione alle azioni violente ed agli stermini di IS fa parte della propaganda del gruppo; esse diffondono sentimenti pro-IS ed hanno il potenziale di ispirare altre azioni violente e massacri. Inoltre, nella loro propaganda traspare la stessa volontà e desiderio da parte delle donne di infliggere loro stesse violenza e dolore[360].

Non deve stupire quindi che con l'aumentare delle condizioni critiche (quali la dislocazione sociale, le ingenti perdite nei conflitti e l'aumento degli attacchi) per l'organizzazione terrorista, la partecipazione femminile all'interno del gruppo terrorista è notevolmente aumentata. Infatti, come abbiamo visto, sono proprio le condizioni critiche a far sì che l'organizzazione arrivi ad arruolare le donne quale ultima risorsa in tempi disperati e critici. Ed è proprio in un momento di difficoltà che entra in gioco la chiamata da parte di IS alle donne di impegnarsi ed essere più attive nella *jihad*[361].

---

[360] Carolyn Hoyle, Alexandra Bradford, Ross Frenett, *Becoming Mulan?*, *op. cit.*, p. 8.

[361] Il 2014 fu un anno di grandi successi per lo Stato Islamico: prese le città di Raqqa, Mosul, Tikrit e le città curde del Sinjar, annunciando in seguito la creazione del Califfato. Tuttavia, col 2015 gli attacchi aerei da parte degli Stati Uniti assieme all'intervento di Russia e Francia nel conflitto hanno fatto sì che IS perdesse sempre più territori e uomini. Le perdite di IS continuarono lungo tutto il 2016 e dopo due anni di occupazione IS perse anche Hit e Fallujah per mano delle forze armate irachene e curde. Fernanda Buril, Changing God's

Certamente per un'organizzazione che ha sempre cercato di tenere lontano le donne dal campo di battaglia cambiare dialettica, diventare più aperti verso le donne e alla loro partecipazione fisica in battaglia, risulta pur sempre difficile trovare un modo di ottenere l'attenzione e soprattutto l'approvazione dei propri sostenitori per una scelta che andrebbe – secondo la dottrina musulmana conservatrice – contro la loro stessa ideologia ed il loro credo islamico[362]. Come convincere quindi donne e uomini simpatizzanti e membri dell'organizzazione che includere le donne nelle operazioni del gruppo sia operativamente accettabile e che andrebbe a beneficio dell'intera comunità? Come fare a sostenere e portare avanti un simile cambiamento organizzativo senza creare dissenso o compromettere la fiducia ed il rispetto del gruppo? Ebbene, attraverso la manipolazione della religione; proiettare la decisione quale volontà massima ed altissima di Dio porta sempre via qualsiasi responsabilità dai veri leader dello Stato Islamico. La manipolazione dei versetti del Corano e degli *hadit* permette quindi ai vertici dell'organizzazione di beneficiare della indiscutibile verità proveniente nientedimeno che da Dio e Maometto. Tale strategia funziona proprio perché il gruppo si circonda di membri che non conoscono bene i testi Islamici sacri e

---

expectations and women's consequent behaviors – How ISIS manipulates "Divine Commandments" to influence women's role in jihad, *op. cit.*, p. 20.

[362] Secondo Nelly Lahoud, i jihadisti, per quanto riguarda il coinvolgimento delle donne nella *jihad*, si trovano in un dilemma *"catch-22"*: se insistono ad escludere le donne dai combattimenti perderebbero la credibilità su cui si basa la retorica della *jihad* difensiva, un vero e proprio ombrello legale che fornisce loro il pretesto e la scusa alle loro azioni e alla loro ideologia. Se, invece, chiamassero tutte le donne ad unirsi a loro sul campo di battaglia, dovrebbero affrontare diversi problemi, tra cui una probabile ingente perdita di sostenitori (soprattutto i musulmani più conservatori). N. Lahoud, The neglected sex: The jihadis' exclusion of women from jihad, *op. cit.*, p. 3.

che quindi possono essere manipolati a loro piacimento a seconda delle necessità[363].

Qual è tuttavia la minaccia più reale? Forse il rischio più importante al momento è che la propaganda violenta fatta online assieme alla perdita di territorio da parte dello Stato Islamico possano ispirare sia donne che uomini a portare a termine attacchi nei loro Paesi di origine piuttosto che migrare in Siria ed Iraq. Il pericolo quindi sta in questi messaggi di incitamento alla violenza a casa propria. Ad esempio, Umm Layth twittò online la chiamata affinché le giovani musulmane che "non ce la fanno a raggiungere il campo di battaglia portino il campo di battaglia a sé. Siate sincere e siate delle Mujahid dovunque voi siate"[364]. Oppure la giovane ragazza di 15 anni, che impossibilitata a raggiungere la Siria ricevette l'ordine dai suoi reclutatori di portare a termine un attacco terrorista nella sua città[365]. Certamente le *supporters* donne dello Stato Islamico – in particolar modo le donne emigrate da altri paesi – contribuiscono significativamente alla diffusione dell'ideologia del gruppo. Perciò, i loro profili online potrebbero anche contribuire significativamente ad incoraggiare donne e uomini musulmani occidentali a perpetrare attacchi terroristici nei loro Paesi di origine. Il passaggio dalle parole ai fatti può essere molto breve. Ma fino a che punto sono disposte le donne ad unirsi alla lotta armata?

---

[363] Greta Modula, *Lo Stato Islamico e la creazione di una nuova identità collettiva*, in 'Mediterranean Insecurity', 2017, http://www.mediterraneaninsecurity.it/2017/12/04/lo-stato-islamico-e-la-creazione-di-una-nuova-identita-collettiva-greta-modula/.
[364] Carolyn Hoyle, Alexandra Bradford, Ross Frenett, *Becoming Mulan?*, *op. cit.*, p. 8, *cit.* p. 34.
[365] *Ibid.*

Secondo Carolyn Hoyle et al., le possibili minacce nel lungo periodo per l'Occidente da parte delle donne jihadiste sarebbero diverse: potrebbero rivestire un ruolo di supporto per i combattenti dello Stato Islamico ma potrebbero anche incoraggiare altri ad unirsi a loro se non addirittura incoraggiare direttamente degli attacchi (solitari ed organizzati) verso l'Occidente. Inoltre, con le crescenti perdite di territori e uomini da parte di IS, le donne potrebbero esse stesse decidere di immolarsi in attacchi suicidi, oppure decidere di ritornare nel proprio Paese d'origine in Occidente per condurre lì un attacco[366].

Secondo Speckhard, Shajkovci and Yayla con la sconfitta militare dello Stato Islamico in Siria ed Iraq i *foreign fighters* molto probabilmente migreranno altrove e molti potrebbero decidere di ritornare a casa[367]. Si tratterebbe in questo caso di persone profondamente ideologicamente indottrinate, addestrate ad usare armi, indurite dalla battaglia e probabilmente esperte a maneggiare esplosivi, che tornano a casa, a volte senza che le forze dell'ordine e i servizi di sicurezza nazionali ed internazionali ne vengano a conoscenza. Ad esempio, le forze dell'ordine kosovare hanno condiviso informazioni riguardanti diversi combattenti che si sono fatti dichiarare morti online pur di raggiungere illegalmente il proprio Paese d'origine bypassando qualsiasi controllo di sicurezza[368].

---

[366] Carolyn Hoyle, Alexandra Bradford, Ross Frenett, *Becoming Mulan?*, *op. cit.*, p. 8.

[367] Secondo Joanna Cook e Gina Vale, il sud-est asiatico ha visto la maggiore percentuale di donne e bambini ritornare dai territori dello Stato Islamico (59%), seguiti dall'Europa Occidentale (55%), l'Asia centrale (48%), l'Africa sub-sahariana (33%), l'Europa Orientale (18%), le Americhe, Australia e Nuova Zelanda (8%), il sud asiatico (<1%) e la regione MENA (<1%). Joanna Cook e Gina Vale, From Daesh to 'Diaspora': Tracing the women and minors of Islamic State, *op. cit.*, p. 8.

Di certo ciò non significa che tutti coloro che ritornano in patria siano un pericolo nazionale, ma di certo il loro indottrinamento ideologico e religioso li può manipolare più facilmente anche a distanza inducendoli ad attaccare l'Occidente per il Califfato e la sua comunità. In particolar modo, alcuni potrebbero semplicemente sentire nostalgia per l'ideale del Califfato islamico mentre altri potrebbero tornare per svolgere missioni di reclutamento ed addestramento (ad esempio nella costruzione di esplosivi), magari per svolgere attacchi individuali, oppure creare un vero e proprio *network* che si occupi di attacchi di guerriglia[369].

<hr>

[368] Anne Speckhard, Ardian Shajkovci, Ahmet S. Yayla, *What to expect following a military defeat of ISIS in Syria and Iraq?*, in 'Journal of Terrorism Research', vol. 8, issue 1, 2017.

[369] Attualmente, secondo vari studi, il pericolo maggiore per l'Europa ed il Mediterraneo in particolar modo, è la minaccia proveniente dall'Africa, terreno fertile per i combattenti di IS in fuga dalla Siria e dall'Iraq e per la creazione di nuove cellule operative sparse tra Tunisia, Libia ed Egitto. Tale pericolo non è solo causato dalla relativa vicinanza di questi territori all'Europa, ma anche dai continui rapporti transnazionali dei jihadisti (ad esempio, l'attacco ai mercatini di Natale di Berlino nel 2016 e l'attacco all'Arena di Manchester durante un concerto nel 2017 sono stati portati a termine da soggetti in stretto contatto con gruppi jihadisti in Libia). La Libia è particolarmente attraente per coloro che lasciano la Siria e l'Iraq, grazie ad un governo debole ed instabile, dei servizi di sicurezza che lasciano a desiderare e nondimeno la continua presenza di IS sul suo territorio. Infatti, la Libia si può considerare come una vera e propria provincia dello Stato Islamico, creata da alcuni *foreign fighters* ritornati dalla Siria nel 2014. Secondo quanto riportato da Aaron Y. Zelin, negli ultimi sette anni circa 3.500 *foreign fighters* si sono stabiliti in Libia, dove lo Stato Islamico è il gruppo jihadista più forte nell'area. La maggior parte dei combattenti provengono da paesi africani quali Chad, Ghana, Kenya, Niger, Somalia e Burundi. Anche in questo caso, moltissime sono le donne che hanno deciso di rifugiarsi in Libia, soprattutto donne provenienti dalla Tunisia ma anche dal Morocco, Chad, Egitto, Eritrea, Niger e Australia. La Libia viene considerata come un porto sicuro in cui rifugiarsi, ma anche come punto strategico da dove portare avanti il credo dello Stato Islamico. Lisa Watanabe, *The next steps of*

Per quanto riguarda il coinvolgimento delle donne nelle violenze in Occidente, secondo diverse ricerche condotte dalla ricercatrice Speckhard, a seconda che esse siano state radicalizzate all'interno o all'esterno dell'area di conflitto, le motivazioni a prendere parte alla violenza (in particolar modo ad attacchi suicidi) differiscono. Dopodiché, le donne certamente sono molto più psicologicamente vulnerabili degli uomini ad essere radicalizzate e portate a compiere attacchi suicidi, grazie ad alti tassi di stress post traumatico, depressione, ansia, patologie dissociative, e soprattutto, in quanto esse sono molto più reattive di fronte alle perdita di un familiare oppure del proprio partner e desiderano solamente avere la possibilità vendicarsi di tali gravi perdite[370].

Ciononostante, le donne non devono necessariamente diventare delle *kamikaze* per rivestire un ruolo fondamentale ed influente anche in Occidente. Tutte le donne radicalizzate, indipendentemente se hanno o meno raggiunto il Califfato, sono delle "portatrici sane" dell'ideologia fondamentalista dell'organizzazione terrorista. Si tratta di un ruolo fondamentale che non deve essere sottovalutato; le madri si preoccupano di educare e socializzare i propri figli, cercano sempre di portarli su quella che secondo loro è la retta via, il futuro, che non solo realizzi il figlio ma dia anche lustro alla famiglia. Queste donne e madri radicalizzate potrebbero indottrinare all'odio i propri figli, insegnare loro a sacrificarsi per la comunità, accettare l'ideologia estremista e supportare le missioni suicide come parte inscindibile del combattimento e ribellione contro l'oppressore che, infine,

North Africa's foreign fighters, in 'CSS Analyses', n. 222, marzo 2018, http://www.css.ethz.ch/content/dam/ethz/special-interest/gess/cis/center-for-securities-studies/pdfs/CSSAnalyse222-EN.pdf.

[370] Anne Speckhard, *The emergence of female suicide terrorists*, in 'Studies in Conflict & Terrorism', vol. 31, pp. 995-1023, 2008.

porterebbe loro l'eterna gloria. Molte madri potrebbero incoraggiare i propri figli a diventare attivi all'interno di locali cellule radicali, potrebbero motivarli a portare a termine azioni terroriste in nome dell'Islam, in nome del lustro e della rispettabilità della loro famiglia, ma anche come parte del processo integrativo che dà ai giovani significato, accettazione, fraternità, rispetto, avventura, e successo personale per la causa comune.

Allo stesso modo, tuttavia, bisogna tenere presente come non tutte le donne jihadiste che decidono di tornare nel proprio Paese d'origine dai propri familiari siano pericolose terroriste. Molte di loro vogliono solamente continuare a fare quello che hanno sempre fatto anche in Siria ed Iraq: rassettare la casa, cucinare, cucire, e occuparsi dei propri figli. Ciò non significa che esse non debbano affrontare le conseguenze delle loro azioni (cioè l'essersi unite ad un gruppo terrorista ed –in alcuni casi- l'essersi macchiate di crimini) [371], ma bisogna anche valutare ed adottare una politica unificata tra i Paesi occidentali che non vada a ledere quelli che sono pur sempre i diritti fondamentali dell'uomo.

Conclusione

Lo Stato Islamico è un'organizzazione terrorista che è stata in grado di richiamare a sé un numero mai visto prima di seguaci provenienti da tutto il mondo. Tra questi, ben il 13% sono donne.

---

[371] Antonia Ward, *It's complicated: Not all returning 'Jihadi Brides' are dangerous*, in 'Rand', 28 febbraio 2018, https://www.rand.org/blog/2018/02/its-complicated-not-all-returning-jihadi-brides-are.html?lipi=urn%3Ali%3Apage%3Ad_flagship3_profile_view_base_recent_activity_details_all%3BX2r2WgqFQr%2BNEtKi95SNYA%3D%3D.

Si tratta nondimeno del gruppo terrorista che ha reclutato e manipolato con successo un incredibile numero di donne marginalizzate attraverso una propaganda romanticizzata della vita all'interno del Califfato. Un risultato che i gruppi terroristici che hanno preceduto lo Stato Islamico non hanno mai eguagliato.

Molte delle ragioni per cui le donne viaggiano verso il Califfato sono simili alle ragioni dei combattenti maschi: la percezione che la umma sia sotto attacco, un dovere religioso ed ideologico ad agire, e la ricerca di significato e cameratismo nelle loro vite. Comunque, il richiamo e la spinta dello Stato Islamico e la missione di creare uno Stato nuovo è particolarmente forte tra le donne, anche se molti dei percorsi e delle aperture cognitive sono uniche per ognuna di esse.

Come abbiamo potuto notare, gli scritti religiosi e giuridici nonché le testimonianze di diversi imam ed esponenti dell'Islam sostengono che la donna non debba prendere parte alla *jihad* violenta, salvo rari casi eccezionali (e anche qui le opinioni sono discordi). Tuttavia, lo Stato Islamico è stato capace di creare un ambiente ed una comunità altamente conservatori dove però le donne sono attrici fondamentali. Sono infatti le donne che portano un incredibile contributo alla forza e alla capacità operativa del gruppo terrorista. Il loro ruolo, quindi, non deve assolutamente essere sottovalutato: sono esse ad essere un *asset* insostituibile per la longevità e la sopravvivenza stessa di IS.

Ciononostante, le *muhajirat* in maggioranza non sono combattenti e non si dovrebbe fare riferimento a loro in tale senso. La minaccia che attualmente pongono è differente da quella posta dalla controparte maschile. Le donne reclutano ed assistono gli altri nel raggiungere lo Stato Islamico. Supportano i combattenti maschi in modo non militare ed incoraggiano attacchi verso l'Occidente con coloro che non possono viaggiare e migrare verso il Califfato. Dimostrano il loro supporto verso la violenza più brutale e sanguinolenta alla stessa stregua degli uomini. Esse, anche, dimostrano una capacità e volontà di prendere parte alla violenza e – dovessero le circostanze cambiare - agli attacchi suicidi.

Il recente mutamento dello Stato Islamico da neo-stato ad organizzazione operativa potrebbe avere forti ripercussioni sul ruolo – operativo o meno - delle donne all'interno di questo gruppo terrorista e sulle possibili minacce che esse rappresenterebbero per l'Occidente. Infatti, in un disperato momento di sopravvivenza l'organizzazione terrorista potrebbe adottare una vera e propria strategia di sopravvivenza che andrebbe ad impattare notevolmente sul ruolo delle donne nella *jihad*. Pur di sopravvivere, il gruppo terrorista sarebbe disposto ad aggirare le regole conservatrici su cui si fonda.

Abbiamo anche visto come il pericolo maggiore non derivi tanto da attacchi suicidi da parte delle donne quanto piuttosto dal loro supporto ideologico alla sopravvivenza del gruppo stesso. Il loro ruolo di madri e mogli è molto di più che vita quotidiana: è un atto politico che nel breve e lungo periodo determina la sopravvivenza dell'organizzazione terrorista. Non importa se la donna sia in Medio Oriente od Occidente: se i suoi ideali politico-ideologici e la sua lealtà al Califfato sono immutati, ella farà di tutto per trasmetterli ai propri figli e, quindi, alle generazioni jihadiste future.

Radicalization and de-radicalization of Italian Muslims - _Ugo Gaudino – December 2018_

1. Introduction

Italian Islam is a matter of research which should be approached through a rigorous analytical lens, without the mediatic negative frame usually covering the topic. This means that any prejudice – being the alleged invasions of migrants or the illegal diffusion of clandestine spaces used for daily prayers – will not prove useful to address the research questions in the spotlight[372]. We ought to prefer instead a more comprehensive approach to look at the heterogeneous variety of Italian Muslims, rather than regarding them as a monolithic bloc. Some crucial variables - the ethnical composition, the religious commitment, the membership in one association, the social integration – cannot be ignored, if a serious research wants to engage with Italian Islam and to highlight its main features.

---

[372] For the debate about mosques in the North of Italy, see A. Triandafyllidou, _Religious diversity and multiculturalism in Southern Europe. The Italian mosque_ debate, in T. Modood, A. Triandafyllidou, R. Zapata-Barrero, _Multiculturalism, Muslims and Citizenship. A European Approach_, Routledge, New York, 2006, pp. 123-128.

Italy has been so far exceptionally immune in front of jihadi terrorist attacks in Europe, though it hasn't been spared from the proliferation of criminal networks, Islamic safe havens and apocalyptic propaganda against the Holy See. Hence, a deeper focus on the dynamics of radicalization and on the current discourse around de-radicalization is needed. The threats evoked by jihadi propaganda and by the nexus between terrorism and migration flows across the Mediterranean have recently raised much concern in terms of national security, despite the more modest presence of Muslims in comparison to other European countries. I suggest that a proper balance between a knee-jerk reaction aimed at the "securitization"[373] of Italian Islam, on one hand, and a laid-back approach which denies any link between Islam and terrorism, on the other, might produce larger benefits for the analysis of the issue and might give an academic contribution to the debate about counter- and de-radicalization[374].

The paper is structured as follows. One section deals with the sociological and geographical description of Italian Islam and tries to give a precise account of the estimations of Muslims residing in Italy, being foreign-born, second-generations or Italian citizens who converted to Islam. Another section sketches the evolution of

---

[373] Many scholars began to apply the well-known "securitization theory" (firstly introduced by Barry Buzan and Ole Waever) to religious issues. For a further discussion, see S. Croft, *Securitizing Islam. Identity and the search for* security, Cambridge University Press, Cambridge, 2012, or L. Mavelli, *Between Normalisation and Exception: The Securitization of Islam and the Construction of the Secular Subject*, Millennium: Journal of International Studies, 41(2), 2013, pp. 159-81.

[374] For an overview of the debated concept and a deep literature review, see A. Schmid, *Radicalisation, De-Radicalisation, Counter-radicalisation: A Conceptual Discussion and Literature* review, ICCT Research Paper, March 2013.

the jihadi threat in Italy during the 1990's and the 2000's, while the following one photographs the increased presence of homegrown jihadi sympathizers and *foreign fighters* who travelled to Syria and Iraq. These sections help to design a remarkable turn between a *first phase of jihadism in Italy* and a second phase of *Italian jihadism*, which both fell short to execute a terrorist plot on Italian soil. Additionally, in the last section I will critically discuss the possible reasons behind the radicalization of Italians and engage with the main theories and findings of the literature and the salience of a preventive approach based on de-radicalization and disengagement programmes.

Despite the efforts carried on by the national security Agencies, the monitoring activities show a constant presence of these threats. By the way, I will argue that Italian exceptional condition should be interpreted not only through the internal security prism, but also along the lines of its international strategies (more moderate and inclusive) towards the Islamic world and the broader Mediterranean. Furthermore, the presence of the Vatican should not be read as an obstacle in dealing with Islamic extremism, but as a unique opportunity to create the conditions of pacific coexistence and to enhance the religious dialogue, even in foreign policies. The conclusions highlight the central findings of the article and invite to carry out further research about the issue, hopefully from a cross-disciplinary perspective.

2. The main features of Italian Islam

Islam is the sole common denominator among Italian Muslim communities, who stand out for their ethnic and national diversity, differently from other European States like France and United

Kingdom. This is partially a consequence of the fact that Italy lacks a former strong colonial "backyard", which could represent the geographical origin of migrants as it happens for other countries.

The *Report on Immigration* presented in 2017 by *Caritas-Migrantes* sketched an ethnical patchwork of Muslim foreigners legally residing in Italy, whose percentage has steadily grown over the last decades, in line with the national transition from an emigrant to an immigrant country. According to the report[375], a consistent part of the total foreign population (around 5 million people) comes from countries mostly belonging to the Islamic cultural universe. Moroccan nationals account for the first group of Muslim foreigners (437.485), followed by citizens of Egypt (109.871) and Tunisia (95.645). Apart from Arabic countries, Italian Muslim communities are made up by migrants from Bangladesh (118.790) and Pakistan (101.784), whereas Senegal (98.176) stands out as the first Sub-Saharan African country of origin.

It is extremely hard to quantify how many people among these communities adhere to Islam: what emerges here is a query about the sociological criteria to define who can be defined as a "true Muslim", since there are no common accepted standards to identify religious believers. In addition, a special reference needs to be made in relation to counties like Albania (467.687) and Nigeria (77.264). Another methodological problem arises insofar as these two countries are religiously fragmented, with Islam and Christianity being the mostly professed confessions. Consequently, since Muslims represent around the 55% of Albanian society and

---

[375] Caritas – Migrantes, *XXVI Rapporto Immigrazione*, Rome, 2017, p.2.

around 50.4% in Nigeria, scholars[376] tend to apply the percentages of the country of origin to the diaspora of migrants, with a couple of *caveats* about the inaccuracy of this methodological choice.

The report published by *Caritas-Migrantes* numbers approximately 1.3 million of foreign Muslims residing in Italy, estimating thus a smaller presence than other research centres – 1.7 million[377]. The gap depends on the changing standards selected by researchers, who might be prone to include or exclude every Muslim residing in Italy "no matter what juridical and administrative status he obtained"[378] among the population considered. Statistical errors can occur as well in the quantification of native Italian Muslims, around 900.000 persons[379] who are usually divided in two broad categories: foreign-born people who acquired Italian citizenship and Italian-born nationals converted to Islam. Stefano Allievi, a prominent scholar who further investigated the topic of Italian conversions to Islam, counted around 10.000 in 1998 and claims that nowadays the total number has increased by some thousands – without any empirical evidence in support of the estimations[380].

All else being equal, no surprises if the total number of Muslims in Italy would exceed 2.6 million of people, at least according to ISMU Foundation data, which adds 1.7 million of residing

---

[376] For instance, M. Livi Bacci, *In Europa i musulmani resteranno minoranza*, "Limes. Rivista Italiana di Geopolitica", 1-2018, p 35.
[377] A. Menonna, *La presenza musulmana in Italia*, Fondazione ISMU, Milan, June 2016, p. 2.
[378] Ibidem
[379] Ivi, p. 3.
[380] S. Allievi, *I nuovi musulmani. I convertiti all'Islam*, Roma, Edizioni Lavoro, 1999, and *Conversioni: verso un nuovo modo di credere? Europa, Pluralismo, Islam*, Guida, Napoli, 2017.

foreigners to 900.000 of Italian Muslims. This large estimation is confirmed by *Pew Research Center*, whose recent analysis pointed at a significant percentage of Muslims (4.8% of the population) and fearmongered public opinion. Therefore, worries about the demographic bulge of Muslim communities - which are projected to increase up to 8.3% of the total Italian population by 2050 (in case of "no migration") and to 14.1% (in case of "high migration")[381] - have become a topical matter of interest and discussion.

Surveys and studies like the previous ones shed light on the nexus between the gradual settlement of European Muslims and the migration flows across the Mediterranean, deemed as a factor triggering social insecurity, economic competition for low-skilled workers and cultural frictions between European values (Christian and secular at the same time) and Islamic cultural mores, embodied by part of migrants. Even though the storytelling around the "invasion" from African shores is misleading, UNHCR traces a picture which brings about apprehension, as the arrivals on boats to Italian shores have fluctuated over the last years around hundreds of thousands - 170.100 in 2014, 153.842 in 2015, 181.436 in 2016,119.369 in 2017[382]. The sharp decrease in the number of people disembarked in 2018 - only 21.561 – doesn't wipe out the anxiety on the nexus "Islamic migration-terrorism", which was rhetorically fuelled also by the former centre-left government[383], although empirically verified only in a minority of episodes.

---

[381] Pew Research Center, *Europe's Muslim Population will continue to grow – but how much depends on migration*, 4 Demember 2017.

[382] UNHCR, *Operation Portal. Refugee Situation. Mediterranean Situation*, 2018 (https://data2.unhcr.org/en/situations/mediterranean).

[383] See for instance the interview released by the former Ministry of

From a regional perspective, Muslims are spread out throughout Italy with peaks of concentration in the Northern regions - 379.189 in Lombardy, 219.794 in Emilia-Romagna, 186.677 in Veneto – due to the wider possibilities to find an employment. This explains why 64% of Muslims have settled in the North of Italy, while only 21% in the centre (especially in Tuscany and Lazio[384]) and 15% in the South (with Sicily on the top).

When it comes to mosques, the correct estimation of the official number seems to be debated. Tracking a clear distinction between the official mosques (*masjid*) and the multitude of rooms and places of worship (private spaces, garages, abandoned depots), generally called *muṣalla*, is thus a hard-methodological operation. Every attempt to list the mosques needs precise definitions: for instance, in the enquiries carried out by Rhazzali and Equizi, a mosque is defined as an architectonical structure endowed with "spaces for the ablution process (*wudu*); large prayer halls apt to host the groups of believers during the Friday prayer and the other major celebrations of Islamic calendar; a tall minaret (*sawma'a*) which is designed to call the worshippers for the prayers (*adhan*)"[385]. Through this research toolbox, the two scholars managed to classify 655 mosques built in Italy.

Interior Marco Minniti, who underlined the risk that some terrorists could sneak among the migrants in the boats. (https://www.huffingtonpost.it/2018/04/01/terroristi-nascosti-tra-i-migranti-il-rischio-attentato-e-altissimo-lallarme-di-minniti_a_23400233/)

[384]A. Caragiuli, *Islam Metropolitano*, EDUP, Roma, 2013; F.Ciocca, *Musulmani in Italia. Impatti urbani e sociali delle comunità islamiche*, Meltemi, Roma, 2018.

[385] K. Rhazzali e M. Equizi, *I musulmani e i loro luoghi di culto*, in E. Pace, *Le religioni nell'Italia che cambia. Mappe e bussole*, Carocci, Roma, 2013, p. 57.

This set of data is confirmed by the Minister of the Interior (*Comitato Esecutivo per i Servizi di Informazione e Sicurezza*), though it proves to be an underestimation if compared to the numbers (774) provided by the domestic intelligence (*Dipartimento delle Informazioni per la Sicurezza*). The gap is due to the propensity of national security agencies to include in the estimations even the places which are not strictly finalized to the religious functions, like all the spaces conceived for cultural events, recreational meetings and selling *halal* products. Accordingly, the mosques and the *muṣalla*, localized predominantly in the main cities and urban areas, provide the opportunity to meet other people of common ethno-religious roots and to produce moments of social aggregation.

Beyond the picture of the presence of mosques, few words are worth to be spent regarding the two main associations of Italian Islamic scene, namely the UCOII (*Unione delle Comunità Islamiche d'Italia*) and the Co.Re.Is. (*Comunità Religiosa Islamica Italiana*). The UCOII encompasses about 200 *muṣalla*[386]. Although the ideological proximity to the *Muslim Brotherhood*, as it supported the former president of Egypt Mursi and the *Ennahdha* party in Tunisia, the association cannot be simply deemed as the Italian branch of the Islamist movement. Like the followers of Al-Banna, the UCOII shares the purpose of a bottom-up approach to reach the Islamization of the society. At the same time, its members consider the respect of the Islamic morality as a duty which doesn't jar with the integration in the host society.

---

[386] M. Bombardieri, *Mappatura dell'associazionismo islamico in Italia*, in A. Angelucci, M. Bombardieri e D. Tacchini, *Islam e integrazione in Italia*, Marsilio, Venezia, 2014, p. 15.

Unlike the UCOII, the Co.Re.Is acts on a different level as it puts emphasis more on the spiritual and religious life of its adherents rather than addressing public morality issues[387]. This aligns with the different nature of its membership, composed mostly of Italian converts, who might have a role of mediation between Muslim communities and the Government of Rome. For instance, in the network of consultation bodies established periodically by the Minister of Interior (Pisanu, 2005, Maroni, 2010, Alfano, 2016) this association attempted to achieve the legal recognition of Islam by the State. The endorsed strategy of a *top-down* legitimization of Muslim communities chosen by this organization shed into light its more institutional approach.

Considered as a sort of "moderate" face of Italian Islam[388], it should be put in question whether or not the Co.Re.Is has effective leverage on the national *Umma*.

3. Jihadism in Italy

It is worth stressing that a constant surveillance of the environment around the mosques and the cultural centres has been so far prioritized by the national authorities, suspicious of the Wahhabi propaganda financed by Saudi Arabia and of the donations coming from *zakat*[389]. A small part of the mosques was animated by the

---

[387] Ivi, p. 18.

[388] Following the rhetorical discourse of "good Muslims" who are compatible with Western values and act as a bulwark against the radicalization of "bad Muslims". For a critical analysis, see M. Mamdani, *Good Muslim, Bad Muslim. A political perspective on culture and terrorism*, American Anthropologist, Vol. 104, No. 3, September 2002.

[389] C. Björkman, *Salafi-Jihadi terrorism in Italy*, in M. Ranstorp,

activities of militant imams, engaged in the recruiting of manpower for jihadi networks and blamed for the radicalization of some individuals. However, above all in the 1990's and the early 2000's, a growing herd of followers were lured by the call for jihad echoing in all Italy[390].

A methodological premise is required before delving into the topic. My essay uses the word "Salafism" as an extremist version of Political Islam, which might trigger radical violence and jihadism. Nonetheless, a crucial distinction must be traced between Salafi Jihadism, embraced only by a minority of Muslims, and non-violent / quietist Salafism. The latter is more widespread than the former and it rejects any form of political participation, including the involvement in elections and violent attacks. They both exhort for a revival of Sunni Islam and they draw upon the same doctrinal and ideological source - the *Salaf*, namely the three generations of Muslims, and Islamic scholars such as Ibn Tamiyya and Muhammad Ibn Abd-Al Wahhab[391].

So far, few researches have been carried out around Italian jihadism: it is indeed a very recent object of investigation, hindered by the lack of a multitude of case studies. A recent report published by ISPI (*Istituto di Studi Politici Internazionali*) stands out as the most comprehensive work about Italian *foreign fighters*, whose contingent is estimated as comparatively narrow in front of the total 30.000 who travelled to Syria and Iraq from 104 countries

---

Understanding Violent Radicalisation. Terrorist and Jihadist Movements in Europe, Routledge, London: New York, 2010, p. 236.
[390] Ivi, p. 232.
[391] See S. Amghar, *Le salafisme d'aujourd'hui. Mouvements sectaires en Occident*, Michalon, Paris, 2011, and M. Adraoui, *Du Golfe aux Banlieues. Le salafisme* mondialisé, PUF, Paris, 2013.

(about 4000 hailing from Europe, according to ICCT[392]). Drawing upon the data provided by the National Police, the national contribution to the *Islamic State* troops reached 129 units, being soldiers, sympathizers or *muhajirun* who set off to bolster the project of Al-Baghdadi. Amongst the range, only 24 individuals were Italian citizens (and 11 were born in Italy)[393]. This data must be considered as one of the main interpretative keys of the absence of terrorist attacks on the national soil, so far.

Before analysing the path to radicalization of these individuals, it would be profitable to track the evolution of the jihadi threat in Italy, which started from the 1990's as several Salafi groups established their networks inside Italian urban outskirts, exploiting Italian strategical position as a bridge in the Mediterranean. As soon as the Islamist dangerous connections were unearthed, Italian pattern turned out to be not so much exceptional vis-à-vis other European countries usually in the spotlight.

During the 1990's, Milan became the main hotbed for the clandestine activities of North-African cells, which were constantly monitored and eventually dismantled in the early 2000's by the National Police[394]. Those groups were made up

---

[392] B. Van Ginkel, E. Entenmann, *The Foreign Fighters Phenomenon in the European Union Profiles, Threats & Policies*, ICCT Research Paper, International Centre for Counter-Terrorism, The Hague, April 2016, p. 4.
[393] F. Marone, L. Vidino, *Destinazione jihad. I foreign figthers d'Italia*, ISPI – Istituto per gli Studi della Politica Internazionale, Ledi Publishing, Milano, 2018, pp. 15-16.
[394] L. Vidino, *Il jihadismo autoctono in Italia: nascita, sviluppo e dinamiche di radicalizzazione*, ISPI - Istituto per gli Studi di Politica Internazionale, Milano, 2014, p. 31. Of the same author, see *Islam, Islamism and Jihadism in Italy*, Current Trends in Islamist Ideology, vol. 7, 4 August 2008.

mostly of members of the Egyptian *Jamaat Islamiya*, who relocated to Italy after Mubarak repression of Salafists in the 1980's and 1990's. Their leadership in the mosques and cultural centres of Viale Jenner and of Via Quaranta is broadly recognized, as well as their trans-boundary ties with pivotal figures of Al-Qaeda such as Ayman Al-Zawahiri[395].

Milan soon became known as a prominent hub for radicalization and recruitment for the *mujaheddin* leaving for Bosnia, during the former Yugoslavian civil war, and joining the "first wave" of jihadism[396], as the imam of Viale Jenner, Anwar Shabaan, had repeatedly called upon. Furthermore, the web of *muṣalla* spread out in all Lombardy – Como, Gallarate, Varese, Cremona – acquired a strategic centrality for the logistical support of the international jihadi networks (acquisition of high-quality forged ID cards, passports and visas, purchase of weapons and explosive materials) and for the preparation of terrorist attacks.

The first (failed) suicide car-bombing in Europe took place in Rijeka, in 1995: according to Italian DIGOS, the attack had been previously planned in Viale Jenner[397]. Besides Milan, other cities (Turin, Bologna and Naples) have been largely employed as strategic bases for the recruitment of volunteers and for the organization of terrorist attacks worldwide. No surprises, hence, if the involvement of Italian-based cells coming from this wide network has been acknowledged even in the 2000's – for instance,

---

[395] C. Björkman, *Salafi-Jihadi terrorism in Italy*, op.cit., p. 234.
[396] See G. Kepel, *Terreur dans l'Hexagone. Genèse du djihad français*, Gallimard, Paris, 2015, p. 51, quoting the *"Call to Global Islamic Resistance"* uploaded on the web by Muhammad Al-Suri in 2005.
[397] L. Vidino, *Il jihadismo autoctono in Italia*, op. cit., p. 32.

the suicide bombing of the United Nations headquarters in Baghdad in August 2003[398].

In the aftermath of 9/11, Rome counter-terrorism policies managed to crack down on the majority of Islamist movements foreign networks. However, Viale Jenner mosque petered into the operational hub for radicals and wannabe jihadists and into the departing point for several fighters who fled to Iraq in 2003. The first trend of Italian-based jihadism neither triggered terrorist attacks inside the country, nor was it made up by groups of Italian citizens, but it paved the way for a stronger awareness of the danger and raised the concerns of the national security agencies.

The demographic gap between the Italian second generations of Muslims of foreign background and the likewise generations of other European countries – France, UK – has been gradually filled over the last fifteen years, which have witnessed the action of the first Italian born-and-raised militants. Some episodes casted a light on the shift in the jihadi *modus operandi*, ushered in the aftermath of 9/11. If in the 1990's Italy has been challenged by foreign-settled networks who never hit Italian targets, the jihadi threat soon began to be embodied by "lone wolves" who were suspected to plan attacks against national targets, though devoid of contacts with international movements.

A first failed terrorist plot happened in Agrigento in 2001, where a sort of *improvised explosive device* realized from a gas camping stove exploded on the stairs of the Tempio della Concordia. The same kind of bomb wrought havoc in the Duomo station of Milan seven months later. The National Police found that Domenico Quaranta, was behind the two episodes. The Sicilian man was

---

[398] C. Björkman, *Salafi-Jihadi terrorism in Italy*, op.cit., p. 237.

deemed to be afflicted by psychological problems and to have embraced radical Islam in the prison of Trapani[399].

Similar patterns would be replicated over the years to come (December 2003 in Modena, March 2004 in Brescia), with the involvement of foreign-born Muslims (Muhannad Al-Khatib, Moustafa Chaouki)[400]. The geography of the plots confirms the long-term strategic centrality of the North of Italy. Admittedly, the first Italian convert who pledged allegiance to violent jihad hailed from Sicily. All the aforementioned profiles highlights that the risk of violent and sudden radicalization must be monitored in every Italian corner, both in terms of Italian citizens converted to Islam, and of foreign Muslims who take advantage of Italian centrality in the Mediterranean.

Over the time, no autochthonous groups would have taken the lead of the Italian jihadi scene, owning to the constant prevention of the national security and the zero-tolerance attitude of Italian judicial system – as shown by the introduction of the art. 270 *quinquies* of the Penal Code[401]. Spare cases of radical imams preaching extremist versions of Islamic thought were gradually discovered and tackled thanks to the sheer enquiries of national security agencies. The arrest of Mostapha Al-Korchi in Ponte Felcino (2007) preceded the similar operations against two other radical

---

[399] For the likelihood of a causal mechanisms between some paths of radicalization and the time spent in prisons, see F. Khosrokhavar, *Radicalisation*, Paris, Maison des Sciences de l'Homme, 2014, pp. 156-167.

[400] For a further reconstructon, see L. Vidino, *Il jihadismo autoctono in Italia*, op. cit., pp. 35-38.

[401] *"Punishment of individual who both provide and receive training about explosives, weapons and every technique deemed to be employed for terroristic purposes"*, ivi, p. 41.

mosques in Macherio (Milan) and Sellia Marina (Catanzaro), cutting in advance the possibility that the religious propaganda echoed in the mosques might trigger the radicalization of worshippers, as acknowledged by part of literature[402]. The overwhelming number of files discovered in the personal computer of the arrested unearthed the increasing centrality of Internet as a major tool for jihadi propaganda[403].

Another plot hit the headlines in October 2009, bringing the attention on the steady growth of the local jihadi threat. The attack conducted by Muhammad Game was interpreted as a turning point by the intelligence agencies, although the *curriculum* and the *modus operandi* of the man were akin to the previous terrorists[404]. Game was a Libyan man who had settled in Italy in 2003. He tried to provoke a massive explosion against the firehouse of Santa Barbara in Milan, which appeared to be again as the core area of Italian jihad.

The thwarted and low-level attempt caused serious wounds at his eyes and the loss of his right hands, whereas two Italian soldiers got lightly injured. Game's radicalization path had happened quickly, through the help of the web (where he got in touch with Al Suri's *Call to a global jihad*, to be conducted leaderless[405])

---

[402] G. Kepel, *Quatre-vingt treize*, Paris, Seuil, 2013, and G. Kepel, *Terreur dans l'Hexagone*, op.cit.

[403] See ICSR - The International Centre for the Study of Radicalisation and Political Violence, *Countering Online Radicalization: A Strategy for Action*, London, ICSR, 2009, and L. Schlegel, *Online radicalization. Myth or reality?*, Konrad Adenauer Stiftung, September 2018.

[404] L. Vidino, *Il jihadismo autoctono in Italia*, op.cit., p. 43.

[405] On the same point, see also M. Sageman, *Leaderless Jihad. Terror network in the Twenty-First century*, Philadelphia, University of Pennsylvania Press, 2008.

rather than of the mosque, since he had been expelled from Viale Jenner as "unfaithful". An "anti-imperialistic" hermeneutic key might be useful to frame his gesture, because of his attitude vis-à-vis Italian foreign policy in Afghanistan – while the hypothesis of "post-colonial" rage[406] against the heritage of Italian conquest of Libya seems to be marginal.

4. Italian Jihadi fighters

The above mentioned cases didn't see the full involvement of Italian national citizens, who were about to enter the scene in the following decade. This is the real breakthrough between the two phases examined, since an increasing group of subjects, raised in Italy and italophone, was gradually lured by the jihadi texts and calls for action – especially online. In the following section, I will set up to describe and figure out the differences among the category of Italian *foreign fighters*.

Drawing firstly among the comprehensive picture sketched by Lorenzo Vidino, it is possible to identify some profiles acting in the indigenous jihado-scene from the early 2000's, such as Barbara Aisha Farina, converted to Islam when she was 22. The young woman, settled in Milan, founded the journal *Al-Mujahidah* and created online communities for jihadi sympathizers, justifiers and aspirant militants, most of all Italian converts[407]. Some of them ended up being caught by the authorities after the Operation Niriya, launched in 2009, like Muhammad Jarmoune, born in Morocco and raised in Lombardy.

---

[406] P. Blanchard (dir.), *La fracture colonial*, Paris, La Découverte, 2006.
[407] L. Vidino, *Il jihadismo autoctono in Italia*, op. cit., p. 50.

Even though the autochthonous members of the unsophisticated Italian jihadi wave didn't manage to hit any target, they alerted the intelligence agencies above all for the unstoppable dissemination of radical material. Furthermore, Jarmoune was accustomed to share tutorials on how to prepare chemical devices and to boast off his moral commitment to join the global jihad. He was arrested in 2012 and then condemned to 5 years and 4 months of prison pursuant to art. 270 *quinquies*[408].

In the following year, Brescia, another hotbed of Italian Islamic radicalism, witnessed the *affaire* of Anas Al-Abboubi, whose identikit reminds us of Jarmoune. The likewise Moroccan-born youngster raised the attention of the security apparatus by advertising the texts of jihadi ideologues (for instance, Anwar al Awlaki, among the leaders of *Al-Qaeda in Arabic Pensinsula*) and sharing his will to join the Caliphate in Syria. He joined the local hip-hop scene with the screen name of McKhalif. The introjection of the norms and the values of a specific sub-culture would have been replied in a second moment, when he embraced jihadism. It is worth highlighting that the feeling of belonging to the same crew, the exhibitionism and the *street dawla* are all features shared by the two sub-cultures[409]. Furthermore, this equivalence calls forth the interpretation of jihadism as a "generational choice" – and a "nihilist move" – introduced by Olivier Roy[410].

---

[408] Ivi, p. 60.

[409] Ivi, p. 66. For a more complete assessment of the "sub-cultural" interpretation of jihadism, see U. Conti, *Il terrorismo jihadista occidentale. Considerazioni per un'interpretazione sub-culturale*, Comunicazioni Sociali. N.1, 2017, pp. 141-150, and T. Hegghammer, *Jihadi Culture. The Art and Social Practices of Militant Islamists*, Cambridge, Cambridge University Press, 2017.

[410] O. Roy, *Le djihad et la mort*, Seuil, Paris, 2016, pp. 52-53.

After the establishment of the Italian branch of the network *Sharia4*, the authorities arrested Al-Abboubi to prevent any plot against the most crowded places of Brescia. However, judged as a *"passive and randomly consumer of jihadi propaganda, which was only shared and never saved of his laptop"* [411], Al-Abboubi was released after some months. He finally managed to reach the *Islamic State* in Syria and currently we lack any further information about him, except from some videos harshly critical more of Western anomic culture rather than of its geopolitical posture.

The most prominent Italian *foreign fighter* has probably been Giuliano Ibrahim Delnevo, the 24-year old converted who died in Syria in June 2013. His path reminds of the stories of "Salafi *top-down* oriented" mentioned by Muhammad Adraoui. The French sociologist proposes this label to designate the former members of the *Tabligh* movement (based on non-violent and face-to-face propaganda), who end up in developing more extremist opinions, dissatisfied with the moderate approach so-far embraced[412].

Delnevo experienced his conversion to Islam during the time spent in Ancona with some members of *Tabligha Jama'at*. After coming back to Genoa, his native city, he deeply studied the conceptual pillars of Deobandi Islamic School, broadly considered as a source of inspiration of the Afghan *Taliban* movement. The progressive evolution towards a violent form of radicalization was not accepted by the local mosques, which drew away from the extremist propaganda fueled by Delnevo's crew[413], and occurred

---

[411] L. Vidino, *Il jihadismo autoctono in Italia*, op. cit., p. 68.

[412] M. Adraoui, *Du Golfe aux Banlieues*, op. cit., p. 42.

[413] L. Vidino, *Il jihadismo autoctono in Italia*, op. cit., p. 72.

instead in the virtual space of the web, as his Youtube channel *Liguristan* exemplifies.

Yearning to answer to the call for jihad, he settled to Turkey in 2012 with the purpose of crossing the Syrian border. The attempt was not achieved and Delnevo was obliged to come back to Italy, but he later succeeded in reaching the Islamic State. There is a good likelihood that the decision to give up typical Muslim mores and costumes (long beard, traditional clothes and so on) and to pretend a total disengagement from the previous beliefs (according to the principle of *taqiyya*) was a rational choice which helped him to flee for Syria. He passed away in 2013 on the battleground, while fighting in the suburbs of Aleppo for a Qaedist militia.

Delnevo is one of the most notorious among the 129 *foreign fighters* showing a connection with Italy. Although the sample is very minute compared to other countries, recent studies have tried to identify the prominent features of 125 profiles object of the analysis. As mentioned before, only 11 individuals are Italian native, while 24 have acquired Italian nationality. The others mostly come from North Africa (50,4%)[414]. Results show that the origins of Italian *foreign fighters* reflect the geography of Muslims communities, since Lombardy accounts for 31,7% of the 82 profiles who can be associated with a place of residence in Italy, followed by Emilia-Romagna (12,1%) and Veneto (10,6%)[415].This geographical trend appears to be dominant both for single individuals travelling to Syria on their own without signals of peer pressure (like Delnevo[416]), and for some entire families whose

---

[414] F. Marone, L. Vidino, *Destinazione jihad. I foreign figthers d'Italia*, op. cit., p. 16.
[415] Ivi, p. 17.
[416] Nonetheless, Delnevo cannot be regarded as a "lone wolf" because of

radicalization happened along the lines of groups dynamics and polarization.

To this extent, the four cases studies selected by Francesco Marone can be all localized in the North of Italy. The different patterns experienced by the families unearth their "binding ties"[417] and provide a frame on how group radicalization usually unfolds. It's worth stressing that the two of them that finally managed to reach Syria were driven by the crucial role played by women – complexly around the 10% of Italian *foreign fighters*[418].

Maria Giulia *Fatima* Sergio converted to Islam in autonomy, drawing upon a wide range of sources on Internet. Soon after the marriage with an Albanian man, Aldo Kobuzi, they left for Syria, where they met with his sister. *Fatima* received a firearms training and endeavored to push her family (mother, father and sister) to convert and then to join the Caliphate. The timely intervention of the Italian police thwarted the attempt, which seemed to be justified more on the promise of a better social position rather than a true Islamic commitment[419].

Alice Brignoli, renamed *Aisha* after the conversion, likewise married a Muslim man, Mohamed Koraichi, born in Morocco and

---

his previous contacts with the *Tabligh* movement. For a further conceptualization, see C. McCauley, S. Moskalenko, *Toward a Profile of Lone Wolf Terrorists: What Moves an Individual from Radical Option to Radical Action*, Terrorism and Political Violence, 26, 2014, pp. 69-85.
[417] F. Marone, *Ties that Bind: Dynamics of Group Radicalisation in Italy's Jihadists Headed for Syria and Iraq*, The International Spectator, Vol.52. N.3, 2017, pp. 53-55.
[418] F. Marone, L. Vidino, *Destinazione jihad. I foreign figthers d'Italia*, op. cit., p. 16.
[419] F. Marone, *Ties that Bind: Dynamics of Group Radicalisation in Italy's Jihadists Headed for Syria and Iraq*, op. cit., p. 53.

raised up in Italy. The couple petered into a gradual radicalized outlook from 2009-10, showing that in some cases the acquisition of such a psychological and religious-inspired background might require years rather than sudden breakthroughs. It is reported that they reached Syria in 2015, where he embraced the arms of IS, whereas her family wasn't pressed enough to join the Middle East troubled waters[420].

As far as the two other cases described in the article are concerned, their projects of leaving Italy was stymied by the punctual intervention of the *National Police*. One couple was made up by another Italian aspirant jihadi woman, Sara Pilè, and by her Tunisian husband, Naim Sagrari. The attention of the Police was caught by a conspicuous online activity revealing a radicalization process *in fieri* and the alleged intention to join the Caliphate. Sagrari was thus arrested and deported from Italy. The Bencharki-Moutaharrik case, finally, is a detailed example on how a wide network of people might go through a radicalization process after a tragic experience, such as the death of a beloved one.

To sum up, the events underline the variety of patterns chosen by *foreign fighters* and make the case for a fertile interpretation of the *push-factors* of jihadism, not restricted to dogmatic explanations. Furthermore, despite the small percentage, the increasing actorness of women sows the seeds for further investigations on the feminization of jihad, meant as the deeper and wider participation of women in a universe thus far dominated by a patriarchal view. For instance, Maria Giulia "Fatima" invited her sister to take an active part in the process because

---

[420] Ibidem, for a complete account of both stories.

"Muhammad (Peace Be Upon Him) allowed women to realize the hijra for the cause of God, whilst we have always needed the permission (of the husband or the father). It is indeed a religious duty!"[421].

The call for a larger autonomy of the *muhajirat* (the woman who achieve the *hijra*) jars with the traditional and conservative narrative of political Islam endorsed by some militia. However, women have historically contributed to the operational support during some conflicts, constrained to act on a smaller scale and according to necessities[422].

The multiplication of virtual communities and the erosion of traditional boundaries might be a turnaround in jihadism in terms of the position and the roles of women. On the topic, some Weberian ideal-types were pictured to frame the rationale of female participation in jihad: 1) the utopic and apocalyptic *muhajira*; 2) the jihadi-bride and the naïve teenager; 3) the Mulan/adventurous fighter; 4) the "Florence Nightingale/Candy-Candy", usually a student of medicine with humanitarian purposes; 5) the tricked/coaxed woman, unconsciously taken to Syria[423].

5. Hypothesis about radicalization

---

[421] M. Bombardieri, *Le donne italiane dell'ISIS. Processi, attori e luoghi della radicalizzazione*, in S. Allievi, R. Guolo, M. K. Rhazzali, *I musulmani nelle società europee. Appartenenze, interazioni, conflitti*, Guerini e Associati, Milano, 2017, p. 132.
[422] See S. de Leede, *Women in Jihad. A historical perspective*, ICCT Policy Brief, September 2018.
[423] M. Bombardieri, *Le donne italiane dell'ISIS*, op. cit., pp. 143-145.

Against this portrait, it's worth to elicit the recurrent red thread among the radicalized. Every attempt to draw upon a monocausal explication to grasp the true meaning of Italian jihadism would probably fail, since there are too many characteristics and paths at stake. Accordingly, it's hard to get away with whom or what is responsible for the radicalization of Italians: whether, on one hand, it is all about the diffusion of Salafist propaganda and the consequent "radicalization of Islam"[424], or, on the other hand, it is more accurate to point at the "nihilist"[425] attitude of youngsters using Islam instrumentally to fulfill their desire of disruption and death.

Both the hermeneutics keys are necessary and contribute to figure out more about a puzzling question. The approach suggested by Gilles Kepel, mentioned above, is pivotal for whoever observes and debunk the network of radical mosques and *muṣalla* spread out in the North of Italy (Lombardy *in primis*), while Olivier Roy's works on the deculturation of religion match with the profiles of the "lone wolves" hastily trained and radicalized on Internet. However, the overwhelming and omnipresent use of the Web is perhaps the only common pattern of all profiles.

Other push-factors shouldn't be overlooked if we want to establish a comprehensive account of terrorists, whose description points out some heterogeneous identikits. As far as the social background is concerned, the latest researches seem to uphold the hypothesis about Muslims' marginalization in Western society: in fact, 44,8% of the total was employed in low-skilled profession, whereas 34,4% lacked an employment at all[426].

---

[424] G. Kepel, *Terreur dans l'Hexagone*, op.cit., pp. 44-50.
[425] O. Roy, *Le djihad et la mort*, op.cit., p. 16 and 73-78.
[426] F. Marone, L. Vidino, *Destinazione jihad. I foreign figthers d'Italia*,

The thesis of Muslims' social rage[427] gained popularity during French *banlieue* riots in 2005. Overemphasized by leftists, the nexus "marginalization/radicalization" may provide some useful insights and help to adopt inclusive policies towards migrants and second generations, who experience a "diachronic gap" vis-à-vis autochthonous Italians in terms of socio-economic development, opportunities and material possessions[428]. Nonetheless, dispossession and exclusion generated the radicalization of the abovementioned *foreign fighters* only to some extent. There is a higher likelihood, instead, that the huge gap between individuals with high-skilled education and the daunting capacity of western job markets to absorb their expertise might have worsened the resentment against society, fed in particular by young discriminated Muslims[429].

Another set of reasons often debated in literature concerns the post-colonial cleavage between Muslims residing in Western countries and the governments of the hosting States, blamed for the promotion of imperialist policies against the Arab-Islamic world, through marauding neo-liberalism, military hegemony and boots-on-the-ground deployed to support their allies in power. This

---

op. cit., p. 17.

[427] R. Leiken, *Europe's angry muslims. The revolt of the second generation*, Oxford University Press, Oxford, 2012.

[428] S. Tusini, *Percorsi di (dis)integrazione: dalla prima generazione migrante ai* foreign fighters. Sociologia e ricerca sociale, n. 110, 2016, pp. 116-118.

[429] The idea that radicalization is more connected with this kind of "expectations – capability gap" rather than with poverty is partially in line with the profiles of Arab terrorists who embrace jihad also because of their impossibility to climb up the social ladder. See D. Gambetta, S. Hertog, *Engineers of Jihad. The curious connection between Violent Extremism and Education*, Princeton, Princeton University Press, 2017.

kind of geopolitical line of thought has nurtured the discussions about Muslim communities in Britain, France and United States, but it partially falls short to provide an overarching framework for Italian case study.

Albeit the deployment of troops in Afghanistan and Iraq and the current involvement in Libya – which has been described as a possible multiplier of the risks[430] -, the Muslims' attitude about Italian foreign reputation is generally quieter in comparison to other countries' international posture (former empires like United Kingdom and France). Rome has been perceived historically as a less outrageous and more tolerant actor and as a supporter of partnerships and dialogue in the broad Mediterranean[431].

This hypothesis, which entails a strong tie between internal Muslim communities and Italian external foreign policy, is yet to be ascertained empirically and deserves further investigations. Part of literature confirms the more inclusive nature of Italian foreign actorness, for instance during the peacekeeping operations overseas, where Italy has always followed a soft approach[432]. Another recent fieldwork traces a statistical correlation between Muslims' justification of violence in the name of Islam and the

---

[430] L. Quadarella Sanfelice di Monteforte, *Perché ci attaccano. Al Qaeda, l'Islamic State e il terrorismo "fai da te"*, Aracne, Roma, 2017, p. 242.

[431] The historical literature is vast. For some very pregnant essays about Italian Mediterranean policies, see M. De Leonardis (a cura di), *Il Mediterraneo nella politica estera italiana del secondo dopoguerra*, Il Mulino, Bologna, 2003.

[432] See F. Sanfelice di Monteforte, L. Quadarella Sanfelice di Monteforte, *Due secoli di stabilizzazione. Gli insegnamenti del passato per il peacekeeping del futuro*, Aracne, Roma, 2015, and F. Battistelli, *La sicurezza e la sua ombra. Terrorismo, panico, costruzione della minaccia*, Donzelli, Roma, 2016, p. 258.

feeling of revenge against actions seen as offensive against Islam and his tenets[433].

To sum up, Italian way of dealing with Islamic mores, both in internal and in international affairs, is thus praiseworthy and might embody a counter-balance against radicalization and jihadi attacks, despite the longstanding international support to Western operations, the membership in NATO and the presence of Vatican.

Over the last extent, deeper investigations should be conducted too. The very high frequency of the name *Rumiyah* inside the propagandistic material of *Daesh*[434] leads too often to the logical conclusion that the capital of Christianity is with no doubts a privileged target for jihadi groups, were it not for the possibility, so far marginalized by scholars, that the religious background of Vatican and of Italian social tissue might partially dampen the seething rage of terrorists. Having gone or not through a religious radicalization process, jihadists who claim to act in the name of God would perhaps choose a secular target rather than somebody belonging to the "people of the book".

This suggestive hypothesis should be checked empirically before running to conclusions. It would help, in any case, to reconsider

---

[433] M. Groppi, *An Empirical Analysis of Causes of Islamist Radicalisation: Italian Case Study*, Perspectives on Terrorism, vol. 11, no.1, p. 73.

[434] L. Quadarella Sanfelice di Monteforte, *Perché ci attaccano*, op. cit., p. 241 and p. 243 for an analysis of the propaganda against Rome in *Dabiq* (Issue 4, October 2014), the other major publication of Islamic State; F. Marone, M. Olimpio, *"Conquisteremo la vostra Roma". I riferimenti all'Italia e al Vaticano nella propaganda dello Stato Islamico*, ISPI, Milano, 2018, pp. 29-30, 32-33, for an assessment of the very few mentions of Rome and Italy in the videos and the messages published by IS.

the role of Catholic Church in tackling jihadism and to overcome the old-fashion rhetoric around the "clash of civilization" between Christianity and Islam. The Vatican and some religious non-state actors (like *Comunità di Sant'Egidio*) are already fostering true inter-religious dialogue and cooperation. This is indeed a comparative advantage for Italian foreign policy, more "religiously engaged"[435] than other countries and thus less targeted by who wants to firstly hit godless and materialistic societies – epitomized by French *laïcité*. Admittedly, as it was noticed in literature, even in France the catholic priest Jacques Hamel was killed in July 2016 by two young alleged militants of *Daesh*. In the wake of the tragic murder, IS called for more attacks against Christianity and the Pope and, therefore, against Italy[436]. The future scenarios cannot be depicted as riskless.

6. A three-pronged prevention strategy

All else being equal, the absence of a major terrorist attack on Italian ground, so far, relies strongly upon the sound experience and capabilities of the national intelligence services. The hands-on approach championed by counter-terrorism practitioners has tackled the proliferation of networks and has acted as a deterrent. According to data, two thirds of Italian *foreign fighters* are first generation migrants whose ties with Italy were tenuous for some extents. This percentage casts a light upon the decision (strengthened by the two antiterrorism laws of 2005 and 2015) for

---

[435] P. Ferrara, F. Petito, *An Italian Foreign Policy of Religious Engagement: Challenges and Prospects*, "The International Spectator. Italian Journal of International Affairs", 51:1, 2016, pp. 29-31.
[436] Differently, Al Qaeda is not threatening Italy overtly. See L. Quadarella Sanfelice di Monteforte, *Perché ci attaccano*, op. cit., p. 241.

the administrative deportation of non-EU citizens, and so far, prioritized, due to the non-Italian citizenship of the guilty[437].

It is highly remarkable that the Italian journal of intelligence affairs, *Gnosis*, directed by the domestic internal agency AISI (*Agenzia Italiana per la Sicurezza Interna*) has devoted a special number to the debate around de-radicalization. All the selected contributors state that the strides made by Italian national intelligence need to be assisted with a more comprehensive strategy, bearing in mind that repression alone exacerbates the fertile conditions for radicalization and might provoke over-reactions motivated by revenge, as underlined by part of literature in terrorism studies[438]. At least three side measures should accompany the counter-terrorist set of tightening laws:

1) The establishment of de-radicalization and rehabilitation programs, as recently experimented by the Tribunal of Bari with the decree 71/2017[439]. The intervention was tailored

---

[437] L. Vidino, *Italy's Lack of CVE Strategies and Initiatives*, in L. Vidino, *De-Radicalization in the Mediterranean. Comparing Challenges and Approaches*, ISPI, Ledizioni Ledi Publishing, Milan, 2018, p. 15. See also F. Marone, *The Use of Deportation in Counter-Terrorism: Insights from the Italian Case*, ICCT Perspective, The Hague: The International Centre for Counter-Terrorism, 13 March 2017.

[438] For the latest overview of the debate, see R. Jackson (eds.), *Routledge Handbook of Critical Terrorism Studies*, Routledge, London: New York, 2016. For a partially critical assessment of CVE strategies in MENA region, see J. Consigli, *Countering Radicalization Efforts in the Middle East and North Africa*, in *De-Radicalization in the Mediterranean. Comparing Challenges and Approaches*, op. cit., p. 77.

[439] L. S. Martucci, G. De Stavola, *Deradicalizzazione e prevenzione del terrorismo religiosamente motivato. Un programma di contronarrativa costituzionalmente orientato (Trib. Bari, decr. N.71/17)*, "Gnosis. Rivista Italiana di intelligence", giugno 2018, p. 65.

purposely for an Italian convert put under special surveillance because of his links to jihadi sympathizers and militants, interwoven completely on the Web, where the suspect shared some messages deemed as "integralist and fanatical, extolling the fight against the foe and justifying violent acts"[440]. The court decided that all the apparent symptoms increased the risk of a terrorist attack on Italian soil, strengthened by the fact that he was a lorry driver. The man is thus going through a path of progressive de-radicalization whose goal lies in the eradication of the potential violent behaviour of the subject in question. I reckon the definition of "de-programming" to be more appropriate for this case study than "disengagement", which would be suitable instead for an intervention designed for both terrorist militants and lone individuals who committed a real and material crime. Furthermore, the choice to dis-engage from a violent strategy doesn't necessarily entail a sheer rejection of rigid and polarized ideologies[441]. The program conceived by the judges consist of some ethical and constitutional guidelines that should be gradually exposed to the man in collaboration with the Department of Law of the local university and with a selected cultural mediator. The rehabilitation should happen through *ad hoc* seminars which aim at de-constructing the sectarian ideology and switching it with

---

[440] M. Valente, *Misure di prevenzione e de-radicalizzazione religiosa alla prova della laicità (a margine di taluni provvedimenti del Tribunale di Bari)*, "Stato, Chiese e pluralismo confessionale", 2017.

[441] T. Bjørgo and J. Horgan, *Leaving Terrorism Behind: Individual and Collective Disengagement*, Routledge, Abington, 2009, p. 28; A. Schmid, *Radicalisation, De-Radicalisation, Counter-radicalisation: A Conceptual Discussion and Literature review*, op.cit., pp. 29-31.

the critical consciousness of a normal citizen who respect the rule of law[442]. Conversely, the path will not include a sort of counter-religious propaganda to detach the individual from his faith, as the European Court of Human Rights underlined[443].

2) Will it succeed or not, according to some critical voices[444] this kind of program lacks clear rules and gives too much autonomy to prosecutors and academics: thereby, it must be preceded by some very preventive counter-radicalization and counter-violent extremism (CVE) strategies. In January 2016 two members of the Chamber of Deputees, Andrea Manciulli and Stefano Dambruoso, signed the first comprehensive bill which addressed the question. The project consisted in eleven articles and in three main pillars: preventing the radicalization in the key areas (prisons, school, Internet); corroborating the institutional architecture with a *National Centre on Radicalization* (CRAD), twenty *Regional Coordination Centres* (RCC) and a monitoring parliamentary committee; working side-by-side with civil society[445]. Transmitted to the Senate after the approval of the Lower Chamber, the *iter* of the bill was stopped by the new elections in March 2018. As such, the future of the proposal is still uncertain, while part of actors involved in national security call for its resumption in order

---

[442] L. S. Martucci, G. De Stavola, *Deradicalizzazione e prevenzione del terrorismo religiosamente motivato*, op.cit., p. 71.

[443] Ivi, p. 70.

[444] L. Vidino, *Italy's Lack of CVE Strategies and Initiatives*, op. cit., p. 17.

[445] A. Manciulli, S. Dambruoso, *Misure per la prevenzione della radicalizzazione e dell'estremismo jihadista*, Camera dei Deputati, Atto 3558, XVII legislatura, Roma, 26 gennaio 2016.

to endow Italy with a suitable long-term solution against violent extremism.

3) Premising that the previous strategies cope with whatever sort of radicalism, it's unquestionable that Islamism represents the direst topic on the radar of national security agencies. Therefore, every attempt to counter Islamic radicalization cannot disregard the opportunity to design a new bilateral relation between Muslim communities and Italy. Firstly, by promoting grater strides towards a juridical agreement, which would be the framework for the recognition of Islam among the official religions of the State – pursuant to art.8.3 of the Constitution. This aligns with one of the main goal of the former Ministry of Interior Marco Minniti, whose *National Pact for an Italian Islam*[446] tried to achieve some results in this direction. The negotiations were joined and signed by the most prominent associations of Italian Muslims communities. Nonetheless, there will probably be some room for disagreement among Muslims, as far as a couple of critical points are concerned: for instance, the dispositions about the "training of Imams" and the "efforts to guarantee that Friday sermons are delivered or translated into Italian" are likely to raise some critics.

7. Conclusions

---

[446]Ministero dell'Interno, *Patto Nazionale per un Islam Italiano, espressione di una comunità aperta, integrata e aderente ai valori e ai principi dell'ordinamento statale,* 2017 (http://www.interno.gov.it/sites/default/files/patto_nazionale_per_un_isl am_italiano_en_1.2.2017.pdf).

This short essay tried to address the current state of Italian Muslim communities and of the few cases of Islamic radicalization experienced in Italy. After a short introduction, in the section two I mapped out the sociological, ethnical and geographical distribution of Muslims in Italy. This first step is crucial to deconstruct the mediatic narration of a homogeneous Islamic bloc, which is often described and "covered"[447] as it was devoid of internal nuances. I underlined that different voices speak on behalf of Italian Muslims and only a minute percentage among them embraced radical opinions and behaviours. Beyond this matter of fact, much apprehension rose after the massive disembarkation of thousands of migrants and refugees, deemed as possible vehicles of violent ideologies and terrorist plots. I suggest that the nexus "migration-terrorism" is hard to be disentangled and it will bear a negative clout on Italian Islam as a whole. Nowadays, the securitization of the flows ends up in the indiscriminate criminalization not only of all the people fleeing to Italy, but also of all Italian Muslims, wrongfully associated with the turmoil in Arab world and with jihadism.

As I highlighted in the article, the total amount of Italian jihadi sympathizers and of *foreign fighters* is very modest. No terrorist plot on Italian soil has succeed so far, thanks firstly to the brilliant capacities of national security and intelligence agencies. Furthermore, from a more sociological point of view, I sketched a thorough picture to explain why radicalization happens (radicalization of Islamic thought, Islamization of nihilism, social and economic marginalization, post-colonial rage, sense of injustice against Islam) and in which privileged ways (Web,

---

[447] E. Said, *Covering Islam. Come i media e gli esperti determinano la nostra visione del* mondo, Transeuropa, Massa, 2012 (orig. ed. 1996).

mosques, prisons). We ascertained that a pluri-causal framework is the most appropriate to deal with Italian radicals and that, in terms of methodology, the virtual meetings and contacts on Internet outscored the other locations. By the way, a constant surveillance of mosques is mandatory, as it cannot be excluded that they will host criminal activities of jihadi networks, like in Milan during the Nineties.

As far as prisons are concerned, the authorities are already in a state of alert, aware that the 22,5% of the detained population comes from countries of Islamic religion[448]. That goes without saying that every investigation and control from the *National Police* should aim at balancing between security concerns and the respect of human dignity and religious freedom. In terms of prevention and interventions against the radicalization of Italian Muslims, I hold that the correct strategies pursued so far should be integrated with a comprehensive juridical reform of the relation between the central State and Islam, following a holistic approach and recognizing the specific rights of Muslims.

The essay will hopefully contribute to a further understanding of the main features of Italian Muslim communities and of the possible keys to interpret the cases of radicalization. An original way which hasn't been taken duly into account, in my opinion, deals with the mutual interconnection between Italian foreign policies vis-à-vis Islamic universe, on one side, and the behaviour of Muslims (above all the Italian communities) towards Italy, on the other. The internal-external nexus has already been deeply explored in International Relations and in Security Studies, and

---

[448] A. Zaccariello, *Il carcere e il suo paradosso. Bacino di reclutamento per aspiranti mujaheddin e garanzia di riabilitazione per i detenuti*, "Gnosis. Rivista Italiana di Intelligence", giugno 2018, p. 61.

some scholars draw upon this toolbox to explain the post-colonial anger of Muslims against former colonial empires. Admittedly, in the case of Italy, if there is a Muslim resentment, this is of course minor compared to other contexts, due to two main set of reasons:

- Italian historical openness towards Arabic people and Islamic countries in the Mediterranean, embodied by the longstanding quest for partnerships and dialogue with its Southern and Eastern neighbours. This feature should not be overemphasized. Italy is still blamed of interventionist policies in part of its modest former colonial possessions (namely Libya and Somalia). In addition, the moderate and inclusive attitude which I am mentioning can be easily disparaged by the realist assumption that a middle-power with limited regional projection and without consistent human and material resources cannot search for imperial expansion.
- Italian religious *façade*, thanks to the presence of the Holy See and of non-state religious bodies who encourage inter-confessional dialogue, inclusive policies for migrants and a foreign policy of religious commitment. Again, a *caveat* is needed. Christians are still slaughtered by jihadi groups in MENA region, while the common belonging to the "people of the book" doesn't erase the fact that Rome represents one of the major targets in *Daesh* propaganda.

Having said that, it's worth concluding that Italy might perhaps save herself through a wise combination of security operations – preventive surveillance, criminal prosecutions and deportations of the most dangerous profiles –, cooperation in all the fields and mutual respect and dialogue with Muslim communities.

Bibliography

Adraoui, M., *Du Golfe aux Banlieues. Le salafisme* mondialisé, PUF, Paris, 2013.

Allievi, S., *I nuovi musulmani. I convertiti all'Islam*, Rome, Edizioni Lavoro, 1999.

Allievi, S., *Conversioni: verso un nuovo modo di credere? Europa, Pluralismo, Islam*, Guida, Napoli, 2017.

Amghar, S., *Le salafisme d'aujourd'hui. Mouvements sectaires en Occident*, Michalon, Paris, 2011.

Battistelli, F., *La sicurezza e la sua ombra. Terrorismo, panico, costruzione della minaccia*, Donzelli, Roma, 2016.

Bjørgo,T., Horgan, J., *Leaving Terrorism Behind: Individual and Collective Disengagement*, Routledge, Abington, 2009.

Björkman, C., *Salafi-Jihadi terrorism in Italy*, in M. Ranstorp, *Understanding Violent Radicalisation. Terrorist and Jihadist Movements in Europe*, Routledge, London: New York, 2010.

Blanchard P., (dir.), *La fracture colonial*, Paris, La Découverte, 2006.

Bombardieri, M., *Mappatura dell'associazionismo islamico in Italia,* in A. Angelucci, M. Bombardieri e D. Tacchini, *Islam e integrazione in Italia*, Marsilio, Venezia, 2014.

Bombardieri, M., *Le donne italiane dell'ISIS. Processi, attori e luoghi della radicalizzazione*, in S. Allievi, R. Guolo, M. K.

Rhazzali, *I musulmani nelle società europee. Appartenenze, interazioni, conflitti*, Guerini e Associati, Milano, 2017.

Caragiuli, A., *Islam Metropolitano*, EDUP, Roma, 2013.

Caritas – Migrantes, *XXVI Rapporto Immigrazione*, Rome, 2017.

Ciocca, F., *Musulmani in Italia. Impatti urbani e sociali delle comunità islamiche*, Meltemi, Roma, 2018.

Consigli, J., *Countering Radicalization Efforts in the Middle East and North Africa*, in *De-Radicalization in the Mediterranean. Comparing Challenges and Approaches,* ISPI, Ledizioni Ledi Publishing, Milan, 2018.

Conti, U. *Il terrorismo jihadista occidentale. Considerazioni per un'interpretazione sub-culturale*, Comunicazioni Sociali. N.1, 2017, pp. 141-150.

Croft, S., *Securitizing Islam. Identity and the search for* security, Cambridge University Press, Cambridge, 2012.

De Leonardis, M. (a cura di) *Il Mediterraneo nella politica estera italiana del secondo dopoguerra*, Il Mulino, Bologna, 2003.

Ferrara, P., Petito, F., *An Italian Foreign Policy of Religious Engagement: Challenges and Prospects*, "The International Spectator. Italian Journal of International Affairs", 51:1, 2016, pp. 28-43.

Gambetta, D., Hertog, S., *Engineers of Jihad. The curious connection between Violent Extremism and Education*, Princeton, Princeton University Press, 2017.

Groppi, M., *An Empirical Analysis of Causes of Islamist Radicalisation: Italian Case Study*, Perspectives on Terrorism, vol. 11, no.1.

Hegghammer T., *Jihadi Culture. The Art and Social Practices of Militant Islamists*, Cambridge, Cambridge University Press, 2017.

Huffingon Post, "Terroristi nascosti tra i migranti, il rischio attentato è altissimo". L'allarme di Minniti, 1-4-2018 (https://www.huffingtonpost.it/2018/04/01/terroristi-nascosti-tra-i-migranti-il-rischio-attentato-e-altissimo-lallarme-di-minniti_a_23400233/) (29-12-2018).

Jackson, R. (eds.), *Routledge Handbook of Critical Terrorism Studies*, Routledge, London: New York, 2016.

Kepel, G., *Quatre-vingt treize*, Paris, Seuil, 2013.

Kepel, G., *Terreur dans l'Hexagone. Genèse du djihad français*, Gallimard, Paris, 2015.

Khosrokhavar, F., *Radicalisation*, Paris, Maison des Sciences de l'Homme, 2014.

ICSR - The International Centre for the Study of Radicalisation and Political Violence, *Countering Online Radicalization: A Strategy for Action*, London, ICSR, 2009.

de Leede, S., *Women in Jihad. A historical perspective*, ICCT Policy Brief, September 2018.

Leiken, R., *Europe's angry muslims. The revolt of the second generation*, Oxford University Press, Oxford, 2012.

Livi Bacci, M., *In Europa i musulmani resteranno minoranza*, "Limes. Rivista Italiana di Geopolitica", 1-2018, pp. 33-38.

Mamdani, M., *Good Muslim, Bad Muslim. A political perspective on culture and terrorism*, American Anthropologist, Vol. 104, No. 3, September 2002.

Manciulli, A., Dambruoso, S., *Misure per la prevenzione della radicalizzazione e dell'estremismo jihadista*, Camera dei Deputati, Atto 3558, XVII legislatura, Roma, 26 gennaio 2016.

Marone, F., Olimpio, M., *"Conquisteremo la vostra Roma". I riferimenti all'Italia e al Vaticano nella propaganda dello Stato Islamico*, ISPI, Milano, 2018.

Marone, F., Vidino, L., *Destinazione jihad. I foreign figthers d'Italia*, ISPI – Istituto per gli Studi della Politica Internazionale, Ledi Publishing, Milano, 2018.

Marone, F., *Ties that Bind: Dynamics of Group Radicalisation in Italy's Jihadists Headed for Syria and Iraq*, The International Spectator, Vol.52. N.3, 2017, pp. 48-63.

Marone, F., *The Use of Deportation in Counter-Terrorism: Insights from the Italian Case*, ICCT Perspective, The Hague: The International Centre for Counter-Terrorism, 13 March 2017.

Martucci, L.S., De Stavola, G., *Deradicalizzazione e prevenzione del terrorismo religiosamente motivato. Un programma di contronarrativa costituzionalmente orientato (Trib. Bari, decr. N.71/17)*, "Gnosis. Rivista Italiana di intelligence", giugno 2018, pp. 64-73.

Mavelli, L., *Between Normalisation and Exception: The Securitization of Islam and the Construction of the Secular Subject*, Millennium: Journal of International Studies, 41(2), 2013, pp. 159–81.

McCauley, C., S. Moskalenko, *Toward a Profile of Lone Wolf Terrorists: What Moves an Individual from Radical Option to Radical Action*, Terrorism and Political Violence, 26, 2014, pp. 69-85.

Menonna, A., *La presenza musulmana in Italia*, Fondazione ISMU, Milan, June 2016.

Ministero dell'Interno, *Patto Nazionale per un Islam Italiano, espressione di una comunità aperta, integrata e aderente ai valori e ai principi dell'ordinamento statale*, 2017 (http://www.interno.gov.it/sites/default/files/patto_nazionale_per_un_islam_italiano_en_1.2.2017.pdf).

Pew Research Center, *Europe's Muslim Population will continue to grow – but how much depends on migration*, 4 Demember 2017.

Quadarella Sanfelice di Monteforte, L., *Perché ci attaccano. Al Qaeda, l'Islamic State e il terrorismo "fai da te"*, Aracne, Roma, 2017.

Rhazzali, K., e Equizi, M., *I musulmani e i loro luoghi di culto*, in E. Pace, *Le religioni nell'Italia che cambia. Mappe e bussole*, Carocci, Roma, 2013.

Roy, O., *Le djihad et la mort*, Seuil, Paris, 2016.

Sageman M., *Leaderless Jihad. Terror network in the Twenty-First century*, Philadelphia, University of Pennsylvania Press, 2008.

Said, E., *Covering Islam. Come i media e gli esperti determinano la nostra visione del* mondo, Transeuropa, Massa, 2012 (orig. ed. 1996).

Sanfelice di Monteforte, F., Quadarella Sanfelice di Monteforte, L., *Due secoli di stabilizzazione. Gli insegnamenti del passato per il peacekeeping del futuro*, Aracne, Roma, 2015.

Schlegel, S., *Online radicalization. Myth or reality?*, Konrad Adenauer Stiftung, September 2018.

Schmid, A., *Radicalisation, De-Radicalisation, Counter-radicalisation: A Conceptual Discussion and Literature* review, ICCT Research Paper, March 2013.

Triandafyllidou, A., *Religious diversity and multiculturalism in Southern Europe. The Italian mosque debate*, in T. Modood, A. Triandafyllidou, R. Zapata-Barrero, *Multiculturalism, Muslims and Citizenship. A European Approach*, Routledge, New York, 2006.

Tusini, S., *Percorsi di (dis)integrazione: dalla prima generazione migrante ai* foreign fighters. Sociologia e ricerca sociale, n. 110, 2016, pp. 115-140.

UNHCR, *Operation Portal. Refugee Situation. Mediterranean Situation*, 2018 (https://data2.unhcr.org/en/situations/mediterranean) (20-12-2018).

Valente, M., *Misure di prevenzione e de-radicalizzazione religiosa alla prova della laicità (a margine di taluni provvedimenti del Tribunale di Bari)*, "Stato, Chiese e pluralismo confessionale", 2017.

Van Ginkel, E. Entenmann, *The Foreign Fighters Phenomenon in the European Union Profiles, Threats & Policies*, ICCT Research Paper, International Centre for Counter-Terrorism, The Hague, April 2016.

Vidino, L., *Islam, Islamism and Jihadism in Italy*, Current Trends in Islamist Ideology, vol. 7, 4 August 2008.

Vidino, L., *Il jihadismo autoctono in Italia: nascita, sviluppo e dinamiche di radicalizzazione*, ISPI - Istituto per gli Studi di Politica Internazionale, Milano, 2014.

Vidino, L., *Italy's Lack of CVE Strategies and Initiatives*, in Vidino, L. (eds.), *De-Radicalization in the Mediterranean. Comparing Challenges and Approaches*, ISPI, Ledizioni Ledi Publishing, Milan, 2018.

Zaccariello, A., *Il carcere e il suo paradosso. Bacino di reclutamento per aspiranti mujaheddin e garanzia di riabilitazione per i detenuti*, "Gnosis. Rivista Italiana di Intelligence", giugno 2018, pp. 56-63.

<u>*AUTORI*</u>

Ferdinando Sanfelice di Monteforte

Presidente e co-fondatore di Mediterranean Insecurity, Ammiraglio di Squadra, Professore universitario, ha insegnato Studi Strategici in varie università italiane ed è autore di numerosi libri di strategia e storia militare, in italiano, inglese e francese.

Ricevuta la «Sciabola d'Onore» in Accademia Navale, ha percorso tutti i gradi della carriera militare arrivando a comandare la Seconda Divisione Navale, le Forze Navali NATO del Sud Europa e l'operazione anti-terrorismo «*Active Endeavour*». Terminata la carriera militare come Rappresentante Militare Italiano alla NATO e alla Unione Europea, ha insegnato presso l'Università Cesare Alfieri di Firenze, la Cattolica di Milano ed il Polo di Gorizia dell'Università di Trieste, ove insegna anche presso il corso di preparazione per la carriera diplomatica. Consulente della Commissione Europea e dell'Agenzia Europea per la Difesa, membro dell'*Académie de Marine* francese e della giuria del Premio di strategia "*Amiral DAVELUY*", è altresì opinionista per diverse riviste specializzate.

Autore di numerosi articoli e contributi a volume, tra i suoi libri si ricordano: *Strategy and Peace*, Aracne Editrice, Roma, 2007; *I Savoia e il Mare*, Ed. Rubbettino, Soveria Mannelli, 2009; *La Strategia*, Ed. Rubbettino, Soveria Mannelli, 2010; *Le Strategie Declaratorie della NATO e della UE*, Aracne Editrice, Roma, 2014; *Guerra e Mare*, Ed. Mursia, Milano, 2015; *Due Secoli di Stabilizzazione* (insieme a Laura QUADARELLA SANFELICE),

Ed. Aracne Editrice, Roma, 2015; *La lezione strategica della Grande Guerra – Sogni e realtà*, Ed. Mursia, Milano, 2018.

Laura Quadarella Sanfelice di Monteforte

Direttore e cofondatore di Mediterranean Insecurity, Giurista, geo-politologo e analista intelligence, laureata in Giurisprudenza e Relazioni Internazionali, Dottore di Ricerca in Diritto Internazionale, è specialista in terrorismo jihadista, counter-terrorism, terrorismo "fai da te", radicalizzazione, questioni mediorientali, geopolitica, geo-strategia, crimini internazionali, analisi intelligence e *risk assessment*.

E' Professore a contratto di "Politiche di contrasto al terrorismo" e di "Terrorismo e sicurezza interna in Medio Oriente" presso l'Università Unicusano di Roma (rispettivamente nel Master "Geopolitica della Sicurezza" e in quello "Analista del Medio Oriente"), nonché docente presso il Centro Alti Studi della Difesa (CASD) di Roma ed il Master "Geopolitica e Sicurezza Globale" dell'Università La Sapienza di Roma. Lavora dal 2001 al Ministero degli Affari Esteri e della Cooperazione Internazionale.

È autore di numerosi contributi a volume e delle seguenti monografie: *Il nuovo terrorismo internazionale come crimine contro l'umanità*, 2006; *Terrorismo "fai da te" – Inspire e la propaganda online di AQAP per i giovani musulmani in Occidente*, 2013; *Due secoli di Stabilizzazione – gli insegnamenti del passato per il peacekeeping del futuro*, 2015 (insieme a Ferdinando Sanfelice di Monteforte*); Perché ci attaccano. Al Qaeda, l'Islamic State e il terrorismo "fai da te"*, 2016; *Perché ci attaccano. Al Qaeda, l'Islamic State e il terrorismo "fai da te"*,

2017, seconda edizione rivista e aggiornata; *Why we are under attack. Al Qaeda, the Islamic State and the "do-it-yourself" terrorism*, 2017; *Una testimonianza da Mosul, la vita nel Califfato* (in corso di pubblicazione con Mursia editore).

Ugo Gaudino

Laureato con lode in relazioni internazionali all'Università La Sapienza di Roma nel 2017, con una tesi su "Carl Schmitt e il pensiero geopolitico", ha studiato anche presso la Scuola Superiore di Studi Avanzati di Roma (2012-2017) e ha effettuato un soggiorno di studio (2017) presso l'Ecole Normale Supérieure di Parigi, per scrivere una tesi sulla comparazione tra le comunità musulmane francesi ed italiane. Nel 2018 ha frequentato un master di II livello in "Economia e istituzioni dei paesi islamici" alla LUISS (Roma), in cui ha approfondito le sue ricerche sulle relazioni internazionali nell'area MENA, sulla gestione dei flussi migratori nel Mediterraneo e su radicalizzazione e terrorismo jihadista.

Collabora con la Cattedra di Geopolitica dell'Università La Sapienza, nonché con IsAG dal 2014 e con Archivio Disarmo dal 2016. Attualmente frequenta un dottorato di ricerca presso l'Università di Kent.

Greta Modula

Goriziana, laureata con lode in "Scienze Internazionali e Diplomatiche" all'Università degli Studi di Trieste, dopo un'intensa esperienza di studio negli Stati Uniti si appassiona alle tematiche della sicurezza, intelligence e terrorismo che la portano a conseguire un master in "Studi Strategici e Sicurezza Internazionale" presso l'Università 'Ca Foscari ed un master in "Terrorismo e Violenza Politica" presso il centro studi CSTPV della University of St Andrews in Scozia.

Ama scrivere di sicurezza, difesa e terrorismo nell'ambito dell'area europea, transatlantica ed africana.

Cristiana Era

Analista di Relazioni Internazionali e Spazio Cibernetico, è direttore responsabile della rivista online *Cyber and Security Affairs*. Ha collaborato con il Centro di Studi Strategici e Internazionali dell'Università di Firenze e con lo Stato Maggiore della Difesa. Nel 2011 ha lavorato in ambito ISAF in Afghanistan come analista psyops e come analista CIMIC per la governance. Nel 2017 è stata richiamata in servizio presso il CESIVA (centro di Simulazione e Validazione dell'Esercito) in qualità di analista politico. E' stata responsabile dell'Ufficio di Public Affairs del Consolato Generale degli Stati Uniti a Firenze. Come giornalista ha scritto articoli di politica internazionale in italiano, inglese e francese per Informazioni della Difesa, Argilnews, LookOut news e Perseonews. Si è laureata con lode in Storia delle Relazioni Internazionali presso la Cesare Alfieri di Firenze e ha vinto una borsa di studio Fulbright con la quale ha conseguito il Master in Relazioni Internazionali e Politica Comparata presso la Northeastern University di Boston.

9 781793 188601